CONSILIA 7

Kommentare für den Unterricht

Herausgegeben von Hans-Joachim Glücklich

Michael von Albrecht/
Hans-Joachim Glücklich

Interpretationen und Unterrichtsvorschläge zu Ovids »Metamorphosen«

3., neu bearbeitete Auflage

Vandenhoeck & Ruprecht

Neue
Recht-
schreibung

Für alle Änderungen, Kürzungen oder Ergänzungen gegenüber der 2. Auflage zeichnet Hans-Joachim Glücklich verantwortlich, für die neu eingefügte Interpretation zu Text 3 Michael von Albrecht.

Exempla 7 ist ab der 10. Jahrgangsstufe einsetzbar.

ISBN 978-3-525-25653-4

Satz: Schwarz auf Weiß GmbH, Hannover.
Druck und Bindung: Hubert & Co, Göttingen.
Umschlaggestaltung: Markus Eidt, Göttingen

Gedruckt auf chlorfrei gebleichtem Papier.

Inhalt

Einleitung

Auswahl und Reihenfolge der Lektüre

Die Vielfalt der Texte sollte auch in der Neuauflage erhalten bleiben. Zwar sind die Texte *Actaeon, Medea* und *Lykische Bauern* entfallen, dafür aber sind die *Weltzeitalter* aufgenommen. Damit die Lektüre von mehreren Metamorphosen möglich wird, musste allerdings rigoros ausgewählt werden. Das bedeutet öfters Kürzungen auf Kernstellen und Referat oder Übersetzung solcher Passagen, deren lateinische Lektüre sehr lange dauert; sonst würden die Schüler nur mit einer gewissen Erschöpfung zu den besonders eindrucksvollen und berühmten Passagen gelangen.

Die in der Textausgabe enthaltene Auswahl bewahrt Ovids Reihenfolge. In der Praxis wird man aber von dieser Reihenfolge abweichen. Man beginnt dann nicht mit dem Prolog, sondern mit einer sprachlich und inhaltlich nicht zu schwierigen Metamorphose, etwa *Pyramus und Thisbe* oder *Daedalus und Icarus.* Oft kann man nicht mehr als vier oder fünf Erzählungen lesen, also außer den erwähnten noch *Narcissus, Orpheus und Eurydice,* eventuell *Phaëthon* und, um auch eine Vorstellung von der kosmologischen und geschichtsphilosophischen Seite zu geben, Auszüge aus der *Weltentstehung* und den *Weltzeitaltern.* In der Mittelstufe scheint es angemessen, die Darstellung der Liebe und der Selbstverwirklichung und der damit verbundenen vielfältigen Störungen und Missverständnisse in den Mittelpunkt zu stellen. In diesem Kommentar werden zu den Metamorphosen, die besonders gern auf der Mittelstufe oder am Anfang einer Ovid-Lektüre gelesen werden, stärker als zu anderen methodische Vorschläge gemacht, insbesondere zu *Pyramus und Thisbe, Narcissus, Daedalus und Icarus, Orpheus und Eurydice.*

In der Textausgabe werden die ausgewählten Texte in ihren Zusammenhang eingeordnet. Eine darüber hinausgehende Erarbeitung des gesamten Inhalts und Verlaufs des Werkes ist zumindest in der Mittelstufe schwierig. Die Vermittlung einer Gliederung und Inhaltsübersicht durch den Lehrer mit einer gedruckten Darstellung muss mehr erbringen als eine pauschale Erwähnung vieler Mythen und Namen. Aber zur Lektüre einer Übersetzung sollte angeregt werden (vgl. dazu die Literaturhinweise am Ende des Bandes). Die Schüler werden dann viele Metamorphosen entdecken, die nicht so »klassisch« wie die hier ausgewählten sind und ein Panorama von Politik, Fragen der Lebensführung, erotischer Obsession und Kriminalität vorführen. Dies ist insbesondere bei einer späten Lektüre der *Metamorphosen* in der Oberstufe möglich, besonders bei Projektarbeit und in Zusammenarbeit mit dem Deutschunterricht, wenn in der 11. Klasse z. B. Ransmayrs Roman *Die letzte Welt* gelesen wird.[1] Buchillustrationen erleichtern den Gesamtüberblick[2].

Mythisches und physikalisches Weltbild: Verschiedene Arten der Metamorphose

Bei der theoretischen Begründung des Verwandlungsprinzips in der Pythagorasrede des 15. Buches (15,75–478) argumentiert Ovid auf einer ganz anderen Ebene als im übrigen Werk. Dort ist das Weltbild mythisch, hier naturwissenschaftlich, und demgemäß haben auch die jeweils besprochenen Verwandlungen verschiedenen Charakter. So liegt die Metamorphose einer Raupe in eine Puppe und der Puppe in einen Schmetterling auf einer anderen Ebene als die Verwandlung Daphnes in einen Lorbeerbusch. Diese Schwierigkeiten haben viele Forscher davon abgehalten, einen tieferen Zusammenhang zwischen dem letzten Buch und dem übrigen Epos anzunehmen. Fragt man nach einer solchen Beziehung, so darf man die genannten Probleme nicht einfach ignorieren. Zunächst ist klarzustellen, dass für die Römer kein Weltbild einen Ausschließlichkeitsanspruch erheben durfte. Der römische Gelehrte Varro (so Augustinus, *de civitate Dei* 6,5) stellt gleich drei Weltanschauungen nebeneinander: *theologia physica* oder *rationalis* (sie umfasst das Weltbild der damaligen Wissenschaft, mit der Erde als Kugel inmitten des Alls und der Annahme eines einzigen, abstrakt gedachten Gottes), *theologia fabulosa* (das dreigeschossige mythische Weltbild, bestehend aus Himmel, Erde und Unterwelt und den zahlreichen Göttern des heidnischen Mythos) und schließlich die *theologia civilis* (die Staatsreligion, nach der man sich in seinem Handeln richtet, ohne vorwitzige Fragen zu stellen). Nach Varros eigenem Urteil hat nur das an erster Stelle genannte »rationale« oder »physikalische« Weltbild wissenschaftlichen Wert; doch erst die Kirchenväter werden (Augustinus, *de civitate Dei* 6,5) mit Entschiedenheit fragen, wieso dann die beiden anderen Anschauungsformen noch mitgeschleppt werden. Den Römern der klassischen Zeit wäre eine solche Frage wohl nicht in den Sinn gekommen. Sie waren gewohnt, in verschiedenen Daseinsbereichen verschiedene Vorstellungs- und Erklärungsweisen gelten zu lassen. Den Mythos ordneten sie dabei dem »Theater« zu; gab er doch die Möglichkeit, menschliche Schicksale und Verhaltensweisen in Form einer Erzählung oder dramatischen Handlung darzustellen. Darauf beruht der Wert der Beschäftigung mit dem Mythos noch heute. Zudem entsprach das mythische Weltbild mit den symbolischen Bezügen von Oben und Unten dem Augenschein und konnte deshalb zumindest im psychologischen Bereich eine relative Gültigkeit beanspruchen.

Was nun Ovids *Metamorphosen* betrifft, so ist das physikalische Weltbild im ersten und im letzten Buch von Bedeutung, und die Staatsreligion wird nur gegen Ende berührt. Das Werk spielt überwiegend im mythischen Bereich. Allerdings darf man nicht vergessen, dass das Ergebnis der meisten Metamorphosen die

1 Zum Aufbau der Metamorphosen und möglichen Gliederungsprinzipien vgl. insbesondere Ludwig (Struktur), Rieks (Zum Aufbau ...), Otis (Ovid as an Epic Poet), Holzberg (Nachwort), s. Literaturangaben.

2 Vgl. von Albrecht, M. (Das Buch der Verwandlungen), Reinhardt (Ovids Metamorphosen), website: Kirke (s. Literaturangaben).

Entstehung einer neuen Tier-, Pflanzen- oder Steinart ist. In dieser Beziehung geht es also im ganzen Werk um Naturerklärung, wenn auch unter einem anderen Gesichtspunkt als im ersten und im letzten Buch.
Im Unterschied zu der heute allgemein üblichen »aufsteigenden« Naturerklärung, die den Menschen als Produkt einer fortschreitenden Entwicklung sieht, liegt manchen Erzählungen Ovids das umgekehrte Denkschema zugrunde: das Tier als Resultat einseitigen Verhaltens des Menschen, gewissermaßen als Folge einer Spezialisierung. So dokumentieren die *Metamorphosen* zwar auch die Vorstellung, der Mensch sei das Produkt seiner Umwelt, mehr aber noch umgekehrt die Vorstellung, dass die Umwelt ein Produkt des Menschen ist.

Götter

In diesem Rahmen können die Funktion der Götter und das Menschenbild betrachtet werden. An der Behandlung der Götter zeigt sich wieder das Neben- bzw. Ineinander der beiden erwähnten Weltbilder. Ovid spielt häufig die physikalische Bedeutung eines Gottes gegen seine anthropomorphe Erscheinung aus. So, wenn er über Mutter Erde sagt: »Sie zog ihr Antlitz in sich selbst zurück« *(rettulit os in se,* 2,303). Oder wenn er vom Weingott Bacchus berichtet, Midas habe »den Geber der Gabe mit Wasser vermischt« (*miscuerat puris auctorem muneris undis,* 11,125). Durch solche Signale verständigt sich Ovid mit dem Leser über die Relativität des mythischen Weltbildes und hält die Erinnerung an das physikalische wach. Im Übrigen kennt auch Vergil in der *Aeneis* die physikalische Bedeutung der Götter und spielt, wie man neuerdings wieder hervorgehoben hat, häufig auf sie an.
Auch die anthropomorphe Erscheinung der Götter bietet reichen Stoff für Beobachtungen. Je nach Charakter, Geschlecht oder Altersstufe werden die Olympier dem Erfahrungsbereich der stadtrömischen Leserschaft angepasst: Wie ein Großstadtjüngling ruft Apollo beim Anblick von Daphnes schönem Haar aus: »Wie, wenn es erst frisiert wäre!« (1,498). Für die Himmlischen gilt das gleiche Gesetz wie für römische Beamte: Keiner kann die Amtshandlungen eines Kollegen rückgängig machen (3,336f.).
Für sein eigenes Schaffen ruft Ovid (ähnlich wie in der *Liebeskunst*) auch am Anfang der *Metamorphosen* keine Dichtergottheiten an, sondern die für das Sachgebiet zuständigen Götter: dort die Liebesgöttin Venus, hier die göttlichen Urheber der Verwandlungen. Erst in späteren Stadien des Werkes beruft er sich auch auf die traditionellen Dichtergottheiten (15,622, vgl. auch 10,148, wo Orpheus seine Mutter Calliope anruft).
Ein wesentlicher Aspekt von Ovids Gottesvorstellung ist die Macht. Diese Betrachtungsweise ist typisch römisch. Die Macht der Götter wird in der Erzählung von Philemon und Baucis der menschlichen *pietas* gegenübergestellt, in der Geschichte von Niobe der Hybris der Sterblichen. Mit besonderer Ehrfurcht spricht Ovid von der Macht der Mysteriengötter Bacchus und Isis (so in der Erzählung von Iphis, die das neunte Buch abschließt). Hier ist von seinem Spott über die

Olympier nichts zu finden. Was das dichterische Ingenium betrifft, so offenbart es sich im Innern des Menschen; daher kann Ovid von sich sagen: *est deus in nobis (ars amatoria* 3,549). Hier werden alte Inspirationsvorstellungen zum Ausdruck intensiven Daseinsgefühls. Die Problematik und die Grenzen menschlichen Schöpfertums werden in den Geschichten von Daedalus und Orpheus deutlich.

Menschenbild

Dies führt weiter zum Menschenbild der *Metamorphosen*. Als »Weltbühne« ist der Mythos ein Repertorium typischer Schicksalsverläufe. Damit ist eine Nähe zur altrömischen Tragödie gegeben, die den Mythos in Rom einbürgerte. Im Einzelnen ist es gewiss lohnend, in den *Metamorphosen* die Bewältigung oder Nichtbewältigung von Problemen bestimmter Altersstufen zu beobachten: so die Frage der Identitätsfindung des jungen Menschen (Phaëthon) oder des Freiwerdens des Menschen im Alter für neue, höhere Aufgaben (Philemon und Baucis). Dies ist keine rein soziologische Fragestellung, gibt sie doch auch Einblick in die Charakterisierungskunst des Dichters.

Ein unerschöpfliches Thema ist die Liebe. Sieht man die Geschichte von Pyramus und Thisbe nicht isoliert, sondern im Zusammenhang der Erzählungen der Minyastöchter, so beobachtet man verschiedene Abwandlungen des Themas Liebe. Am Anfang steht die wechselseitige Liebe von Pyramus und Thisbe, die erst im Tod ihre Erfüllung findet, am Ende die einseitige Liebe der Nymphe Salmacis zu Hermaphroditus, die nur körperlich zu einem Zwitter vereint werden. Ähnlich gehört die Orpheus-Erzählung mit den benachbarten Sagen zusammen. Für Orpheus wird Liebe zum Schicksal. Sie macht ihn fähig zu dem Versuch, Eurydike den Todesmächten zu entreißen; aber dieselbe Liebe führt zur Missachtung des Verbots und somit zum endgültigen Verlust der Geliebten.

Im Übrigen erweitert Ovid den Bereich der Liebesthematik in den *Metamorphosen* in zwei Richtungen: Einerseits berücksichtigt er hier (im Unterschied zur *Liebeskunst*) auch Sonderformen und Verirrungen der Liebe (Liebe zu Knaben, Liebe zwischen Mädchen, unter Geschwistern, zwischen Eltern und Kindern), andererseits betrachtet er in den *Metamorphosen* die Liebe als Schicksalsgemeinschaft und gewinnt auf diese Weise der Ehe positive Aspekte ab (z. B. Ceyx und Alcyone). Die Geschichte von Narcissus und Echo behandelt u. a. das Problem eines Menschen, der ausschließlich auf sich selbst bezogen und daher zu einem Kontakt mit anderen nicht mehr fähig ist. So gibt auch das Thema Liebe die Möglichkeit, verschiedene Aspekte des menschlichen Zusammenlebens zu beleuchten.

Problematik des Textvergleichs

Bei der Interpretation der Texte wird streng darauf zu achten sein, dass man nicht den Mythos »als solchen« interpretiert, sondern die Deutung, die ihm Ovid gegeben hat. Diese kann zuweilen vom Üblichen abweichen. So im Falle der Arachne-

Erzählung, in der das traditionelle Schema von bestrafter Hybris beinahe ins Gegenteil verkehrt ist. Erst recht im Fall des Orpheus-Mythos, den Ovid distanziert und mit Reserviertheit gegenüber dem Verlangen des Orpheus darstellt, seine Frau von den Herrschern der Unterwelt zurückzubekommen. Daher ist es wichtig, auf den Wortlaut zu achten und den Originaltext zu lesen.
Dies muss unsere Blickrichtung auch dann sein, wenn wir Ovid mit anderen Autoren vergleichen, sei es mit solchen aus der Neuzeit – wobei sich auch eine Berücksichtigung der bildenden Kunst anbietet – oder mit griechischen und römischen Vorgängern, deren Texte in Übersetzung vorgelegt werden können. Dabei geht es darum, den Intentionen des Dichters gerecht zu werden, die in manchen Fällen durch die modifizierende Bezugnahme auf Vorbilder besonders deutlich werden. Beispiel ist wieder die Behandlung des Orpheus-Mythos im Vergleich mit Vergils pathetischer Darstellung *(Georgica* 4, 454–527).

Dichter und Leser: Zur Bedeutung der sprachlichen Arbeit

Wie alle musischen Künste braucht die Dichtung, um gelesen, vorgetragen und aufgenommen zu werden, die Dimension der Zeit. Dabei handelt es sich um einen lebendigen Prozess, der sich zwischen Dichter und Leser vollzieht. Dazu ist es wichtig, der Darstellung des Dichters zu folgen. Dazu gehören unter anderen die folgenden Dinge:

a) Die Informationen des Werkes müssen in der Reihenfolge aufgenommen werden, in der sie der Dichter gibt. Dies bedeutet, Dichtung zu lesen und sich von der Absicht des Autors lenken zu lassen, nicht sofort zu übersetzen und dabei die Wortstellung zu verändern. Vgl. die Darstellungen zu *Pyramus und Thisbe* 4,130–134 und *Daedalus und Icarus* 8,193–200.
b) Am Anfang des jeweiligen Textabschnitts sind besonders bedeutungsvolle Worte festzustellen, die das Verstehen leiten. Ein Beispiel wäre der erste Vers der *Metamorphosen,* der das Thema des ganzen Werkes angibt *(mutatas formas)*. Betont ist in v. 2 *nam vos*: die G ö t t e r sind die Urheber der Verwandlungen. An der Nahtstelle zwischen den Geschichten von Niobe und den lykischen Bauern steht das Stichwort »Götterzorn« (6,313). Den Stimmungskontrast zwischen zwei Erzählungen heben Stichworte hervor: 8,236: *miseri*; 238: *gaudia.*
c) Wichtige Wörter können auch an anderen Stellen in die Erzählung eingeschaltet werden, unter Umständen als Hinweis auf den Affekt, der das Geschehen vorwärts treibt; so: »Die Liebe machte sie kühn« (4,96) oder: »Der Zorn macht sie bösartig« (13,562; vgl. auch 8,224: *caelique cupidine).*
d) Bedeutungsvolle Wörter können in gleichem oder entgegengesetztem Sinne wieder aufgenommen werden; so bildet das Adjektiv *orba* in der Niobe-Erzählung ein Leitmotiv. Erst erklärt Niobe höhnisch, Latona sei so gut wie kinderlos (6,200), dann wünscht Latona, diese Äußerung möge auf Niobe selbst zurückfallen (6,212). Nach dem Tod aller Kinder Niobes wird das Adjektiv vom Erzähler bedeutungsschwer wieder aufgenommen und auf Niobe bezogen (6,301). Ent-

sprechend ließe sich die Wortschatzarbeit auf solche Schwerpunkte konzentrieren.[3]

e) Es ist auch sinnvoll, nach der Art der Personenbezeichnung zu fragen. Dabei entdeckt man mehr als ein äußerliches Streben nach *variatio.* So wird Medea in dem Augenblick, als sie sich in Iason verliebt – was dem Verrat an Vater und Vaterland gleichkommt –, mit dem Patronymikon »Tochter des Aeetes« *(Aeetias)* bezeichnet. Wenn im Aeneas-Teil der Held als *Cythereius heros* (13,625) eingeführt wird, so entspricht dies der beherrschenden Rolle der Venus in jenem Teil der *Metamorphosen.* Daedalus erscheint beim ersten Flugversuch als *opifex (demiourgós,* 201), nach dem Absturz des Icarus wird Daedalus als *pater infelix* bezeichnet. Orpheus wird unmittelbar vor dem Aufstieg in die Oberwelt als *Rhodopeius heros* bezeichnet, es wird mehr von ihm erwartet, als ein Mensch leisten kann.

f) Im Allgemeinen sind die Anfangsteile der Erzählung so sorgfältig stilisiert, dass es sich lohnt, sie nach Lektüre der Erzählung nochmals vorzunehmen, um festzustellen, welche Aspekte des künftigen Geschehens sich hier bereits andeuten und welche im Verlauf der Darstellung noch hinzukommen.

g) Verfremdung: Sie dient dazu, dem Ereignis die Frische des Erstmaligen zu verleihen. So ist der Flug des Daedalus absichtlich naiv, fast mit den Augen des Kindes gesehen, um das Wunderbare des Geschehens zu unterstreichen: *motaque pependit in aura* (8,202).

h) Des Weiteren sollte man unterscheiden, ob Ovid in der Einleitung bereits stark an das Mitgefühl des Lesers appelliert oder sich in diese Beziehung bewusste Zurückhaltung auferlegt, um eine Steigerung zu ermöglichen. Unter diesem Gesichtspunkt kann man die Orpheus-Erzählung vom Anfang des zehnten Buches anführen. Die meisten Übersetzer und Nachgestalter empfanden die Einleitung als zu trocken und versuchten, ihr durch gefühlvolle Adjektive oder dramatische Erzählweise etwas aufzuhelfen, ohne zu beachten, dass es sich um eine Einleitung des soeben beschriebenen zweiten Typus handelt.

Dichter und Leser: Stilistisches

Von formalen Mitteln, die der Erleichterung des Verständnisses oder der Deutung dienen, seien folgende genannt:

a) Sperrung (Hyperbaton) zur Abgrenzung zusammengehöriger Komplexe. Zum Beispiel stehen in den ersten beiden Versen der *Metamorphosen* die zusammengehörigen Wörter *nova* und *corpora* in Sperrstellung, ebenso *mutatas* und *formas.* Dazwischen sind die Verben *fert animus* und *dicere* eingeflochten. Auf diese Weise wird die Ankündigung des Themas vom Leser als eine in sich geschlossene Einheit aufgenommen.

3 Vgl. auch Meusel, H.: Zur Wortschatzarbeit bei der Ovidlektüre, in: Römisch, E.: Metamorphosen Ovids im Unterricht, Heidelberg 1976, 136–152.

b) Ein sehr auffälliges Mittel ist die Parenthese, da sie den Satzzusammenhang durchbricht. Wegen dieser Auffälligkeit füllt Ovid sie nicht mit Nebensächlichem, sondern macht sie zum Bedeutungsträger. So gibt die Parenthese *nam vos mutastis et illas* (1,2) den Hinweis auf den wesentlichen Zusammenhang zwischen den Göttern und den Verwandlungen, für die sie als deren Urheber »zuständig« sind.
c) Stellung des Wortes im Satz: Das wichtigste Wort erhält eine zentrale Position, z. B. *mutatas* im ersten Satz der *Metamorphosen.*
d) Nebeneinander von Gegensätzen, z. B. 1,19f.: *umentia siccis, mollia cum duris, sine pondere habentia pondus.* Das Nebeneinander gleichartiger Wörter kann eine Paradoxie unterstreichen, z. B. 8,196: *sua se tractare pericla.*
e) Auch das Metrum kann Inhaltliches hervorheben; so liegt in v. 1 auch deshalb auf *mutatas* besonderer Nachdruck, weil es in diesem Vers die einzigen Spondeen bildet. In 4,62 lassen die vielen Spondeen bei der Liebe von Pyramus und Thisbe verweilen. In 7,19f. zeigt die gleichartige Verteilung von Längen und Kürzen, dass Gewalt der Liebe und Erwägung, ihr nicht nachzugeben, parallel ablaufen und sich nicht verbinden; nur dass Medea gegen ihren Willen zur Liebe getrieben wird *(invitam)* und dass in ihr zwei Überlegungen sind *(suadet)*, wird durch Längen betont. (Vgl. Klassenarbeitsvorschlag Nr. 1, S. 18.)
f) Die normale Gedankenfolge kann umgestellt werden, was besondere Aufmerksamkeit verlangt (z. B. 8,163: *refluitque fluitque).*

Dichter und Leser: Erzählstruktur, Gleichnisse, Reden

Die Erzählstruktur muss mit besonderer Sorgfalt nachgezeichnet werden, weil sich in ihr die Absicht des Dichters spiegelt, den Leser zu führen und durch das Wort zu beeinflussen.
Vor allem die Tempusstruktur macht es möglich, verschiedene Phasen und Stufen der Erzählung zu erkennen. Der Beschreibung des Hintergrundes dienen das Imperfekt und das Plusquamperfekt; die Haupthandlung steht im historischen (narrativen) Perfekt oder im szenischenPräsens. Das Präsens holt das Geschehen nahe heran. Da aber in erzählender Dichtung das historische Perfekt das Seltenere ist, wirkt es schon aus diesem Grund (aber nicht nur deswegen) gewichtiger. Parallel zu dem sinnvollen Gebrauch dieser Kunstmittel entfaltet sich die poetische Darstellung selbst: Die Perspektive verengt sich von allgemeinen Beschreibungen auf eine bestimmte Person oder von gewohnheitsmäßigen Handlungen auf einmalige. Darüber hinaus erlaubt der Wechsel von Perfekt und Präsens eine Differenzierung zwischen gewichtigen Handlungen und solchen, die nur vordergründig sind bzw. sich als Folge aus jenen ergeben. Allgemein kann der Dichter durch Differenzierung verschiedener Tempora zeigen, auf welche Punkte der Erzählung er besonderes Gewicht legen möchte. Vgl. dazu die Interpretationen etwa zu Phaëthon (S. 39–52), Pyramus und Thisbe (S. 59–85), Daedalus und Icarus (S. 91–98), Orpheus und Eurydice (S. 103–118). Vgl. insgesamt in der Texausgabe ÜA 1–2 mit Erläuterung (S. 71).

Der Hervorhebung wichtiger Augenblicke dienen auch die Gleichnisse (vgl. B 4–5 zu T 6, S. 81f.). Am Anfang der Erzählung können sie den die Handlung vorwärts treibenden Affekt herausarbeiten (so z. B. 1,492–496 in der Daphne-Erzählung, wo das Bild des brennenden Stoppelfeldes Apollos Liebe illustriert). In der Mitte der Erzählung treten Gleichnisse kurz vor der Peripetie auf, um den letzten Augenblick der Ungewissheit stärker in das Bewusstsein des Lesers zu rükken. Durch Gleichnisse werden auch neue Perspektiven eröffnet oder ein Vorgang wird frappierend bewusst gemacht; so zeigt der berühmte Vergleich des spritzenden Blutes mit dem stoßweise sprudelnden Wasserstrahl aus einer lecken Wasserröhre 4,122–124 sowohl, wie der Tod des Pyramus aussieht, als auch, dass er jetzt seine Wesensbestimmung verliert.
Eine entsprechende Funktion können auch Monologe übernehmen, die das innere Schwanken ovidischer Gestalten spiegeln bzw. die Handlung zunächst scheinbar in eine trügerische Richtung weiterführen. Gegen Ende der Erzählung können Gleichnisse die jeweilige Metamorphose erklären oder begründen und auf diese Weise zur »Glaubwürdigkeit« der Erzählung beitragen (z. B. 4,121–127).
Bei den Reden, die Ovid in seine *Metamorphosen* eingefügt hat, muss man unterscheiden zwischen Reden, die einen Zuhörer oder ein Publikum überzeugen sollen, und anderen, die nur ein Spiegel der Seele des Sprechers sind. Reden der zweiten Gruppe, zu der vor allem die Monologe gehören, lassen sich nur bedingt in rhetorischen Kategorien erfassen, da sie nicht immer auf einen unmittelbaren Zweck ausgerichtet sind. Trotzdem kann man in einzelnen Fällen auch hier von rhetorischer Argumentation sprechen. Die andere Gruppe wird vor allem durch den Redekampf von Aiax und Ulixes (13,1–398) repräsentiert (der allerdings nicht in der Textausgabe enthalten ist), aber auch durch zahlreiche kürzere Reden, an denen sich durchaus Prinzipien rhetorischer Gestaltung und der Einflussnahme auf andere Menschen erkennen lassen.

Lesen

Dem Lesen kommt eine ganz besondere Bedeutung zu. Die Literatur war auf Hören eingestellt, denn die Römer lasen unter Begleitung halblauten Sprechens des Gelesenen, also langsam und mit Gespür für den Klang der Worte. Metrische Gestaltung und die Zeilengliederung vermitteln zusätzliche Leitlinien des Verstehens, indem sie zunächst die Wörter einer Zeile aufeinander beziehen, dann Enjambements verwenden, dann Sätze oder Satzabschnitte auf mehrere Zeilen verteilen oder in der Zeilenmitte Sätze und Kola enden, neue beginnen lassen, schließlich durch symmetrischen Aufbau von Sätzen, Strophen oder ganzen Gedichten zu weiteren Bezugssetzungen auffordern.
Im Unterricht sollte das Lesen des lateinischen Textes eine große Rolle spielen. Und zwar ein sinngemäßes, die Wörter und den Klang auskostendes quantitätengerechtes Lesen. Lange Vokale sollten lang, kurze kurz gelesen werden. Auch positionslange Silben sollten mit der entsprechenden Genauigkeit gelesen werden,

d.h. mit mehr Zeitaufwand als eine kurze Silbe. Beispiel: *lau-dā-vē- ru-n-t*: das *n-t* sollte deutlich zu hören sein. An die Aussprache solcher Wörter, deren Konsonantenfolge im Deutschen immer eine kurze Silbe signalisiert, die aber im Lateinischen dennoch in oder nach einer langen Silbe bzw. einem langen Vokal vorkommen können, müssen Latein Lernende gewöhnt werden: *vīl-la, ōr-d-ō, fōr-m-a, rūsticus, quīnque;* immer Länge vor *-ns: cōnsul, dēns, mōns, fōns.*
Ein sinngerechtes Lesen von Versen unter Berücksichtigung ihres Rhythmus und ihrer Musikalität kann jedoch erst nach der Interpretation eingeübt und vorgenommen werden. Dabei sollten Sinn und normaler Wortakzent vor einer Rezitation mit exspiratorischem Akzent, dem Iktus, den Vorzug haben. Der Iktus ist, wie Wilfried Stroh einsichtig gemacht hat, erst an der Wende vom 16. zum 17. Jahrhundert mit der Einführung fester Rhythmen in der Musik aufgekommen.[4] Wichtig ist und bleibt, dass lange Silben deutlich langsamer und nachdrücklicher als kurze gelesen werden. Dabei kann der Wortakzent beibehalten werden. Der Iktus ist nur als Hilfsmittel einzusetzen, damit man mit der Kenntnis des Versschemas Längen und Kürzen erkennt und ein rhythmisches Gefühl entwickelt. Wenn man die Quantitäten beherrscht, sollte man ein Lesen mit Iktus aufgeben.

Die Rezeption der *Metamorphosen*

Die *Metamorphosen* haben seit ihrem Erscheinen so viel Einfluss ausgeübt und so viele Rezeptionen erfahren, dass es eine Unterlassungssünde wäre, diese nicht zu berücksichtigen. Die Gründe sind die üblichen, aber bei den *Metamorphosen* ganz besonders schwerwiegend. Das Werk stellt – wie oben gezeigt – wichtige Probleme des Menschen und seiner Welt- und Lebensauffassung dar. Diese Probleme bestehen fort und haben Menschen bis heute beschäftigt. Die Auseinandersetzung mit dem Fortwirken zeigt erstens die besondere Schwerpunktbildung Ovids und die beständige Auseinandersetzung mit diesen Fragen unter dem Einfluss Ovids. Zweitens regt sie zur eigenständigen Reflexion der Gedanken und Bilder Ovids an. Drittens hilft sie, mit Ovid die Gegenwart zu verstehen.
Die Rezeption der *Metamorphosen* ist in der Textausgabe durchgehend berücksichtigt. Es sollte jedoch weder ein Musik- oder Kunstführer entstehen noch ein Lesebuch zur Rezeption. Man kann unmöglich zu allen gelesenen *Metamorphosen* das ganze Fortwirken verfolgen, nicht einmal zu jeder Metamorphose viele Rezeptionsdokumente. Die Auswahl der Rezeptionsdokumente sollte die Bereiche darstellende Kunst, Literatur, Musik, Film und Wissenschaft berücksichtigen. Wichtige Aspekte der Rezeption sollen ebenso erkannt werden wie wichtige Aspekte der einzelnen Metamorphose. Bilddokumente also, die nur einen antiken Namen benutzen, ohne dass ein Bezug der Metamorphose auf dieses Bild

4 Stroh, W. in: E. Zinn: Der Wortakzent in den lyrischen Versen des Horaz. Mit einem Nachwort zur Neuauflage von W. Stroh, (München 1940) Hildesheim/ Zürich/ New York 1997, 123*–135*

wirklich möglich ist oder auch nur intendiert war, schieden ebenso aus wie freie Bearbeitungen, die Ovids Text bis an die Grenze des Erträglichen oder darüber hinaus veränderten, nur um eine erzieherische Wirkung zu erreichen (Ovide moralisé). Die Textausgabe bietet reiches Material für die Berücksichtigung der Rezeption an und beschränkt dabei die Auseinandersetzung mit ihr jeweils auf wenige Bereiche. Bei *Pyramus und Thisbe* etwa bieten sich Drama und Film an, bei *Orpheus* Oper und Film, bei *Narcissus* die Nachwirkung in der Soziologie, bei *Daedalus und Icarus* Malerei und Dichtung. Das schließt die Berücksichtigung anderer Rezeptionsformen jedoch nicht aus.
Wichtig war es auch, ein bedeutendes Werk zeitgenössischer deutscher Literatur einzubeziehen: Christoph Ransmayr, *Die letzte Welt.* In der Textausgabe ist der Inhalt nur sehr kurz referiert (S. 8f.). Mittlerweile gibt es genügend Literatur zu diesem Roman und zum Vergleich mit Ovids *Metamorphosen.* Zunehmend wird er im Deutschunterricht gelesen. Bei einer *Metamorphosen*-Lektüre in der 11. Jahrgangsstufe kann man somit an Projekte und fächerübergreifendes Arbeiten denken. Für eine *Metamorphosen*-Lektüre in der 10. Jahrgangsstufe muss es bei den wenigen Hinweisen in der Textausgabe und eventuell einigen Zusätzen vom Lehrer bleiben. Gute Hilfe geben die im Literaturverzeichnis genannten Veröffentlichungen.
Fuhrmann (vgl. Literaturverzeichnis) vergleicht Ovids *Metamorphosen* und Ransmayrs Roman so (S. 15f.): »Ovids *Metamorphosen* enthalten etwa 250 aneinander- und ineinandergefügte Erzählungen, Verwandlungssagen, wie der Titel andeutet, und zwar ohne einen im Mittelpunkt stehenden Helden, ja, ohne Rahmenhandlung, zusammengehalten lediglich durch das Verwandlungsmotiv. Ransmayrs Roman hingegen enthält sowohl eine durchgehende Handlung als auch eine beherrschende Figur: eine historische Figur, den Redner Aurelius Cotta Maximus, einen Freund Ovids. Ransmayr lässt Cotta nach Tomi reisen, als das Gerücht, Ovid sei gestorben, in Rom kursiert, um von dort »mit der unbezweifelbaren Wahrheit über Tod und Leben des Dichters (...) zurückzukehren, wer weiß, vielleicht sogar mit einer (...) Abschrift der ›Metamorphoses‹« . Cotta begibt sich nach Tomi und findet dort auf einem Stofffetzen das Metamorphosenzitat 15,170 *nec formas servat easdem* »Keinem bleibt seine Gestalt« aus der Pythagorasrede, die als Schlüssel des ovidischen Sagenwerks gilt, seines Grundmotivs der Metamorphose, und der moderne Autor gibt mit dem Zitat zu verstehen, dass er sich nicht nur ovidische Figuren und Geschehnisse, sondern auch deren ovidische Bedeutung zu Eigen machen möchte – und in der Tat erweist sich das Prinzip des Werdens und Vergehens, des Wandels, der Veränderung als das Leitmotiv der »Letzten Welt«, das schließlich die gesamte belebte und unbelebte Natur ergreift.«
Die zwei Handlungsstränge im Roman werden erstens von der »Brechung und Spiegelung ovidischer Mythen im Alltag von Tomi« gebildet, zweitens vom Konflikt Ovids mit Augustus. Allerdings spielen für Ransmayr andere Mythen eine Rolle, als sie normalerweise im Lateinunterricht gelesen werden, etwa Actaeon, Alcyone, Arachne, Ascalaphus, Battus, Ceyx, Cyane, Cyparissus, Fama, Hector, Hercules, Iason, Itys, Iuppiter, Lichas, Lycaon, Marsyas, Medea, Memnon, Mi-

das, Philomela, Phineus, Procne, Pythagoras, Tereus; immerhin auch Deucalion, Dis (der bei Ransmayr Thies heißt), Echo, Icarus, Orpheus, Phoebus, Proserpina, Pyrrha, Pythagoras. Man könnte geradezu eine neue Auswahl aus den *Metamorphosen* treffen, wenn man sie in einem sehr späten Stadium der Oberstufe mit Schülern läse, die mit den schwierigen Stoffen von Liebe und Gewalt, Vereinsamung und Skurrilität umgehen können.

»Ovids Konflikt mit Augustus ist nach Ransmayr dadurch bedingt, dass sich Ovid mit seinem Bekenntnis zur Verwandlung an der augusteischen Staatsdoktrin versündigt, an der insbesondere von Vergil in der *Äneis* verkündeten Auffassung, dass Rom zielstrebig von kleinsten Anfängen zu einer Weltherrschaft von ewiger Dauer fortgeschritten sei. Diese Darstellung Ransmayrs stimmt insofern mit den historischen Gegebenheiten überein, als Ovids zyklische Weltdeutung, wie sie sich in den *Metamorphosen* manifestierte, im schroffen Widerspruch zum linearen Geschichtsbild der augusteischen Staatsideologie stand, wonach es gerade auf jenen einmaligen Ablauf ankam, der von Äneas zu Augustus, vom legendären Ursprung zur Gegenwart, von der Verheißung zur Erfüllung geführt hatte. Dass Ransmayr hierbei das augusteische Rom als Diktatur, als gnadenlosen bürokratischen Apparat darstellt, zu dem offensichtlich die totalitären Systeme des 20. Jahrhunderts die Farben geliehen haben, hängt mit seinem Bestreben zusammen, die Zeiten ineinszusetzen, in konsequenter Anwendung seines zyklischen Prinzips, seines Bekenntnisses zur ewigen Wiederkehr des Gleichen.« (Fuhrmann S. 16f.)

In der Darstellung dieses Konflikts und seiner Applikation auf die *Metamorphosen* folgt Ransmayr politischen Deutungen der *Metamorphosen* und setzt sich Schule bildend an ihre Spitze.[5] Zu Recht sagt Fuhrmann (S. 18): »Ransmayrs Bild vom augusteischen Staat ist eine Parabel für jedes System, das sich zu Intoleranz berechtigt wähnt, da es seine eigene Doktrin für unumstößliche Wahrheit hält. Diese Systeme aber sind stets linear, antizyklisch; sie bestehen auf dem *hic et nunc* einer sofortigen Entscheidung; sie lassen nichts offen; sie verlangen unbedingten, unverzüglichen Gehorsam. Ransmayrs zyklische Gegenwelt wiederum, die Welt um Tomi, ist bunt, skurril, absurd. Die Mythen sind gleichsam auf ihre Schwundstufe reduziert; sie sollen nichts mehr erklären; sie sind als Potpourrie grotesker Figuren ohne Sinn. So also will Ransmayr Ovid verstanden wissen, und es spricht nichts dagegen, dass er hiermit Ovids Überzeugungen ziemlich nahe kommt: Die Welt und mit ihr die Menschheit unterstehen dem Gesetz eines ohne erkennnbaren Sinn sich vollziehenden permanenten Wandels, und diese nihilistisch anmutende, jedenfalls aber resignierende Einsicht ist besser als vermeintliche positive Wahrheiten, die alles auf eine Karte setzen und sich früher oder später als Wahn erweisen.«

Man kann daher bei der Interpretation der einzelnen Metamorphosen wie des gesamten Werks immer wieder fragen: Sind die Metamorphosen

5 Vgl. etwa: Schmitzer (Zeitgeschichte); Barchiesi (Il poeta e il principe); s. Literaturverzeichnis.

- eine aktualisierte oder aktualisierende oder aktuelle Bezüge ermöglichende Darstellung des Mythos der Vergangenheit
- oder eine verschlüsselte Gegenwart, d.h. eine Darstellung der Gegenwart, die in den Mythos der Vergangenheit eingekleidet ist?

Das wird sich nicht lösen lassen, aber der Ansatz hilft nicht nur, die Brisanz des Werkes zu seiner Zeit zu erkennen, sondern auch seine Bedeutung, wenn nicht gar Brisanz für unsere Zeit.

Handlungsorientierung und übergreifende Arbeitsaufträge

Entsprechend den bisherigen Ausführungen werden in der Textausgabe vielerlei Arbeitsaufträge angeboten, die die Vielfalt der Interpretationsmöglichkeiten berücksichtigen, darunter a) die sprachliche, b) die literarische, c) die religiöse, d) die anthropologische, e) die politische, f) die humoristische Seite, g) die Metrik, ebenso aber alle Arten der Rezeption. Solche Arbeitsaufträge werden zu den einzelnen Metamorphosen gegeben, die generellen und typischen sind jedoch in der Textausgabe als Übergreifende Arbeitsaufträge zusammengefasst (vgl. dort S. 71–73).
Eine besondere Bedeutung kommt dabei handlungsorientierten Aufgaben zu. Denn sie aktivieren die Kreativität der Schülerinnen und Schüler und lassen sie die oben genannten Interpretationsansätze als Weg zur Erstellung ihres eigenen Produkts mit vollziehen. Sie bereiten zudem das Verständnis anderer Rezeptionen vor und nehmen die Scheu vor dem Umgang mit dem Text, lassen den Text in ihrer eigenen Bearbeitung zu einer Form der eigenen Lebensäußerung werden. Einige besonders geeignete Aufgaben zur produktiven Rezeption sind in der Textausgabe als ÜA 19 auf S. 73 zusammengestellt.

Klassen- und Kursarbeiten

Die beiden folgenden Vorschläge können für die 10. und die 11. Klasse/Jahrgangsstufe verwendet werden. Modifizierungen in Länge, Angaben und Aufgaben sind dabei erforderlich. Die Vorschläge sollen nur Beispiele für die Kombination von Übersetzung und Textbearbeitung sein. Dabei lässt sich Vorschlag 1 (Medea) schon nach der Pyramus-und-Thisbe-Lektüre einsetzen, Vorschlag 2 am besten nach Beginn der Narcissus-Lektüre.[6]

6 Zur Berücksichtigung handlungsorientierter Aufgaben bei der Leistungsmessung in der Oberstufe vgl. Niemann, K.-H.: Wie lösen Schüler produktionsorientierte Aufgabenstellungen in S-II-Klausuren?, in: Der Altsprachliche Unterricht 42,1, 1999, 61–67.

1. Vorschlag (81 Wörter, bzw. 71 Wörter, wenn man v. 10–11a und ait *aus v. 12 in Übersetzung anbietet)*

Ist das Liebe? Ich muss Iason helfen!

Iason, Thronfolger in Iolkos in Thessalien (Griechenland), wird von seinem Onkel Pelias der Macht beraubt und auf eine gefährliche Fahrt geschickt. Pelias möchte seine Macht sichern und Iason, den rechtmäßigen Thronfolger, zu Tod bringen. Deswegen stellt er ihm folgende Aufgabe: Er soll das Goldene Vlies rauben und ihm bringen. Das Goldene Vlies ist ein Widderfell, das als Symbol der Macht gilt. Es gehört Aeetes, dem eher kulturlosen König von Kolchis am Schwarzen Meer. Aeetes hat es in einer Höhle aufgehängt, die von einem Drachen bewacht wird, der niemals schläft. Iason fährt nach Kolchis. Aeetes will das Goldene Vlies natürlich nicht hergeben. Aber er sagt nicht direkt »Nein«, sondern erlegt Iason Prüfungen auf, bei denen er umkommen soll. Er soll z. B. Drachenzähne säen, aus denen bewaffnete Männer wachsen, die mit ihm kämpfen. Und er muss natürlich in die Drachenhöhle. Iason kann das nicht aus eigener Kraft bewältigen. Aber die Tochter des Königs Aeetes verliebt sich in ihn. Sie heißt Medea, ist ebenso urwüchsig wie ihr Vater und verfügt über Zauberkräfte. In seinen *Metamorphosen* stellt der Dichter Ovid dar, wie sich Medea in Iason verliebt. Medea kämpft zwischen der Verpflichtung, ihrem Vater und seinen Interessen unbedingt treu zu sein, und dem neuen Gefühl für den fremden Mann, das in ihr wächst und sie um Iason Angst haben lässt. Es ist ein Kampf zwischen Vernunft und Leidenschaft.

Et luctata diu, postquam ratione furorem
vincere non poterat, «Frustra, Medea, repugnas.
Nescioquis deus obstat," ait, «mirumque, nisi hoc est –
aut aliquid certe simile huic –, quod «amare» vocatur.
Nam cur iussa patris nimium mihi dura videntur?
Sunt quoque dura nimis! Cur, quem modo denique vidi,
ne pereat, timeo? Quae tanti causa timoris?
Excute virgineo conceptas pectore flammas,
si potes, infelix! Si possem, sanior essem.
Sed trahit invitam nova vis; aliudque cupido,
mens aliud suadet: Video meliora proboque –
deteriora sequor.

10–11a: »Und sie (Medea) rang lange mit sich, aber nachdem sie mit ihrer Vernunft das Rasen nicht hatte besiegen können, sagte sie:«
furor, ōris *m.*: Wahnsinn, Raserei
11 repūgnāre: Widerstand leisten
12 nesciōquis: ich weiß nicht, welcher; irgendein
obstāre: im Wege stehen
mīrum (*erg.* est): es sollte mich wundern
13 certē: jedenfalls
quod ... vocatur: *erläutert* hoc *(v. 12) und* huic *(v. 13)*
14 iussum: Befehl
nimium *und* **nimis**: allzu (sehr)
15 modo: eben erst
dēnique: schließlich

quem ... vīdī: *Subjekt(satz) zu* pereat
15/16 Cur, quem modo denique vidi, / ne pereat, timeo?: *Die prosaische normale Abfolge wäre:* Cur timeo, ne is, quem modo denique vidi, pereat?
tantī: *zu* timoris
17 excutere, iō: hinauswerfen
virgíneus: jungfräulich; *(in zusammengesetzten Substantiven:)* Mädchen- ...
pectore: *Abl. instrumenti oder loci*
concipere, cipiō, cēpī, ceptum: aufnehmen
19 invītus: unwillig; gegen meinen, seinen *usw.* Willen
aliud ... aliud: das eine ... das andere
cupīdō, inis *f.*: Begierde
20 mēns, mentis *f.*: Geist, Seele
probāre: für richtig erachten, gutheißen
21 dēterior, ōris: *moralisch* schlechter

1. (a) Mit welchen Argumenten versucht Medea sich dazu zu bewegen, vernünftig zu bleiben und dem Vater nicht in den Rücken zu fallen?
   (b) Mit welchen Argumenten bereitet sie ihre Entscheidung für Iason vor?
   (c) Welche stilistischen Mittel heben dabei einzelne Aussagen hervor? Berücksichtige vv. 14–16.

2. (a) In welches Licht will sich Medea stellen, um ihre Entscheidung für Iason zu rechtfertigen?
   (b) Analysiere Längen und Kürzen in v. 19 und v. 20.
   (c) Was fällt auf?
   (d) Bewerte den Befund, indem du den Inhalt der beiden Verse vergleichst.

Erwartungshorizont

1. (a) Medea verwendet moralisch abwertende Bezeichnungen für ihre Liebe (die sie von anderen übernommen und sich unbewusst zu eigen gemacht haben könnte): 19: *cupido*, 21: *deteriora.* Medea versucht sich in v. 15f. klar zu machen, dass sie Iason ja kaum kennt, es also für eine Liebe viel zu früh ist.
   (b) Sie bezeichnet in v. 14f. die Befehle des Vaters als allzu hart und rechtfertigt damit auch moralisch eine Entscheidung für Iason. Sie bezeichnet sich als von fremder Macht getrieben: 12: *nescioquis deus obstat,* 19: *trahit invitam nova vis.* Dabei hebt sie hervor, dass dies gegen ihren Willen geschieht. Umso mehr kann sie dann der Liebe ohne Schuld(bewusstsein) folgen.
   (c) Die Bedeutung ihrer Liebe hebt sie in v. 15f. durch die Wortstellung des Satzes *Cur ...* hervor: Angst um den Geliebten steht am Anfang *(cur)* und am Ende *(timeo),* der Hauptsatz rahmt die Gliedsätze ein; *ne pereat* gewinnt durch die Stellung vor *timeo* und am Versanfang Gewicht. Die Frage nach der Ursache wird durch zwei Hyperbata verstärkt: *quae – causa, tanti – timoris.*
   Die Härte der Befehle ihres Vaters stellt sie ausführlich heraus. Erstens fragt sie sich selbst, warum ihr die Befehle so hart erscheinen, eine fast rhetorische Frage. Zweitens beantwortet sie dann die Frage selbst und zwar auftrumpfend mit der Wiederholung von *dura* und von *nimia* in *nimis* und mit dem vorangestellten *sunt quoque.*
2. (a) Medea will sich darstellen als: Helferin gegen harte Befehle; Verteidigerin des Ausgelieferten; Getriebene.

(b) – ◡ ◡ – –– ◡ ◡ – ◡◡– ◡ ◡ – –

Sed trahit invitam nova vis; aliudque cupido,

– ◡◡– – – ◡ ◡– ◡◡– ◡ ◡ – ◡

mens aliud suadet: Video meliora proboque

(c) Die beiden Verse sind bis auf den letzten Fuß (einmal – –, einmal – ◡) gleich gebaut. Nur jeweils einmal ist etwas durch Längen hervorgehoben.
(d) Hervorgehoben werden *invitam* und *suadet,* also dass Medea gezwungen wird und von Ratschlägen der *cupido* und der *mens* beeinflusst wird. Durch den gleichen Aufbau der beiden Verse werden aber alle Vorgänge dem Leser als gleichsam automatisch ablaufend vorgestellt.

2. Vorschlag (1–12: 84 Wörter; wenn 4–5 nicht in Übersetzung angegeben werden: weitere 13, dann also insgesamt 107 Wörter)

Narcissus verliebt sich zum ersten Mal in seinem Leben

Der schöne Narcissus hat die Liebe Echos verschmäht, die sich nach ihm verzehrte. Er liebt bisher nur die Jagd. Auf der Jagd kommt er in eine besonders schöne Gegend und an eine Quelle. Erschöpft legt er sich auf den Boden und will trinken. Ovid schildert, wie Narcissus zum ersten Mal Liebe empfindet:

Text: *Met.* 3,415–426 (siehe Textausgabe S. 35f.), jedoch mit Zählung von 1 bis 12.

Vokabelangaben: Wie in der Textausgabe zu Text 5, vv. 415–426 (S. 35f.), jedoch mit Übersetzung der vv. 4–5 (= 3,418–419): »Er staunt über sich selbst und hängt unbewegt mit immer demselben Gesicht (an ihm) wie eine aus parischem Marmor geformte Statue.«

1. Wie wird die in Narcissus entstehende Liebe charakterisiert? Nennen Sie die einzelnen Ausdrücke für den Vorgang des Sichverliebens und Liebens und erläutern Sie sie.

2. Wie wird die Besonderheit der Liebe des Narcissus zu seinem Spiegelbild deutlich gemacht. Berücksichtigen Sie z. B.
   (a) Verbformen (vv. 10, 11, 12);
   (b) Wortentsprechungen oder Wortgegensätze (vv. 1, 3, 10, 12);
   (c) Wortstellung (vv. 4, 6);
   (d) Worthäufung (v. 7);
   (e) anderes.

Erwartungshorizont: s. Interpretation S. 53–60, bes. 55f..

Interpretationen

Text 1: Proömium (Vorrede, 1,1–4)

Ovid kündigt als Thema an: »Gestalten, die in neue Körper verwandelt wurden« *(fôrmâs mutâtâs in nova corpora)*. Das Thema »Verwandlung« bestimmt das ganze Werk (wenn auch der Bezug zu diesem Hauptthema stellenweise eher locker ist). *Fôrma* ist Gestalt (manchmal auch »Schönheit«, d.h. Wohlgestalt), *corpus* kommt ebenfalls dem Gestaltbegriff nahe (»Struktur«; Hilfsvorstellung: Schiffskörper, Schiffsrumpf).
Formale Mittel markieren das Wichtige. Zusammengehöriges *(in nova* und *corpora)* steht in zwei aufeinander folgenden Versen untereinander. Der Hinweis auf die neuen Gestalten umrahmt den Satz. Die Voranstellung von *in nova* durch das Hyperbaton ist besonders reizvoll, aber eine zu stark isolierende Interpretation (etwa »in neue Gefilde treibt mich der Geist«, vgl. Horaz, *carm.* 3,25) hat keinen Anhalt im Text. *Formas* und *corpora* stehen an der Versfuge nebeneinander: die alte und die neue Gestalt. Das Zentralthema *mutâtâs* erklingt nachdrücklich in der Mitte des Hexameters und ist zudem durch seine spondeische Form zwischen reinen Daktylen hervorgehoben.
Ovid zeigt im Proömium auch, dass das Thema in chronologischer Reihenfolge behandelt werden und die gesamte Weltgeschichte umfassen soll (3f.).
Als Grund für die Wahl des Themas nennt er: *Fert animus* (»der Wille treibt mich«). Mehr als um ein bloßes »Lusthaben« geht es um ein Getriebensein *(ferrî)*, den Antrieb des epischen Sängers, sei er im Denken *(nous)* oder im »Mut« *(thymós)* angesiedelt. In der *Odyssee* will Penelope dem Rhapsoden verbieten, ein bestimmtes Thema zu behandeln. Telemach verteidigt die Freiheit des Dichters: »Lass ihn singen, wozu ihn das Denken treibt« *(nóos órnytai, Od.* 1,347); der Sänger Demodokos soll singen, wozu ihn sein Thymos treibt *(thymós epotrýnäsin, Od.* 8,45).
Welche Funktion haben dabei die Götter? Die Anrufung der Götter hat seit alters den Sinn, Lücken der eigenen Kenntnis und Mängel der eigenen Kraft auszugleichen. Der Dichter des alten Epos wendet sich an die Musen, wenn es eines übermenschlichen Wissens oder Gedächtnisses bedarf, um die ihm gestellte Aufgabe zu bewältigen. So redet Homer in der *Ilias* vor dem »Schiffskatalog« die Musen an (2,485): »Denn ihr seid Göttinnen, seid gegenwärtig und wisst alles.« Vergil *(Aeneis* 1,8) bittet die Muse, ihm die Ursachen von Junos Zorn zu offenbaren, die fern in der Vorgeschichte liegen; auch hier geht es um die Erweiterung des menschlichen Gedächtnisses und Bewusstseins. Ovid hat sich ein Thema gestellt, das die ganze Weltgeschichte umfasst *(primaque ab origine mundi / ad mea ...*

tempora). So ist es begreiflich, dass er Götter um Beistand bittet, die (wie die homerischen Musen) »dabei« waren, allerdings nicht nur als Zeugen (wie die Musen), sondern als Handelnde, als Urheber der Verwandlungen. Die Götter leben hier nicht nur kontemplativ (wie es sich die Epikureer vorstellen), sondern sie greifen aktiv ins irdische Geschehen ein. Auch in den Verwandlungsgeschichten selbst wird Ovid die wirksame Macht der Götter betonen – wie es der mythischen Weltschau entspricht (Ovid kennt allerdings auch andere Weltdeutungen, vgl. S. 6). Solcher Sinn für Macht entspricht römischem Daseinsgefühl und römischer Religiosität – aber Ovid kann auch den Missbrauch der Macht andeuten. Die Verbindung von Anrufung und Begründung (mit *nam* oder *namque)* ist bei Homer vorgegeben, doch wird die generelle homerische Begründung »Denn ihr seid gegenwärtig und wisst alles« überboten durch einen spezifischen Sachbezug: »Denn ihr seid ja auch die Urheber jener Verwandlungen.« *Vôs* ist Nominativ, kein Akkusativ, *et* gehört nicht zu *illâs,* sondern zu *mutâstis:* Ihr habt ja auch die Verwandlungen bewirkt; daher sollt ihr mir jetzt helfen. Ähnlich lehnt es Ovid am Anfang der *Liebeskunst* ab, sich auf die Götter der Poesie (Phoebus und die Musen) zu berufen; stattdessen bittet er die Göttin des »Sachgebietes« (Venus) um ihren Beistand. Hier bedient sich Ovid einer traditionellen Form, füllt sie aber mit einem individuellen Inhalt und verleiht ihr damit neue Aussagekraft (im Gegensatz zum Anfang, wo Ovid durch eine individuelle Form Neues schafft). Ovid ruft also keine poetischen Gottheiten zu Hilfe, sondern Götter, die für das behandelte Sachgebiet gewissermaßen »zuständig« sind In dieser Beziehung lässt sich seine Haltung mit derjenigen Vergils in den *Georgica* und Ovids am Anfang der *Ars amatoria* vergleichen. Die kosmischen Verwandlungen sind Sache der Götter insgesamt. Die Anrufung setzt also eine doppelte Macht der Götter voraus: eigenes Schaffen – Umgestalten – und Inspiration menschlichen Schaffens. *Adspîrâre* erscheint bei Anrufungen – es passt zur Vorstellung des Singens (»atmet dazu« – »gebt mir größeren Atem«); die Vorstellung der Schifffahrt liegt hier nicht ausdrücklich vor (»gebt mir günstigen Fahrwind«), in Verbindung mit *deducite* (»führt ans Ziel«) liegt sie freilich nahe (Dichten als Seefahrt: die Vorstellung begegnet uns häufig in der *Liebeskunst).* Das Lied als Weg *(oîmos – oimé)* ist eine uralte Vorstellung. Ovid gibt also hier im Proömium eine doppelte Motivation: den individuellen Ausdruck *(fert animus),* der den hohen Rang des *ingenium* ahnen lässt, und die übernatürliche Inspiration. Ovid ist der Dichter, der sich am deutlichsten auf sein *ingenium* beruft; er tut dies meist in den Formen der traditionellen Inspirationsvorstellung[7].

Welcher Literaturgattung rechnet Ovid sein Werk zu? *Deducite* ist wohl nicht eine Anspielung auf das *deductum carmen,* das »fein gesponnene« Lied, von dem Vergil in den *Eklogen* spricht *(ecl.* 6,5). Dann wäre der Gegensatz zu *carmen perpetuum* beabsichtigt *(hèn áeisma thienekés,* von dem hellenistischen Dichter Kallimachos im Prolog der *Aitia – »Ursprungsgeschichten«* – abgelehnt). Ovid will ein

7 Zu ihr: Falter, O.: Der Dichter und sein Gott bei den Griechen und Römern, Würzburg 1934; vgl. Platon, *Ion* 533d–534b, *Phdr.* 245a.

Großepos schreiben, also ein »großes Buch«, wie Kallimachos es verabscheut, aber in »fein gesponnenem« Stil. Es sind nicht die Götter, die das Gedicht »fein spinnen«; das Formale wäre Sache des Dichters. Sehr wohl aber entspricht es der Rolle der Götter, die Reise des Dichters durch die Weltgeschichte sicher ans Ziel zu führen.

Ovid kündigt also eine fortlaufende poetische Erzählung an *(perpetuum carmen)*. Das heißt nicht, dass die *Metamorphosen* in jeder Beziehung der Vorstellung entsprechen, die wir aus Homer und Vergil vom Epos haben. Ovid wird in dieser Beziehung immer wieder überraschen. Aber den Rahmen hat er sich im Proömium gesteckt.

Ein fortlaufendes Gedicht über die Weltgeschichte konkurriert auch mit hellenistischen Universalgeschichten. Dort finden wir die Reihenfolge, die den Aufbau der *Metamorphosen* bestimmt: »naturwissenschaftlich« beschriebene Weltschöpfung – mythische Zeit – historische Zeit. Man könnte sagen: Wie Lukrez hellenistische Physik in anspruchsvoller hexametrischer Form behandelt, so poetisiert Ovid eine hellenistische Vision der Weltgeschichte. Dass er die epische Form wählt, bedeutet wohl eine Konkurrenz zur Aeneis, dem römischen Epos schlechthin; die Aeneis stellt eine augusteische Form der Weltgeschichte dar, die den Herrscher Augustus zum Ziel der Geschichte macht.

Als Vergleichstext zum Proömium kommen für die Schule der Epilog der *Metamorphosen* und ein Auszug aus Christoph Ransmayrs *Die letzte Welt* infrage, entweder in der allgemeinen Darstellung in der Textausgabe (S. 8f.) oder in einem Auszug aus dem Original.[8] Der Aitienprolog des Kallimachos (geboren kurz vor 300 v.Chr., in: Die Dichtungen des Kallimachos. Griechisch und deutsch. Übertragen, eingeleitet und erklärt von E. Howald und E. Staiger, Zürich 1955) muss demgegenüber zurückstehen, weil er mehr zu Kallimachos als zu Ovid sagt.

Die Deutung von Ransmayr ist von besonderer Intensität: Auf der Suche nach dem verlorenen Manuskript der *Metamorphosen* und nach dem Dichter selbst kommt Cotta nach Tomis. Er trifft auf den alten Knecht Ovids, der den Namen Pythagoras führt. Dieser führt ihn zu einem Haus außerhalb der Stadt im Gebirge. Es ist Nasos Haus. Er führt ihn, mit der Laterne leuchtend, zu einer Art Lichtung im Dickicht nahe Nasos Haus. Langsam legen sie die Grabinschrift frei, den Text des Epilogs. Es wird deutlich, dass Ovid mit seinem starken Kunstwillen und seinem ebenso starken Willen zur ewigen Nachwirkung gefährdet war, aber sich letztlich durchsetzte. Dies zeigt auch B 3 zu T 11.

Es wird von der Lerngruppe abhängen, ob man die Lektüre mit dem Proömium beginnt und mit dem Epilog beschließt oder sowohl Proömium als auch Epilog erst am Schluss der Lektüre liest, bei Lektüre in einer 10. Klasse wohl eher in Übersetzung oder unter starker Hilfe des Lehrers.[9]

---

8 Insbesondere die Entdeckung der Inschrift mit dem Epilog, S. 48–50 der Sonderausgabe Frankfurt a. M. 1999. Vgl. die Literaturangaben zu Ransmayr im Literaturverzeichnis.

9 Vgl. die Ausführungen zum Epilog S. 118–120.

Text 2: Die Weltentstehung (1,5–88)

Übersicht

A. 5–20	Chaos: Zustand vor der Weltschöpfung Undifferenzierte Einheit: Widersprüche und Paradoxien
B. 21–31	Scheidung der vier Elemente, Herstellung von *pax* und *concordia*: Gegliederte Einheit: spannungsreiche Harmonie
C. 32–68	Ausgestaltung der vier Elemente 32–35: Kugelgestalt der Erde 36–42: Gewässer 43–51: Erdoberfläche; die fünf Klimazonen 52–66: Die Luft und die vier Winde 67–68: Der Äther
D. 69–75	Entstehung der Lebewesen. Die Sterne und die Bewohner der vier Elemente
E. 76–88	Der Mensch

Die vier Elemente sind ein durchgehendes Ordnungsschema in den Abschnitten B-D. Im Abschnitt E kommen nur Himmelssamen (Feuer), Wasser und Erde vor. Die Luft (Beseelung des Menschen) fehlt. Ovid kehrt hier zu der Dreiheit *caelum, mare, terra* zurück (v. 5).

Ovid geht von der Dreiteilung »Himmel, Land und Meer« *(mare, terras, caelum)* aus. Sie entspricht dem Augenschein und liegt auch dem mythischen Weltbild zugrunde. An dieses ist hier in der Schöpfungsgeschichte aber noch nicht zu denken (vgl. den Anfang des zweiten Buches). Ovid will eine Kosmogonie »wissenschaftlich« darstellen. Die Dreiheit spielt auch bei Lukrez, dem unmythologischen Natur- und Weltdichter, eine Rolle; sie entfaltet die Welt in ihren wichtigsten Daseinsbereichen. Im Gegensatz dazu steht *unus vultus.* Undifferenzierte Einheitlichkeit ist gleichbedeutend mit Chaos. Es ist unbearbeitet *(rudis)*, gewissermaßen nur Rohmaterial und nicht klar aufgegliedert *(indigesta)*, groß, schwer *(moles, nec quicquam nisi pondus iners)* und eine Anhäufung heterogener Elemente *(non bene iunctarum discordia semina rerum: semina rerum* ist die Bezeichnung für die Atome bei Lukrez).

Es folgt eine Reihe von Negationen: Eine Aufzählung der noch nicht vorhandenen Himmelskörper verdeutlicht, dass noch jede Differenzierung fehlt: Kein Titan (Sonnengott), keine Phoebe (Mondgöttin), keine Erde, die sich durch ihre eigene Schwere im Gleichgewicht hält, von Luft und Wasser umgeben (für das Wasser steht ein mythologisches Bild, die Meeresgöttin Amphitrite, die den Rand der Erde umarmt – ähnlich wie bei Lukrez der Aether die Welt umfängt, 5,470). Der Zustand vor der Schöpfung wird übrigens in allen Literaturen gern durch gehäufte Negationen und Paradoxa dargestellt (was in der Natur der Sache liegt, vgl. Ṛg-Veda 10,129: »Damals war nicht das Nichtsein noch das Sein«. Ovid kennt Lukrez (5,432–435): Die wesentlichen Bestandteile der Welt sind noch nicht geschieden. Ohne Sonne gibt es kein Licht, ohne Mondphasen noch keine geordnete Zeit.

Wieder erscheint die bei Lukrez oft erwähnte Dreiheit. *Tellus, pontus, aër* waren alle noch nicht voneinander gesondert, hatten also nicht die spezifischen Eigenschaften, die ihnen heute zukommen: Sie waren *instabilis, innabilis, lucis egens.* Kein Ding hatte eine eigene, beständige Gestalt: *nulli sua forma manebat.* Alles war fließend. *Sua forma* ist die eigene, d.h. die richtige Form (vgl. *suus ventus,* »günstiger Wind«, *suos deos habere,* »gnädige Götter haben«). Ein weiterer Aspekt ist der Widerstreit der Elemente und Eigenschaften: *obstabatque aliis aliud,* und zwar *corpore in uno* (in einer Zusammenstellung, die noch kein gegliedertes Ganzes war: *corpus* ist eigentlich das gegliederte Ganze; Ovid unterstreicht hier die Paradoxie). Gegensätze prallen aufeinander, die Wortstellung macht es sinnfällig: *frigida .../calidis; umentia/siccis; mollia/cum duris; sine pondere/habentia pondus (sine pondere* ist Ersatz für das griechische Adjektiv *a-barés).*

Die Aufgliederung macht den Zustand anschaulich. Die Eigenschaften sind in der antiken Physik den Elementen folgendermaßen zugeordnet:

		leicht		
	Feuer		Luft	
trocken				feucht
	Erde		Wasser	
		schwer		

Ovid spricht trotz gelegentlicher Verwendung mythischer Namen (die metonymisch für Physikalisches stehen) in diesem Abschnitt nicht die Sprache der Mythologie, sondern die der Naturphilosophie. Die vier Elemente und die ihnen entsprechenden Eigenschaften spiegeln die Welterklärung der damaligen Naturwissenschaft (B 4 zu T 2). In der Schilderung des Chaos ist zuerst von *mare, terras, caelum* (= *aether,* Feuer, 5) die Rede; dann von *tellus, pontus, aër* (15). Die vier Elemente sind also vorausgesetzt, aber die Systematik wird in der Darstellung des Chaos absichtlich verschleiert.

Das Eingreifen des Gottes ist zunächst ein Trennen der kämpfenden Parteien *(litem dirimere,* 21), ein Abschneiden *(abscidit,* 22), ein Absondern *(secrevit,* 23). Wieder stellt Ovid die kontrastierenden Worte ausdrucksvoll nebeneinander: *et liquidum spisso secrevit abaere caelum* (23); *nam caelo terras et terris abscidit undas* (22). Die Sätze, in denen sich die einzelnen Handlungsphasen spiegeln, sind durch wieder aufgenommene Wörter miteinander verkettet.

Schon allein die Tatsache, dass ein Gott die Scheidung der Elemente vollzieht, beweist, dass Ovid hier keiner epikureischen Quelle folgt; hielten doch die Epikureer göttliches Eingreifen nicht für möglich. In diesem wesentlichen Punkt entfernt sich Ovid von der sonst vergleichbaren Kosmogonie bei Lukrez (5,416–508). Entscheidend sind bei Lukrez die Verse 5,437–439 und 446–448:

437 Diffugere inde loci partes coepere, paresque
438 cum paribus iungi res et discludere mundum

439 membraque dividere et magnas disponere partes.
446 Hoc est, a terris altum secernere caelum
447 et sorsum mare uti secreto umore pateret,
448 seorsus item puri secretique aetheris ignes.

Auch im Folgenden schreibt Ovid vieles der Aktivität des Schöpfers zu (33, 35, 36, 37, 38, 39, 42, 47). An der letztgenannten Stelle ist ausdrücklich von *cura dei* (48) die Rede, der Vor- und Fürsorge des Gottes für die Welt, eine Vorstellung, die bei Lukrez keinen Raum hat. Hier tritt der römische Begriff *cura* passend für die stoische Prónoia (»Vorsehung«) ein.

Freilich hat das Walten der Gottheit auch bei Ovid einen physikalischen Aspekt: In vv. 26–31 gruppieren sich die Elemente nach ihrem Gewicht: ganz oben der leichte, feurige Äther, darunter Luft, Wasser und Erde. Gemäß der Anschauung der meisten Philosophenschulen und dem Augenschein lässt Ovid das Feuer in die Höhe streben (26f.), während Lukrez, entsprechend der epikureischen Theorie, die nur eine Abwärtsbewegung von Atomen kennt (Lukr. 2,184–215), umgekehrt mit dem schwersten Element, d.h. mit der Erde, beginnt; die Aufwärtsbewegung der anderen Elemente ist bei ihm nicht spontan, sondern entsteht sekundär durch den Druck der sich zusammendrängenden Erdatome (Lukr. 5,449). Bei Lukrez fehlt auch der ausdrückliche Hinweis auf *concordia* und *pax*, die durch räumliche Trennung entstehen *(met.* 1,25). Dahinter steht letztlich der heraklitische Gedanke der *palíntonos harmonía,* der spannungsreichen Harmonie (z. B. eines Bogens oder einer Lyra). Auf Heraklit beriefen sich die Stoiker, während die Epikureer ihn ablehnten (z. B. Lukrez 1,638–711).

Die Kugelgestalt der Erde (*met.*1,35) belegt eindeutig, dass Ovid in diesem Abschnitt (anders als sonst in den *Metamorphosen)* nicht in mythischen Kategorien denkt. Zugrunde liegt hier das »geozentrische« Weltbild der antiken Naturwissenschaft, wie es seit Platons *Timaios* in den Grundzügen festliegt: Die Erde schwebt als Kugel in der Mitte des Alls. Mond, Sonne und Planeten umkreisen sie auf verschiedenen Bahnen. Die äußere Schale des Kosmos bildet der Fixsternhimmel. Wählt man (wie in unserem heliozentrischen System) nicht die Erde, sondern die Sonne als Fixpunkt, so lassen sich die Bahnen der einzelnen Planeten als einfache kreisähnliche Ellipsen beschreiben, während sich bei dem antiken System die Bahn jedes Planeten aus zwei Kreisbewegungen zusammensetzt, die sich überlagern, nämlich seiner eigenen und einer Projektion derjenigen der Erde. Das antike naturwissenschaftliche Weltbild (das nach einem Gelehrten des zweiten Jahrhunderts n.Chr. das »ptolemäische« heißt) ist also nicht weniger »wissenschaftlich« als das moderne, es unterscheidet sich von ihm vor allem durch den gewählten Standpunkt (B 5 zu T 2). Anders als Ovid erwähnt Lukrez nicht die Kugelgestalt der Erde; möglicherweise stellt sich Lukrez in seiner Kosmogonie die Erde als eine Säulentrommel vor.[10] Der Epikureismus ist gegenüber der Wissenschaft seiner Zeit rückständig.

10 Vgl. den Lukrezkommentar von Ernout, A./Robin, L., Paris, 2. Aufl. 1962, zu Vers 534–536.

Zwischen Ovids Erwähnung der Kugelgestalt der Erde (35) und der Einteilung in Klimazonen (45–48) steht eine lebhafte Schilderung der landschaftlichen Gestaltung der Erde. Hier ist alles in Bewegung umgesetzt. Diesen Eindruck erweckt Ovid auf zwei Wegen. Einmal beginnt er mit den Gewässern, für die ein Stillstand unnatürlich wäre: das stürmische Meer (vgl. *diffudit*, 36, *tumescere ambitae*, 36f.), die Flüsse *(sorbentur*, 40, *perveniunt*, 41, *pulsant*, 42). Die Vorstellung der Bewegung wird sodann auf feste Gegenstände übertragen: *extendi campos, subsidere valles, lapidosos surgere montes* (43f.). Aus dieser Übertragung gewinnt das Bild seine Großartigkeit. (Eine »natürliche« Bewegung ist auch in diesen Passus eingestreut: Der Wald belaubt sich.) Das zweite Mittel, der Darstellung Bewegtheit zu verleihen, ist die Betonung der Aktivität des Schöpfers (vgl. die zahlreichen aktiven Verba in diesem Abschnitt[11]). Ovid scheint den Weltschöpfer zu beobachten, als wäre dieser ein spielendes Kind.
Auf die physikalische Lehre von den fünf Zonen (des Himmels und der Erde) folgt wieder eine bewegtere Schilderung: die der Luftregion. Nach einer naturwissenschaftlich exakten Einordnung dieses Elements unter die andern (52f.) stellt uns Ovid in eindrucksvoller Orchestrierung die atmosphärischen Erscheinungen bis hin zu den Winden vor Augen. Wie schon bei der Scheidung der Elemente nimmt der Schöpfer hier eine räumliche Trennung vor: Jeder der vier Winde erhält seinen eigenen »Amtsbereich« *(his quoque non passim mundi fabricator habendum / aëra permisit*, 57f.) und trotzdem besteht immer noch die Gefahr, die feindlichen Brüder könnten die Welt zerstören. Eine verwandte Polarität bestimmt auch die Gliederung der Welt in fünf Zonen: Die Sonderung von Polareis und tropischer Hitze ermöglicht die Entstehung zweier jeweils dazwischenliegender gemäßigter Zonen (50f.).
Der von Ovid in v. 25 eingeführte Gedanke »Harmonie durch räumliche Trennung« *(dissociata locis concordi pace* ligavit) – das Gegenbild zum Chaos – durchdringt also die gesamte Schöpfungsgeschichte. Viel stärker als Lukrez betont Ovid *concordia* und *pax*. Während bei Lukrez die Welt das (im Übrigen unvollkommene) Ergebnis von Zufällen und unendlichem Herumprobieren der Natur ist, stellt Ovid sie als zweckmäßige Schöpfung dar.
Nur kurz erwähnt Ovid den Äther, dessen Leichtigkeit und Klarheit im denkbar schärfsten Gegensatz zur Erdenschwere steht. (Auch das Meer kommt nur kurz und in Verbindung mit der Erde zur Sprache.) Abschließend wird die ordnende Tätigkeit des Gottes noch einmal zusammengefasst: *limitibus dissaepserat omnia certis* (69). Das Adjektiv *certus* ist der Maßbegriff, der auch bei Lukrez eine Rolle spielt *(ipse*, d.i. *aether, / suos ignis certo fert impete labens*, Lukrez 5,505; *mare certo quod fluit aestu*, 507). Dass Ovid hier Lukrez vor Augen hat, sieht man übrigens

11 Man sammle die Verben, die sich auf das Wirken des Schöpfers beziehen! Welchen Bereichen gehören sie an? Trennen, schneiden (21, 22, 23, 33); abzäunen (69); entfalten, herausnehmen (24); unterscheiden (47); binden (25); ballen (35); ordnen (32) und machen (78); gliedern (33); ausgießen (36); befehlen (37, 43, 55); nicht erlauben (58); hinzufügen (38); umgürten (39); darauflegen (67). Die Verben bezeichnen im Wesentlichen Trennung und dadurch hervorgerufene Harmonie.

auch an der Übernahme eines so charakteristischen Wortes wie *faex* (»Bodensatz, Hefe«, Lukrez 5,497; Ovid, *met.* 1,68). An dieser Stelle verabschiedet sich unser Dichter gewissermaßen noch einmal von Lukrez.

Nachdem Ovid die Aktivität des Schöpfers so sehr betont hat, schiebt er zur Abwechslung ein spontan eintretendes Ereignis ein: Die Sterne leuchten am Himmel auf, weil das unförmige Chaos sie nicht mehr verdeckt. Dies ist gewissermaßen ein Nebeneffekt der ordnenden Tätigkeit des Schöpfers.

Der folgende Abschnitt über die Lebewesen trägt teleologischen Charakter. Schon der einleitende Finalsatz (Sätze dieses Typus verwendet Ovid gern zur Überleitung, vgl. z. B. 1,151) deutet dies an: *neu regio foret ulla suis animalibus orba* (72). Jedes Element erhält die zu ihm passenden Lebewesen[12]: der Himmel die Gestirne und die Götter, das Wasser die Fische, die Erde die Tiere und die Luft die Vögel. Ovid ist hier systematischer als Lukrez (der z. B. die Fische mit Stillschweigen übergeht und den Gedanken an Astralgötter bekämpft).

Als Krone der Schöpfung erscheint schließlich der Mensch: *sanctius his animal mentisque capacius altae* (76). Auch dieses Wesen entsteht nicht zufällig, sondern füllt eine Lücke aus *(deerat adhuc,* 77), tritt an den hierfür vorgesehenen Platz. Die höhere Würde des Menschen im Vergleich mit den Bewohnern von Luft, Wasser und Erde leuchtet unmittelbar ein[13].

Mag nun der Mensch vom Schöpfer oder von Prometheus geschaffen sein, er ist auf jeden Fall das Werk eines höheren Wesens. Hier stellt sich Ovid gegen Lukrez, der den natürlichen Ursprung des Menschen vertritt (Lukrez 5,783–820). Dennoch lässt Lukrez in Übereinstimmung mit der bei Ovid vorliegenden andersartigen Tradition die Erde vom Himmel befruchtet sein (Lukrez 2,991–997; vgl. 1,250f.; 2,1066; 5,470).

Nicht bei Lukrez belegt ist auch der Gedanke, der Mensch sei von Prometheus nach dem Bilde der Götter geschaffen. Für den Epikureer sind die Menschen von selbst entstanden, und zwar infolge einer Reihe von Zufällen und nach vielen vergeblichen Versuchen der Natur. Das Vorhandensein eines Musters für die Schöpfung scheidet bei Lukrez von vornherein aus, da er nicht mit einem Schöpfer rechnet. Bei der Diskussion des Problems, wieso die Götter als Weltschöpfer nicht infrage kommen, bringt Lukrez übrigens auch das uns in diesem Zusammenhang befremdende Argument, sie hätten auch gar kein Vorbild vor Augen gehabt. Daran, dass sie selbst als Vorlage dienen könnten, denkt Lukrez an jener Stelle (5,181) im Unterschied zur biblischen Genesis und zu Ovid nicht. Ovids

12 Vgl. z. B. Plat. *Tim.* 39e.

13 Zur Interpunktion: Breitenbach setzt hinter Vers 81 einen Punkt. Dadurch entsteht eine von Ovid nicht intendierte Gegenüberstellung eines übernatürlichen Ursprungs des Menschen (von der Hand des Schöpfers) und eines natürlichen (aus der Erde). Die Fortsetzung zeigt jedoch, dass dies nicht gemeint sein kann: Diese Erde wird von Prometheus geformt. Es geht also nicht um die Antithese zwischen übernatürlichem und natürlichem Ursprung, sondern zwischen zwei Versionen der erstgenannten Möglichkeit. Absurd ist die Verknüpfung durch »denn« in Breitenbachs Übersetzung (Vers 82). Sehr glücklich unterstreicht hingegen Rösch in seiner Übersetzung die enge Verbindung zum Vorhergehenden.

Prometheus[14] mischt die Erde mit Regenwasser; die Befruchtung durch den Himmel, die vorher stattfand, ist für Ovid also keineswegs mit dem Regen identisch. Die Erde enthält vielmehr (so nimmt Ovid nach stoischer Lehre an) Samen des himmlischen Feuers, d.h. des Logos.

Ovid beschränkt die Gottebenbildlichkeit nicht auf das (runde!) Haupt, wie Platon dies in rationalistischer Auslegung alter mythischer Vorstellungen tut. Der Dichter überlässt dem Leser die Auslegung: Ist der erste Mensch ein Abbild des Kosmos? Ist der Mensch Abbild eines anthropomorph gedachten Gottes? Sind Mann und Frau Abbild göttlicher Bisexualität (vgl. die Kugelmenschen in Platons *Symposion* 189c–193d)? Ovid kommt es, echt römisch, in erster Linie auf die Machtverhältnisse an: Gesucht ist ein Wesen, das die übrigen beherrschen kann *(quod dominari in cetera posset,* 77); dieses Wesen wird gebildet *in effigiem moderantum cuncta deorum* (83). Es geht also darum, dass Menschen und Götter analoge Funktionen haben. Die Vorzugsstellung des Menschen wirkt sich aber auch äußerlich aus, und zwar in *os sublime* und *caelum videre* (85), also nicht in der Form des Kopfes, sondern in seiner Haltung, und nicht im Haupt insgesamt, sondern im Antlitz, insbesondere in dem Blick, der den Himmel zu sehen vermag. Im *Timaios* 90a verdeutlicht Platon das Verwurzeltsein des Menschen im All durch den altehrwürdigen Vergleich mit einer Pflanze, deren Wurzel nach oben gekehrt ist[15]. In diesem mythischen Bild erscheint der Mensch schlechthin vom Himmel abhängig. Ovid hingegen betont, dass der Mensch den Blick zum Himmel erheben kann, sieht also den Menschen in einer freien und stolzen Gegenposition. Man spürt in den Versen nicht nur hellenistische philosophisch-religiöse Tradition, sondern vielleicht auch die Erinnerung an eine der großartigsten Stellen der römischen Poesie, Lukrezens Lobgesang auf Epikur, der als Erster wagte, dem himmlischen Schreckbild der *religio* Trotz zu bieten *(primum Graius homo mortalis tollere contra/est oculos ausus,* Lukrez 1,66f.).

Die Ovidstelle ist ein Haupttext für den Gedanken der Menschenwürde, ebenso frei von spezifisch religiösen wie von antireligiösen Untertönen. Philosophenschulen und Mysterienreligionen haben sich die Vorstellung von der aufrechten Haltung als menschlichem Spezifikum vielfach zu Eigen gemacht. Zum Beispiel bedeutet bei den frühen Christen die Taufe auch insofern einen Prozess von Ein- und Auftauchen, Untergang und Auferstehung, als der Mensch durch sie erst in vollem Sinne in die Vertikale kommt, also recht eigentlich zum Menschen wird[16]. Der Schlusssatz (87f.) bietet eine Zusammenfassung, die einen einheitlichen Bo-

---

14 In Platons *Timaios* (69c) wird der menschliche Leib nicht direkt vom Schöpfer, sondern von untergeordneten Wesen geschaffen. Diese ahmen die Tätigkeit des Schöpfers nach. Von einer unmittelbaren Gottebenbildlichkeit des Menschen ist hier nicht ausdrücklich die Rede; mittelbar ergibt sie sich indessen aus Platons Bezeichnung der Welt als *ágalma* (Götterbild) und andererseits des Kopfes als Sitz des Göttlichen in der Seele (69e; Kernstelle, die auch auf die runde Form des Kopfes Bezug nimmt, ist 44d) und des Kosmos als *eikòn toû noetoû, theós, aisthetós* (92 c). Zur Göttlichkeit der Kugelform vgl. 34b und 40a.

15 Vgl. auch Katha Upaniṣad 6,1.

16 Vgl. Wlosok, A.: Laktanz und die philosophische Gnosis. Untersuchungen zu Geschichte und Terminologie der gnostischen Erlösungsvorstellung, Heidelberg 1960.

gen vom Chaos bis zum Menschen spannt; der Text im Einzelnen ist schwierig: *tellus* bezeichnet die Erde als Gestirn, nicht als Boden. Zuvor war sie *rudis et sine imagine;* man denkt an das Chaos *(rudis indigestaque moles).* Worauf sich *imago* bezieht, bleibt offen. Am ehesten ist an »Formlosigkeit« zu denken; »Gestalt« wird hier durch die menschliche Gestalt (die Gestalt schlechthin) repräsentiert. Der Weg vom Chaos bis zum Menschen ist die erste Metamorphose. Sie vollzieht sich im »natürlichen« Bereich (wie auch das hier zugrunde gelegte Weltbild naturwissenschaftlich ist) und fällt dadurch aus dem Rahmen der sonstigen Metamorphosen, die »mythisch« sind; aber sie ist für das Verständnis des Werkes eine der wichtigsten Verwandlungen. Ohne Zweifel ist sie nicht weniger wunderbar als die mythischen, die auf sie folgen sollen. Weitere »natürliche« Metamorphosen finden sich in der Pythagorasrede.

Die Tatsache, dass am Anfang und gegen Ende des Werkes (Pythagorasrede) das Weltbild der antiken Naturwissenschaft zur Sprache kommt (vier Elemente, Kugelgestalt der Erde, Urzeugung von Wesen aus dem Schlamm (*met.* 1,416–437), natürliche Metamorphosen: z. B. des Menschen oder des Schmetterlings), beruht nicht auf Willkür oder Zufall. M. Terentius Varro (gestorben 27 v.Chr.), der große römische Gelehrte der cäsarischen Zeit, unterschied (bei Augustinus, *de civitate Dei* 6,5) zwischen *theologia rationalis (naturalis)*, d.h. der Weltanschauung der Naturwissenschaft mit ihrem abstrakten Eingottglauben (Monotheismus, vgl. Ovid, *met.* 1,21), *theologia fabulosa*, d.h. den Mythen, dem wesentlichen Element der Poesie, insbesondere der Tragödie, und *theologia civilis*, der Staatsreligion. – Die *Metamorphosen* spielen hauptsächlich im mythischen Bereich, aber im ersten und im letzten Buch sind auch Naturwissenschaft und Politik von Bedeutung (Jupiter – Augustus, 1,200–205, vgl. 176; 15,858–870; Phoebus, Daphne, römischer Triumph, Augustus, 1,560–565): Das Akzeptieren mehrerer »Weltanschauungen« macht dem antiken Menschen weniger Mühe als dem modernen. Der Römer, der von den Griechen fast zum selben Zeitpunkt den »altertümlichen« Mythos und die »moderne« Philosophie übernahm, stellt beides unvermittelt nebeneinander. Ennius fühlt sich als wiedergeborener Homer, schreibt mythische Tragödien und übersetzt den Euhemeros, der aufklärerisch Götter zu Menschen degradiert. Ein Weltgedicht kann (wie eine Weltgeschichte, vgl. oben am Ende der Interpretation des Proömiums, s. S. 21) auf eine (naturwissenschaftliche) Kosmogonie Mythen und darauf Historisches und Politisches folgen lassen.

Die Teile stehen aber nicht ganz unverbunden nebeneinander. Die meisten Verwandlungssagen sind »aitiologisch«, sie erklären durch eine Erzählung die Entstehung natürlicher Phänomene wie Tiere, Pflanzen, Steine. Die Natur ist also auch in den »mythischen« Teilen gegenwärtig, nur nicht als Ausgangspunkt, sondern als Ziel. In der naturwissenschaftlichen Kosmogonie entstehen die Tiere vor dem Menschen; er ist der Zielpunkt einer Entwicklung. In den aitiologischen Mythen entstehen meist Tiere aus Menschen; der Mensch ist der Ausgangspunkt der Betrachtung. Die Naturwissenschaft rechnet mit einer Entwicklung »von unten nach oben«, die Mythologie umgekehrt mit einer Entwicklung von oben nach unten; vgl. den Mythos von den Weltzeitaltern mit dem Dekadenzschema (und im Unterschied dazu die wissenschaftliche Kulturentstehungslehre bei Lukrez mit dem Prinzip des Fortschritts). Die erste Metamorphose, die Entstehung des Kosmos, gipfelt im Menschen. Dies ist einem Weltgedicht angemessen, dessen Ausgangspunkt und Maßstab auf weite Strecken hin der Mensch sein wird[17].

Text 3: Die Weltzeitalter (1,89–150)

Übersicht

1. Das Goldene Zeitalter (89–112): 24 Verse
2. Das Silberne Zeitalter (113–124): 12 Verse
3. Das Eherne Zeitalter (125–127a): 2,5 Verse
4. Das Eiserne Zeitalter (127b–150): 23,5 Verse

Das Goldene Zeitalter

Das Adjektiv *aurea* steht am Anfang und bildet eine Sperrung zu *aetas*: Prädikatsnomen und Prädikat sind umrahmt von dem Sinn tragenden Subjekt des Satzes. Damit ist die Hephthemimeres des Verses erreicht. Der hierauf folgende Relativsatz enthält die Hauptaussage, deren wichtigster Teil am Ende steht: *fidem rectumque colebat*. *Fides* ist ein römischer Kernbegriff. Als Göttin wurde *Fides* schon in ältester Zeit verehrt. Ihr Kult oblag dem *flamen Dialis* (Jupiterpriester), dem obersten der drei *flamines* (Priester des Jupiter, Mars bzw. Quirinus). *Fides* verkörpert vor allem die Vertragstreue, daher wird sie symbolisch durch zwei ineinander gelegte rechte Hände dargestellt. Sie ist einer jener für die altrömische Gesellschaft typischen Wertbegriffe (moderner ausgedrückt: verinnerlichter gesellschaftlicher Normen oder Kontrollinstanzen). Wie viele andere derartige Begriffe hat *fides* wechselseitigen, reziproken Charakter. Das Wort bezeichnet die Verlässlichkeit des Patrons gegenüber dem Klienten, aber auch die Treue und Anhänglichkeit des Klienten dem Patron gegenüber. Es ist bemerkenswert, dass Ovids Schilderung des Goldenen Zeitalters der Pflege (vgl. *colebat*, 90) dieser Grundlage der römischen Gesellschaft den ersten Platz einräumt. *Colere* drückt Pflege und Verehrung aus, es kann den religiösen Kult mit einschließen *(cultus* ist von *colere* abgeleitet). Die Adverbialien *vindice nullo, sponte sua* und *sine lege* heben das Prinzip der Natürlichkeit und Spontaneität rechten menschlichen Verhaltens im Goldenen Zeitalter hervor: Der positive Ausdruck ist von zwei negativen umrahmt: Die Überflüssigkeit von Fürsprechern und Interessenvertretern *(vindex*, vgl. *vindicare*, »beanspruchen«, »rächen«) sowie von Gesetzen wird im Folgenden noch näher ausgeführt werden. Dagegen erfährt die Geisteshaltung der Frühzeit

17 Die Entwicklung der Tiere aus den Menschen entsprechend dem Verhalten der Menschen lässt erkennen, dass dieses menschliche Verhalten die Geschichte des Kosmos wesentlich mitbestimmt.

schon jetzt eine doppelte Fundierung: Neben *fides* steht *rectum*, ein substantiviertes Neutrum; schon von seiner sprachlichen Form her gehört dieses Wort dem philosophischen Bereich an, freilich nicht der theoretischen, sondern der praktischen Philosophie. Während *bonum* generell das Gute bezeichnet, bezieht sich *rectum* auf das praktische Handeln. Die Etymologie wird in augusteischer Zeit noch mit gehört: Horaz *(Epist.* 2,2,44) sagt, er habe in der Philosophie gelernt, *curvo dinoscere rectum,* »Gerades von Krummem zu unterscheiden«. Das Bild hat eine griechische und eine römische Seite: Griechisch ist die innere Verbindung von Geometrie und Ethik, römisch die bei *curvum* und *rectum* zugrunde liegende Vorstellung des Weges. Schon die Sprache offenbart, dass es nicht um abstrakte Wahrheit, sondern um Richtigkeit und Wahrhaftigkeit im praktischen Handeln geht.

Nach der Darlegung des Positiven wird die ideale Gesellschaft der Frühzeit indirekt durch eine Reihe negativer Aussagen charakterisiert. Es fehlte an Furcht vor Strafe *(poena metusque,* 91, kann man als Hendiadyoin auffassen), man las keine drohenden Worte auf öffentlich ausgehängten Bronzetafeln (in dieser Form wurden Gesetze im Römischen Reich veröffentlicht; der Ausdruck *verba minantia* deutet an, dass zu jedem Gesetz auch Sanktionen, d.h. Strafandrohungen, gehören; zugrunde liegt eine Theorie, wonach Strafe der Abschreckung dienen soll). Dieser Satz erhebt das ursprüngliche *sine lege* zu sinnenhafter Anschaulichkeit. Die Präsenz des Gesetzes konkretisiert sich für den Einzelnen in Gestalt – genauer: im Gesicht – »seines« Richters; der Zusatz *sui* ist wichtig, da es jetzt um die Anwendung des Gesetzes im Einzelfall geht. Auch *ora* ist bedeutungsvoll: Der Einzelne wird mit dem Gesetz nicht *in abstracto*, sondern von Angesicht zu Angesicht konfrontiert. Die Angeklagten werden zur *supplex turba*; das Imperfekt *timebat* (92) konkretisiert den in 91 genannten *metus* und kennzeichnet die Furcht als quälenden Dauerzustand. Im letzten Teil von v. 93 schließt sich der Ring: Die Menschen waren auch ohne einen Fürsprecher, der ihre Interessen vertrat, in Sicherheit *(sine vindice,* 93, nimmt das *vindice nullo* von 89 wieder auf). Am Ende steht ein Adjektiv mit positiver Bedeutung *(tuti)*, das den menschlichen Traum von Sicherheit zusammenfasst. Im Rückblick erkennt man, dass die fünf Verse 89–93 eine in sich geschlossene Einheit bilden.

Im nächsten Absatz setzt sich die eingangs begonnene Technik der indirekten Charakterisierung durch negative Aussagen fort (man beachte die Reihe der Satzanfänge mit *n: nondum,* 94, *nullaque,* 96, *nondum,* 97, *non,* 98, *non ... non ... (sine),* 99): Es gab keine Seefahrt, keine Verteidigungs- und Angriffswaffen, daher keinen Krieg. Die Seefahrt wurde in der antiken Dichtung als typisches Beispiel menschlicher Selbstüberhebung, ja als eine Art Urfrevel betrachtet (man bedenke die elementaren Unannehmlichkeiten und Gefahren des Reisens in der Antike). Die Klage über die Erfindung der Seefahrt zieht sich durch die ganze Literatur, vor allem auch im Zusammenhang mit der Argonautenfahrt, durch welche die gefährliche Zauberin Medea nach Griechenland kam (z. B. Ennius, *Medea* 208–216 Jocelyn; Horaz, *carm.* 1,3,9–24). Die Unnatürlichkeit der Seefahrt wird hervorgehoben durch *suis,* 94: Auf den Bergen ist der richtige, eigentliche Platz der Fichtenstämme, nicht etwa im Wasser. In v. 96 schwingt dieselbe Bedeutung in *sua litora* mit. Der rechte Ort für den Menschen ist seine Heimat. (Als Ovid in der Verbannung die *Metamorphosen* für die Veröffentlichung redigierte, muss er diese Stelle über den Fluch der Ortsveränderung mit neuen Augen gelesen haben.)

Der zweite Faktor, der durch sein Fehlen zum Glück des Goldenen Zeitalters beiträgt, ist der Krieg. Ovid vermeidet das Abstraktum; dafür spezifiziert er Kriegsmittel (Verteidigungsgräben, Signalinstrumente, Helme, Schwerter) und nennt die Soldaten (man beachte, wie durch *usu,* 99, menschliche Wesen zu Mitteln, zu »Menschenmaterial« herabgewürdigt werden). Die Aufzählung gewinnt an Lebendigkeit durch den Appell an das Vermögen des Lesers, sich Gegenstände plastisch im Raum vorzustellen *(praecipites*: Tiefe; *cingebant*: Ringform; *directi* und *flexi*: gerade und gebogene Form), aber auch an seine akustische Phantasie (Trompeten und Hörner). Das Fehlen der Bronze, das schon bei den Gesetzestafeln hervorgehoben worden war, erscheint hier wieder, zunächst in der eher harmlosen Form von Musikinstrumenten (die allerdings eindeutig kriegerischen Zwecken dienen), dann aber in Gestalt von Waffen. Es handelt sich um eine Steigerung der Gefährlichkeit: Gesetzestafeln – Kriegstrompeten – Schutzwaffen (Helme) – Angriffswaffen (Schwerter). Man sollte nicht übersehen, dass hier die Gefährlichkeit des Erzes zum Thema wird. Daher wird auch verständlich, dass Ovid sich bei der Schilderung des Ehernen Zeitalters nachher so kurz fassen kann (125–127a). Nicht zufällig wird dort die Bereitschaft, Waffen zu führen, zum Hauptthema gemacht.

Am Ende des Absatzes steht wieder eine positive, zusammenfassende Feststellung: In sicherer Ruhe *(securae,* 100, nimmt das *tuti* von v. 93 wieder auf) lebten die Völker in sanftem Frieden. Man beachte, wie die Wortstellung die zugrunde liegende Vorstellung von Harmonie verkörpert: *Mollia otia* und *securae gentes* sind durch Hyperbata so geordnet, dass zwei parallele Sperrungen die Dauer des Genusses *(peragebant)* zum Zentrum haben und am Anfang die Adjektive »sanft« und »sicher«, am Ende die Substantive »Ruhe« und »Völker zusammenstehen:

Mollia securae **peragebant** *otia* gentes.

Das nächste Element, das durch seine Abwesenheit den seligen Zustand der Goldenen Zeit garantierte, ist der Ackerbau. Wie im Falle der Vertragstreue erscheint hier die Spontaneität *(per se,* 102; *nullo cogente,* 103) als herrschendes Prinzip. Der Ausdruck ist positiv und knüpft dadurch wieder an den Beginn des Textes an. Insbesondere führt der Begriff *contenti* die Thematik von *tuti* (93), *securae* und *otia* (100) weiter. Von den inneren Ursachen der Ruhe und Sicherheit war bisher noch nicht die Rede; *contenti* deutet auf das Fehlen überzogener Ansprüche hin. Damit wird indirekt auf den moralphilosophischen Hintergrund angespielt, der bei *rectum* mitschwang. Der Wortschatz greift auf die Gesetzessprache zurück *(immunis,* »steuerfrei«, 101). Neben der Seefahrt galt auch der Ackerbau als eine Verletzung der Natur. Daher der Ausdruck *saucia* im Zusammenhang mit dem Pflügen (102); das Werkzeug (Hacke und Pflugschar, 101–102) bildet eine Parallele zu den Waffen, die zuvor genannt wurden. Am Anfang des Absatzes klingt die negative Ausdrucksweise des Vorhergehenden noch nach, vgl. *nec* (101), das negative Präfix *in-* bei *inmunis* und *intacta* (ebd.) sowie *nullo* (103). Dann aber wird ein idyllisches Bild entworfen: Als Nahrung dienen wild gewachsene Früchte. Dass diese ein Geschenk der Götter sind, sieht man besonders deutlich an den Eicheln, die von Jupiters Baum fallen. Sie werden betont am Ende genannt und bilden den Abschluss einer Reihe aus zunächst kürzeren Gliedern (106).

Die Beschreibung erhebt sich nun schrittweise zu poetischen Ausdrücken, die zum Teil die Sphäre der Realität verlassen und zunehmend ans Märchenhafte streifen (Flüsse von Milch und Honig, 111).

Das Silberne Zeitalter

Postquam (113) bezeichnet einen Neueinsatz; dieselbe temporale Konjunktion eröffnet z. B. das dritte Buch der *Aeneis.* Dabei unterstreicht die Verwendung des Imperfekts (*erat,* 114) statt des Perfekts die Tatsache, dass der bescheidene Zustand den Hintergrund für das folgende wichtige Ereignis bildet, das Aufkommen des silbernen Menschengeschlechts. Auf *postquam* folgt ein Ablativus + Prädikativum: *Saturno tenebrosa in Tartara misso* (113). Der göttliche Herrscher des Goldenen Zeitalters wird erst jetzt genannt; dies ist bezeichnend für Ovids Streben nach Kürze. Saturn wird hier Jupiter gegenübergestellt, dem obersten Gott des Silbernen Zeitalters (*Saturno,* 113; *Iove* 114). Die Namensnennung und die Gegenüberstellung erscheinen in dem Zusammenhang, in dem sie von Bedeutung sind; man erkennt hier ein wichtiges Kunstprinzip Ovids in diesem Text: Die Abschnitte sind nicht autark, sondern ergänzen sich wechselseitig. Die Bezeichnung *argenta aetas* für das zweite Zeitalter gibt Anlass zu einem Vergleich mit dem vorhergehenden und dem folgenden Zeitalter, dient also zur Orientierung des Lesers: *auro deterior fulvo pretiosior aere.* Die Anordnung der Komparative und Substantive ist chiastisch. Das Erz wird durch das Attribut *fulvo* hervorgehoben. Wie dieses Metall schon als Hintergrund zum Goldenen Zeitalter eine Kontrastfunktion innehatte, so auch zum Silbernen. Die Verse 113–115 haben Scharnierfunktion, sie schauen zurück und voraus.

Von Beginn an wird der Vergleich in jeder Beziehung wichtig. *Postquam* unterstreicht die Tatsache, dass es jetzt Vergangenes und Vergangenheit überhaupt gibt. Vorher war alles eine einzige Dauer (Imperfekt). Mit dem Eintritt des Silbernen Zeitalters beginnt zeitliche Entwicklung. Das spiegelt sich nicht nur im Gebrauch des historischen Perfekts (*subiit,* 114), sondern überhaupt in der Entstehung von Jahreszeiten (im Unterschied zum ewigen Frühling des Goldenen Zeitalters). Der Gott verkürzt das Frühjahr (*contraxit,* 116) und gestaltet (*exegit,* 117) das Jahr als eine Abfolge von vier Jahreszeiten. Hier ist zweimal von dem aktiven Eingreifen eines Gottes die Rede. Das ist ein Unterschied zu der ersten Phase, dem Goldenen Zeitalter, in dem die Spontaneität der Vorgänge betont wurde. Ferner werden an den drei neuen Jahreszeiten die unangenehmen Seiten hervorgehoben. *Hiemes* (»Winter«) ist identisch mit »Stürmen«. Statt *aestates* (»Sommer«) steht *aestus* (»Gluthitze«). Die entstehende Ungleichheit wird des

Weiteren durch Satzbau und Metrik sinnfällig gemacht: *inaequales autumnos:* Hier stehen zwei sperrige Wörter am Versende; es entsteht die sonst unbeliebte Zäsur im fünften Fuß. *Au-* bildet, falls es nicht als Folge von zwei Vokalen zu lesen ist, einen Spondeus im sechsten Metrum. Dieser wuchtige Versschluss veranschaulicht die Unberechenbarkeit der Herbste. Auf diesen langen Versteil folgt ein kurzer: *et breve ver* (118). Die Abfolge »lang – kurz« widerspricht den stilistischen Hörgewohnheiten, dem so genannten »Behaghelschen Gesetz« oder »Gesetz der wachsenden Glieder« (das natürlich kein »Gesetz«, sondern ein Stilprinzip ist). Die Kürze des letzten Gliedes unterstreicht, dass die neue Ordnung gegenüber der alten ein Missverhältnis aufweist. Das Silberne Zeitalter wird an dem Goldenen gemessen: *Ver* heißt jetzt *antiquum;* dieses Attribut deutet an, dass der alte Zustand des ewigen Frühlings jetzt überholt ist.
Dann werden die Unbilden der Witterung exemplarisch an Extremen gezeigt: der trockenen Hitze der Luft im Sommer und den Eiszapfen im stürmischen Winter (119–120). Als weitere Neuentwicklungen des Silbernen Zeitalters werden Wohnhöhlen, Buschhütten und der Ackerbau genannt. Die Stiere »stöhnten« unter dem drückenden Joch: Das Silberne Zeitalter steht erstmals unter dem Zeichen despotischer Eingriffe in die Natur – zunächst Jupiters, dann des Menschen. Dieser zweite Hauptabschnitt umfasst 12 Verse:

Einleitung (und Einordnung):	3 Verse (113–115)
Einführung der vier Jahreszeiten durch Jupiter:	3 Verse (116–118)
Folgen: Hitze und Kälte:	2 Verse (119–120)
»Hausbau«:	2 Verse (121–122)
Ackerbau:	2 Verse (123–124)

Der Abschnitt ist symmetrisch aufgebaut (6 + 6 Verse), aber in der ersten Hälfte (die das Grundsätzliche behandelt) sind es zweimal 3, in der zweiten (die den Folgen der Veränderung gewidmet ist) dreimal 2 Verse.

Das Eherne Zeitalter

Tertia macht deutlich, dass ein neuer Punkt beginnt. Der Vergleich bezieht sich auf das vorhergehende Geschlecht. Wieder spielen Komparative eine Rolle (wie oben in 115). Im Vergleich mit dem silbernen Menschengeschlecht ist das eherne **saevior** *ingeniis et ad horrida* **promptior** *arma* (126). Der Bezug auf Gewalttätigkeit und Waffen ist durch die Nennung des Metalls schon angedeutet, wie man aus der Beschreibung des Goldenen Zeitalters weiß (vgl. oben zu vv. 98–99). Ovid zeigt sich hier als Meister der Kürze. Das Wesentliche über die Funktion des Erzes war schon im ersten Hauptteil gesagt worden.
Das Mittel der Negation, das uns ebenfalls aus der Charakteristik des Goldenen Zeitalters vertraut ist, wird hier nochmals angewandt. Das eherne Menschengeschlecht ist *non scelerata* (127); damit wird der Übergang zum vierten Teil vorbereitet.

Das Eiserne Zeitalter

Mitten im Vers – auch dies ein Stilmittel der Kürze – beginnt die vierte Entwicklungsphase. Mit *duro* (127) und *peioris* (128) wird der Abstieg im Vergleich mit den vorhergehenden Zeitaltern deutlich gemacht. *Vena* bezeichnet hier die Metallader, aber die übertragene Bedeutung »Veranlagung« schwingt deutlich mit. Der mit *(non) scelerata* (127) vorbereitete Ton setzt sich mit *nefas* (129) fort, noch verstärkt durch *omne.*

Dann entsteht ein Gegenbild zu dem Goldenen Zeitalter. Dort hieß es: *fidem rectumque colebat* (90). Jetzt: *fugitque pudor verumque fidesque* (129). Der im ersten Teil durch *rectum* umschriebene Bereich wird nun nach zwei Seiten entfaltet: Reden und Handeln. Überwiegend dem Bereich des Redens zugeordnet ist *verum;* sein Gegensatz ist *fraudesque dolusque* (130). Dem Handeln zugeordnet sind einerseits *pudor,* andererseits *insidiae, vis* und *amor sceleratus habendi* (131). *Insidiae* gehört beiden Bereichen (Reden und Handeln) an.

Wichtig ist der ausgearbeitete Gegensatz zu der Darstellung des Goldenen Zeitalters. In beabsichtigtem Gegensatz zu *fidem rectumque colebat* (90) stehen die Verse 129–131. Die Habgier bildet den Übergang zur Seefahrt (132–134); dazu bilden die Verse 94–96 das Gegenstück. Dass die Erde Gemeingut war, ist in 101–112 impliziert, dort aber nicht ausdrücklich gesagt: Dies entspricht dem Prinzip der wechselseitigen Ergänzung, auf das bereits mehrfach hinzuweisen war. Bemerkenswert ist, dass im vierten Teil erstmals handelnde *menschliche* Subjekte auftreten (im zweiten Teil war es noch ein Gott, Jupiter): Jetzt ist von dem »Seemann« (133) und dem »Feldmesser« (136) die Rede.

Bisher war das Goldene Zeitalter der antithetische Bezugspunkt; jetzt kommt der Vergleich mit dem Silbernen hinzu: Man verlangt nicht nur angebaute Feldfrüchte von der Erde, sondern man dringt in ihre Eingeweide, um Metall zutage zu fördern.

Nun findet eine bemerkenswerte Umkehrung der Werte statt: Eisen ist schädlich, Gold aber (bisher implizit als das edelste Metall verstanden) erscheint als *noch* schädlicher: der Komparativ *nocentius* bringt eine Steigerung, wie sie bisher in diesem Text nur im Vergleich der verschiedenen Weltalter üblich war. Der Krieg (der mit Gold und Eisen kämpft) wird geboren und schüttelt die Waffen. Dies bedeutet, dass die Metalle aus symbolischen Bezeichnungen zu bloßen Instrumenten herabgewürdigt worden sind. *Bellum* ist hier gewissermaßen personifiziert. Es schüttelt »mit blutiger Hand« Waffen (143). Der Krieg wird zum dämonischen Subjekt, das alles instrumentalisiert. Dabei bleibt er keineswegs auf die öffentliche Sphäre beschränkt, sondern er vergiftet auch alle privaten Beziehungen vom äußeren bis in den innersten Kreis der Familie; man beachte die Reihenfolge: Gastfreunde, Schwiegervater und -sohn, Geschwister, Eheleute, Stiefmütter, Eltern und Kinder! Die *pietas,* der römische Grundwert, auf dem all diese Bezeichnungen beruhen, liegt darnieder (149) und die Göttin der Gerechtigkeit *(virgo Astraea,* griech. *Dike)* verlässt die vom Mordblut überschwemmte Erde (150). Damit schließt sich der Ring zu v. 129.

Der dritte und der vierte Hauptabschnitt sind folgendermaßen aufgebaut:

Ehernes Zeitalter (125–127a)
Eisernes Zeitalter (127b-150)

Flucht der Tugenden, Einbruch der Laster (128–131):	4 Verse
Seefahrt (132–134):	3 Verse
Vermessung der Erde (135–136):	2 Verse
Bergbau (137–140):	4 Verse
Krieg (141–143):	3 Verse
Zerstörung privater Beziehungen (144–148):	5 Verse
Ende der *pietas* und Flucht der *Dike* (149–150):	2 Verse

Die Flucht der Tugenden umrahmt den letzten, vierten Teil. Wichtig ist, dass die Darstellung der vier Weltalter insgesamt von zwei römischen Grundbegriffen, *fides* (90) und *pietas* (149), umrahmt ist. Im gesamten Text behält das Erz die gleiche Bedeutung. Es ist ständig mit Werkzeugen und Waffen verbunden. Hingegen ändert sich der Wert des Goldes von dem ersten zum vierten Weltalter radikal. Im letzten Zeitalter, wo es nicht mehr geistig, sondern nur noch physisch anwesend ist (mit Gewalt heraufgeholt wird), erweist es sich als noch schädlicher als das schlimmste Metall, das Eisen. Das Gold untergräbt alle menschlichen Beziehungen: *amor sceleratus habendi* (131) ist Umschreibung zu Vergils *auri sacra fames* (*Aeneis,* 3,57). Es zerstört die *pietas*, ein noch innigeres Band zwischen den Menschen als *fides.*

Vergleich mit Hesiod (*Werke und Tage* 109–201)

Ovid kannte den Mythos aus Hesiod (um 700 v.Chr.). Vergleiche seiner Darstellung mit der Hesiods, Arats und Vergils sind in der Regel nur als Referate in der Oberstufe oder mithilfe des Lehrers möglich. Das Lehrgedicht *Werke und Tage* entstand aus Anlass eines Rechtsstreits zwischen dem Dichter und seinem Bruder Perses, der sich bei der Erbteilung durch Bestechung Vorteile verschafft hatte. Schon das Prooimion ruft Zeus als Wahrer des Rechts an. Hesiod unterscheidet zwei Göttinnen des Streites, eine gute (Wettstreit) und eine schlechte (Zwist). Dann wird die Übervorteilung durch den Bruder erwähnt. Hierauf erklärt der Prometheus-Mythos, warum den Menschen Mühe und Arbeit auferlegt ist. Daran schließt sich der Weltalter-Mythos an.

Anders als bei Ovid werden alle Weltalter in etwa gleich langen Abschnitten behandelt. Vor dem Eisernen ist das Heroische Zeitalter eingeschaltet. Dieses bringt eine vorübergehende Besserung. Überhaupt ist der Niedergang nicht so kontinuierlich vorgestellt wie bei Ovid: Das Silberne Zeitalter ist nicht nur ein wenig, sondern erheblich schlechter als das Goldene.

Anders als bei Ovid werden schon in der Darstellung des Goldenen Zeitalters die Götter als Schöpfer und Kronos als Herrscher genannt. Ausdrücklich wird auch die Gottähnlichkeit der menschlichen Existenz im Goldenen Zeitalter hervorgehoben. Stärker betont ist auch das Fehlen von Mühe und Leid. Auch das Ausbleiben des Alterns und das sanfte Sterben hat Ovid nicht erwähnt; vor allem aber übergeht er die Verwandlung der Menschen des Goldenen Zeitalters in gute Dämonen, in Schutzgeister, die über die Einhaltung des Rechts auf Erden wachen (diese Zeilen hat Hesiod wohl für seinen Bruder geschrieben) und den Menschen Reichtum bescheren (das ist ihr königliches Vorrecht). Im Vergleich mit Hesiod fällt an erster Stelle die Weltlichkeit von Ovids Sichtweise auf. Zweitens werden Recht und Gesetz bei ihm nicht in das Goldene Zeitalter projiziert, sondern der natürlichen Gerechtigkeit jener Zeit als Verfallserscheinungen gegenübergestellt. Drittens bringt Ovid die Idee des Goldes hier gerade nicht mit Reichtum in Verbindung. Dafür betont er – viertens – die römischen Werte *(pietas* und *fides)* und verbindet sie mit der philosophischen Vorstellung des *rectum*, in dem sich eine ethische Vorstellung in einem geometrischen Bild konkretisiert. Während die soeben genannten Punkte 1–4 erkennen lassen, dass Ovid einer späteren, philosophisch gebildeten Epoche angehört, bildet der fünfte Punkt – die Anschaulichkeit seiner Darstellung und die Steigerung der Üppigkeit ins Märchenhafte – ein poetisches Gegengewicht hierzu.

Bezeichnend sind auch die Unterschiede in der Schilderung des Silbernen Zeitalters:

1. Gleich bei der Einführung geht es Hesiod um einen erheblichen Kontrast (*polý cheiróteron,* viel schlechter, 127), während Ovid den graduellen Charakter des Abstiegs dadurch betont, dass er einen doppelten Vergleich (mit dem vorhergehenden und dem nachfolgenden Zeitalter) anstellt: *auro deterior, fulvo pretiosior aere* (115).
2. Während Ovid die Verschlechterung auf den Sturz Saturns durch Jupiter zurückführt, spricht Hesiod bei der Entstehung des silbernen Geschlechtes nur allgemein von den Olympiern als Schöpfern. Zeus tritt gerade in diesem Abschnitt bei Hesiod als Wahrer der Gerechtigkeit auf: Er ließ das silberne Geschlecht untergehen, weil es die Olympier nicht ehrte. Die Vertreter des silbernen Geschlechtes werden bei Hesiod zu seligen und verehrungswürdigen unterirdischen Dämonen, ein »theogonischer« Zug, der bei Ovid ausgelassen ist. Die Verschiebung der Rolle des obersten Gottes ist auffällig: Ovid scheut sich nicht, ihn direkt für den Niedergang verantwortlich zu machen.
3. Ovid übernimmt nicht Hesiods Vorstellung, das Kind werde hundert Jahre lang von seiner Mutter gehegt und gepflegt – auch thematisiert der Römer nicht die von dem Griechen hervorgehobene Torheit des silbernen Geschlechts (*méga népios,* »sehr einfältig«, 131; *aphradíes,* »wegen ihrer Torheiten«).
4. Ovid betont auch nicht die Hybris und Gottlosigkeit dieser Menschen (sie enthalten den Göttern die gebührenden Opfer vor), Züge, die bei Hesiod befremdlich mit ihrer postmortalen Verehrung kontrastieren (von der bei Ovid ebenso wenig die Rede ist).
5. Dafür tritt bei Ovid gerade im Silbernen Zeitalter das göttliche Wirken Jupiters in der Entstehung der Jahreszeiten hervor, die dann ihrerseits Hausbau und Ackerbau notwendig macht. Dies ist umso auffälliger, als bei Hesiod – trotz seines Themas »Werke und Tage« – im Silbernen Zeitalter der Ackerbau keine Rolle spielt. (Hier steht Ovid offenbar unter dem Einfluss von Vergils *Georgica*, 1,121–159, wo Jupiter und die Entstehung des *labor* miteinander

verbunden werden. In römischer Weise erscheint Jupiter dort als Erzieher des Menschengeschlechts.)

Die Darstellung des Ehernen Zeitalters hat Ovid stark verkürzt:

1. Er stimmt darin mit Hesiod überein, dass dieses Menschengeschlecht nur auf Waffen und Kriegsführung bedacht war.
2. Die düsteren Züge (*deinin, óbrimon,* 145, *hybriés,* 146) schwächt Ovid etwas ab (*non scelerata tamen,* 127), um eine graduell absteigende Gesamtlinie zu erzielen. Auch von der Selbstvernichtung dieser Menschheit und ihrem ruhmlosen Untergang schweigt Ovid.

Bei Hesiod ist vor dem Eisernen das Heroische Zeitalter eingefügt. Bezeichnenderweise schreibt er die Schöpfung dieser Menschheit ausdrücklich Zeus zu. Wieder hat der Göttervater eine dankbarere Rolle als bei Ovid. Das Geschlecht der Heroen war »gerechter und besser« (158), Hesiod nennt sie »Halbgötter« (160). Nach ihrem Untergang in Kämpfen wie der Schlacht um Theben und dem Trojanischen Krieg wohnen sie jetzt auf den Inseln der Seligen im Ozean. Die Hinweise auf spätere Entwicklungsstadien der Vertreter des Zeitalters (mit Ausnahme des Ehernen) lassen bei Hesiod die Fortdauer seines theogonischen Interesses erkennen.
Die Beschreibung des Eisernen Zeitalters trägt bei beiden Dichtern verwandte Züge. Die Flucht der Scham und der gerechten Vergeltung (Aidós und Némesis) von der Erde ist bei Hesiod anschaulicher dargestellt. Dafür wählt Ovid den prägnanten Ausdruck *virgo Astraea.* Dies ist eine Umschreibung für Dike, bei Arat die Jungfrau am Sternenhimmel, Tochter eines Astraeus. Der Zusatz *ultima caelestum* (150) steigert die Vorstellung der Gottverlassenheit der Erde. Anders als bei Hesiod findet sich bei Ovid im Eisernen Zeitalter der Hinweis auf die Metallurgie, vor allem auf die besondere Verderblichkeit des Goldes. Dieser Kontrast zur Vorstellung des Goldenen Zeitalters ist von Ovid absichtlich gesucht (vgl. auch die sarkastische Bemerkung über die goldene Zeit des Augustus in *Ars* 2,277–278).

Vergleich mit Aratos *(Phainomena 96–136)*

Aratos von Soloi in Kilikien, geboren zwischen 315 und 305, war ein Freund des hellenistischen Dichters Kallimachos. 277 wurde er an den Königshof nach Pella zu Antigonos Gonatas von Makedonien berufen. Sein Werk *Phainomena* wurde viel gelesen und übersetzt (z. B. von Cicero und Germanicus).

1. Bei Arat bildet das Sternbild der Jungfrau den Anlass für die Einfügung des Weltaltermythos, bei Ovid erscheint die *virgo Astraea* erst am Ende des Textes.
2. Bei Arat erscheint das Recht in positiverem Licht als bei Ovid. Dike lebte während des Goldenen Zeitalters auf Erden, versammelte die Geronten (»Greise«) und kündete (»sang«) Rechtssatzungen. Bei Ovid fehlen im Goldenen Zeitalter Gesetze; diese sind eher eine Verfallserscheinung.
3. Der spontane Charakter der Lebensform des goldenen Geschlechtes ist bei beiden Dichtern ähnlich. Ebenso betonen beide das Fehlen der Seefahrt.

4. Dafür verlegt Arat Viehzucht und Ackerbau überraschenderweise bereits in die goldene Zeit.
5. Im Silbernen Zeitalter spricht Dike bei Arat nicht mehr unmittelbar mit den Menschen, sondern nur noch herab von den Bergen, und zwar mit drohenden Worten. Hier liegt wohl der Ursprung von Ovids *verba minantia* (91), die er aber verschriftlicht.
6. Im Ehernen Zeitalter wurden Schwerter erfunden. Hier erscheint der Ackerbau zum zweiten Mal. Ovid hat diese Inkonsistenz nicht übernommen.
7. Arat kennt insgesamt nur drei Zeitalter. In dieser Beziehung kann man ihn rein äußerlich mit Ovid vergleichen, der nur drei Zeitalter ausführlich schildert.

Vergleich mit Vergil (*Georgica* 1,125–146)

1. Vergil kennt in den *Georgica* nur zwei Zeitalter: die Epoche Saturns und die Zeit Jupiters. (Ein lohnender Vergleichstext wäre die Vierte Ekloge, in der ebenfalls nur zwei Epochen ausdrücklich thematisiert sind [4,8–9: *ferrea* und *aurea*], aber die Entwicklungsrichtung kühn umgekehrt erscheint.)
2. Bei Vergil wie bei Ovid gibt es Ackerbau erst seit Jupiter.
3. Landvermessung gibt es bei Vergil (126) seit Jupiter, bei Ovid erst im Eisernen Zeitalter (*met.* 1,136).
4. Vor Jupiters Zeit floss bei Vergil der Wein in Strömen (132). Hier liegt ein Ansatzpunkt für Ovids märchenhafte Ausgestaltung der Schlusspartie der Beschreibung des Goldenen Zeitalters.
5. Bei Vergil haben die Nöte der Jupiterzeit den Zweck, das Menschengeschlecht zu erziehen (daher auch die Rolle der Ceres als Lehrerin des Ackerbaus). Ovid hingegen stellt die Rolle Jupiters eher negativ dar.

Zusammenfassung

1. Ovid sieht die Entwicklung kontinuierlicher als Hesiod.
2. Ovid denkt weniger theologisch (theogonisch) als Hesiod.
3. Er sieht das Recht weniger positiv als Hesiod und Arat.
4. Er sieht Jupiters Rolle weniger positiv als Hesiod und Vergil.
5. Er verwendet als Einziger eine raffinierte Ausspartechnik (Saturn wird erst im Gegensatz zu Jupiter genannt; das Eherne Zeitalter dient schon für das Goldene als Folie, kann also nachher fast ganz ausgespart werden).
6. Er schafft einen einheitlichen ethischen Rahmen durch die römischen Wertbegriffe *fides* und *pietas*. Der Begriff *rectum* hat einen moralphilosophischen Klang.
7. Er ist der Einzige, der die eigenartige Umwertung des Goldes thematisiert: In dem Augenblick, wo es physisch ausgegraben wird, ist es als geistiger Wert endgültig verloren.

Text 4: Phaëthon (1,747–2,400 in Auswahl)

Übersicht[18]

A.	1,747–779	Vorgeschichte
	2,1–30	Palast und Thron
B.	2,31–104	Bitte Phaëthons; erste Rede Sols
	2,105–149	Vorbereitungen; zweite Rede Sols
C	2,150–213	Fahrt
	2,214–271	Weltbrand
D.	2,272–332	Klage der Tellus; Sturz Phaëthons
	2,333–400	Trauer

Aus dem gesamten Phaëthon-Abschnitt sind die folgenden Texte in der Ausgabe enthalten: 2,35–62; 178–192; 279–300, 319–328, 381–408. Durch die strikte Auswahl ist es möglich, auch die Phaëthon-Geschichte zu lesen, ohne zu lange bei ihr zu verweilen und dadurch die Möglichkeit zur Lektüre anderer Metamorphosen zu verlieren. Sie ist wichtig wegen ihrer bedeutenden Rezeption, wegen der Möglichkeiten des Vergleichs mit der Daedalus-und-Icarus-Erzählung, schließlich auch wegen des Götterbildes und der möglichen Anspielungen auf Augustus. Liebesgeschichten von Göttern und irdischen Frauen oder Nymphen umgeben die Erzählung von Phaëthon, die im Zentrum eines größeren Komplexes steht (1,452–2,875). Der Phaëthon-Mythos gehört insofern in diesen Rahmen, als Phaëthons Mutter Clymene die Geliebte des Sonnengottes war. Anknüpfend an die vorausgehende Io-Sage inszeniert Ovid einen Streit zwischen Epaphus, dem Sohn Ios, und dem gleichaltrigen Phaëthon. Epaphus stellt Phaëthons göttliche Abkunft infrage. Der Konflikt der Söhne bereitet den späteren Zusammenstoß von Jupiter und Sol vor, dieser beiden für Buch 1 und 2 zentralen Götter. Clymene schwört, dass der Sonnengott Phaëthons Vater ist und schickt den Knaben nach Osten zur Sonnenburg.

Die Vorgeschichte steht im Zeichen der Affekte. Phaëthon prahlt (1,751) und ist stolz (752). Auf den Zweifel des Epaphus reagiert er mit Zorn und Scham (755; vgl. 758). Er will Epaphus nicht nachstehen (*nec ... cedentem*, vgl. *non cedere* in der Niobe-Geschichte, 6,151 und in der Arachne-Erzählung, 6,632; *superbus*, 752), in den Augen des Kameraden ist er *demens* und *tumidus* (753f.); sich selbst nennt Phaëthon mit starker Selbstironie *liber* und *ferox* (757f.); nachdem er die Auskunft erhalten hat, ist er *laetus* (776) und *impiger* (779), froh und reaktiviert. Stolz, Streben nach Hohem (*meque adsere caelo*, 761; *concipit aethera mente*, 777) und der unbedingte Wille, seine Herkunft zu erfahren (760f.), sind Hauptzüge von Phaëthons Charakter, die sein Schicksal bestimmen. Die Mutter ist nicht nur

18 Aufbauübersicht nach Dietz, G. (s. Literaturverzeichnis), S. 30; ebendort S. 29 auch Auswahlvorschläge.

durch Phaëthons Bitten gerührt, sondern auch von Zorn erfüllt (765). Sie ist eine verlassene und etwas verbitterte Mutter.
Die psychologischen Beobachtungen werden jedoch nicht um ihrer selbst willen angeführt; sie dienen dazu, das folgende Geschehen zu motivieren. Phaëthon ist nicht der Mann, der sich mit Halbheiten zufrieden gibt. Clymene, in deren Wesen sich – psychologisch reizvoll – gekränkter Stolz mit mütterlicher Nachgiebigkeit mischt, ermöglicht durch ihre unbedachte Aufforderung, Phaëthon möge seinen Vater aufsuchen, die ganze folgende Katastrophe. Mit Vorliebe lässt Ovid aus bestimmten Äußerungen (deren Tragweite der Sprecher nicht ahnt) Tragödien entstehen. Das Thema »Eltern und Kinder« wird am Ende der Erzählung von der Vaterseite beleuchtet werden, sodass sich Anfang und Schluss ergänzen.

1,768–775
Auf Phaëthons Frage leistet die Mutter einen Schwur (*iuro,* 769). Der Schwur ist intensiv gestaltet. Er führt vom sichtbaren Sonnenlicht *(iubar hoc),* dessen Stärke breit ausgemalt und betont wird *(radiis insigne coruscis),* über eine Zwischenstufe von Sonnenlicht und Sonnengott *(quod nos auditque videtque)* zum Sonnengott *(quem spectas, qui temperat orbem).* Aus dem Akk. Neutrum Sg. *hoc,* v. 768, als Länge messbar, weil man immer das deiktische Suffix *-ce* hinzudenken kann, wird der Abl. Sg. m. *hoc* (770), der anaphorisch gesetzt wird. Aus dem seltsam und überraschend anmutenden *quod nos auditque videtque* werden zwei Relativsätze: *quem spectas* und *qui temperat orbem.* Das klingt nach viel, ist aber anfechtbar: Wieso hört und sieht das Sonnenlicht Clymene und Phaëthon? Wieso sieht Phaëthon den Sonnengott und nicht nur einfach die Sonne? Wieso lenkt Sol den Erdkreis und nicht Jupiter? Am leichtesten lässt sich die letzte Frage beantworten; man kann sich den Sonnengott als Herrscher über Tages- und Nachtzeit denken, man kann sich aber auch die Sonne als Mittelpunkt unseres Systems vorstellen – das heliozentrische Weltbild war ja durchaus schon in der Antike bekannt, wenn auch nicht so populär wie das geozentrische.
Die anderen Fragen aber lassen sich nur so beantworten, dass Clymene sich nicht so sicher ist, wie sie vorgibt. Sie dreht die Bezeichnungen geradezu um, der *quod*-Satz ließe sich inhaltlich viel besser einer Person, der *quem*-Satz besser einer Sache zuordnen. Sie vermenschlicht erst den Himmelskörper, indem sie ihm Sehen und sogar Hören zuschreibt, dann versachlicht sie den Gott, indem sie ihn zum Gegenstand des Betrachtens und zum Weltenlenker macht. Zur Verwirrung trägt auch die späte Stellung der Relativsätze nach *hōc te* bei, sie beziehen sich ja gerade nicht auf *te,* sondern auf *hoc.*
Erst nach dieser langen Darstellung der Sonne und des Sonnengotts nennt sie schließlich den Inhalt des Schwures, der zweimal mit *hoc te* begonnen wurde: *Sole satum.* Und gleich geht sie auf mögliche Zweifel an ihrer Aussage ein. Sie gibt damit eigentlich allen Zweiflern Recht: Es ist schwer zu glauben, dass Sol einen Sohn hat und dieser auf Erden ist. Aber sie bürdet die Beweislast Sol selbst und den Erkundigungen des Sohnes auf. Sie bleibt bei ihrer Behauptung und fordert Sol auf, das Gegenteil zu beweisen, indem er sich ihren Augen entzieht und somit eine dauernde Sonnenfinsternis entsteht, was nicht möglich ist (771f.). Sie be-

kräftigt dies, indem sie sich dann mit dem Leuchten Phaëthons, der mit *lux ista* bezeichnet und angeredet wird, begnügen will (772). Sie verweist Phaëthon auf eine intensive Befragung Sols (*scitabere,* 775) und stellt den Weg zu ihm und die Erkenntnis, dass er der Vater ist *(nosse),* als leicht hin (*nec longus labor est,* 773), bezeichnet sein Haus weihevoll als *patrios penates.* Wieder geht sie vom sichtbaren Himmelskörper aus *(unde oritur)* und führt dann auf die Person bzw. ihr Haus (*domus,* 774). Geschickt macht sie den Gang zu Sol von Phaëthons eigenem Willen und Entschluss abhängig (*si modo fert animus,* 775), um ihn dann strikt zum sofortigen Handeln aufzufordern: *gradere et scitabere ab ipso!*

2,19–62 (mit 63–160)

Die Erzählung ist geschickt auf zwei Bücher verteilt. In die Buchgrenze fällt Phaëthons Wanderung nach Osten. Zu Beginn des zweiten Buches steht er schon vor der Sonnenburg. Diese wird zunächst ausführlich und prachtvoll geschildert. Eine Häufung von Metallbezeichnungen (*aurum, pyropus, argentum,* 2 und 4) und Ausdrücken des Glanzes (*clara, micante, flammas, nitidum, radiabant,* 2–4; *fulgentis,* 17) erzeugt die zum Wesen des Sonnengottes passende Atmosphäre. Ovid schildert öfter den Wohnort einer Gestalt so, dass er zum Ausdruck ihres Wesens wird, z. B. das Haus der Fama (12,39–63), des Hungerdämons (8,788–800), des Neides (2,760–773) und des Schlafes (11,592–615).

Die Kunstwerke an den Türen sind von dem Feuergott Vulkan geschaffen (5), dessen Element im späteren Verlauf der Erzählung eine verhängnisvolle Rolle spielen wird. Dem Leser wird ein künstlerisches Bild der Welt vor Augen gestellt: das Meer (6), der Erdkreis (7) und der darüber gestülpte Himmel (7) – dieselbe Dreiheit, die am Anfang der – vorwiegend naturwissenschaftlichen – Kosmogonie und bei der Erschaffung des Menschen erwähnt worden ist[19]. Das Weltbild ist hier aber insofern mythisch, als die Sonnenburg im Osten lokalisiert wird und die Sonne mit ihren Rossen einen steilen Anstieg und eine Talfahrt zu überstehen hat. Auf den Türflügeln ist jeder der drei Daseinsbereiche mit Göttern bevölkert; besonders liebevoll sind die Wassergottheiten ausgemalt. Nur auf der Erde erscheinen neben Flussgöttern, Nymphen und sonstigen ländlichen Gottheiten auch sterbliche Wesen (Menschen und Tiere). Am Ende steht nicht zufällig der Tierkreis, durch den die Sonne ihren Weg nimmt. Die Erde wird ausführlich geschildert, weil die Sonne sie bescheint; das Meer ist als Türschmuck besonders passend gewählt, weil die Sonne darin versinkt. Die Unterwelt fehlt, vielleicht weil in sie kein Sonnenstrahl dringen darf (vgl. v. 46). Das hier entworfene Weltbild hat somit eine Beziehung zu Sol als dem Inhaber der Burg; es deutet zugleich die kosmischen Dimensionen der folgenden Geschichte an, die beinahe zu einer Weltkatastrophe führen wird. In seiner Mischung aus Naturwissenschaft und Mythos, dargestellt als Kunstwerk, passt es aber auch zu der Zwiespältigkeit der Anschauung von Sol, die schon in Clymenes Rede festzustellen war. Man weiß nicht genau, wie man die Pracht Sols einzuschätzen hat: Ist sie kosmisch, ist sie göttlich, ist sie ein Produkt der Kunst?

---

19 Vgl. S. 23.

Phaëthon gelangt zwar an dieses Portal, aber es wird nicht gesagt, dass er die Bilder betrachtet. Ovid hat bewusst darauf verzichtet, seine Ekphrasis mit dem Hauptgeschehen zu verbinden. Phaëthon betritt das Schloss mit großer Hast (*venit et intravit,* 20); er nimmt sich nicht die Zeit, sich durch Betrachtung der Türflügel die kosmischen Dimensionen der Sonnenbahn klar zu machen, wird also »ahnungslos« ins Unglück stürzen. Dem Leser hingegen stehen diese Dimensionen durch die Ekphrasis deutlich vor Augen.

Phaëthons Eile setzt sich auch innerhalb der Burg fort (*protinus,* 21). Darin äußert sich die Unbedingtheit seines Strebens; aber schon sehr bald macht sich die von Phaëthon verdrängte menschliche Unzulänglichkeit bemerkbar. Er muss in weiter Entfernung von seinem Vater stehen bleiben, da er das Licht nicht erträgt. Hier stockt der Leser zum ersten Mal; denn er spürt den Widerspruch zwischen Phaëthons hochfliegenden Wünschen und seiner begrenzten Kraft.

Das Bild des Kosmos (wie es das Portal bereits zeigte) setzt sich innerhalb dieser Szene fort: Phoebus thront in der Mitte und ist von allegorischen Gestalten umgeben: von Tag, Monat, Jahr sowie den Jahrhunderten und den Jahreszeiten. Der Knabe ist eingeschüchtert (31). Dies wiederum veranlasst Sol, sich als besonders gütig zu erweisen und die Strahlenkrone abzulegen (wie Homers Hektor den Helm abnimmt, um sich von seinem Sohn zu verabschieden, übrigens ein Abschied auf ewig: *Ilias* 6,472). Großmütig verspricht er, dem Sohn jeden Wunsch zu erfüllen, und bekräftigt dies durch den furchtbaren Eid beim Unterweltsstrom Styx (hier bestätigt sich die Auswahl der auf dem Eingangstor dargestellten Weltbereiche, denn Sol sagt ausdrücklich: *dis iuranda palus oculis incognita nostris,* 46). Kaum hat er zu Ende gesprochen, bittet Phaëthon darum, einen Tag lang den Sonnenwagen lenken zu dürfen. Die Schüchternheit ist also entweder rasch verflogen oder, wie es zu geschehen pflegt, ins Gegenteil umgeschlagen. Ovid führt Phaëthons Antwort nicht wörtlich an, da es ihm auf die Geschwindigkeit der Reaktion ankommt. Die Worte wurden gewissermaßen so schnell gesprochen, dass ihr Inhalt nur kurz in einem Redebericht konstatiert werden kann.

Ovid berichtet Phaëthons rasche Tätigkeiten im historischen Präsens, das bedeutsame Tun seines göttlichen Vaters im historischen Perfekt (hinzu kommt das chronologisch indifferente *ait)*: vv. 31–50: Sol: *vidit, ait, deposuit, iussit, paenituit, dixit;* Phaëthon: *refert, rogat* (vgl. auch *consistit,* 22). Das Handeln des Gottes wirkt dadurch gewichtiger. Was die sprachliche Gestaltung der beschreibenden Partien betrifft, so ist am Anfang das Imperfekt beherrschend (1–5), ein Plusquamperfekt bezieht sich auf die Herstellung des Portals (6) und bildet den Übergang zur Einzelschilderung, die durchweg im Präsens steht (8–18). Der Hofstaat des Sonnengottes wird wiederum im Imperfekt geschildert (23–30). Das Imperfekt *ferebat* (22) bringt eine Erläuterung, nennt den »Hintergrund«. Die Tatsache, dass die Eröffnung solch umfangreiche Beschreibungen enthält, lässt eine breit angelegte Erzählung erwarten.

Was die direkten Reden angeht, so ist meist der Sonnengott der Sprecher. Im Grunde gibt schon seine erste, nur aus zwei Versen bestehende Äußerung auf Phaëthons noch unausgesprochene Frage die gewünschte Antwort (*progenies, Phaëthon, haud infitianda parenti,* 34). In seiner einzigen wörtlich angeführten

Rede verlangt Phaëthon einen Beweis für die göttliche Vaterschaft. Die Antwort des Gottes und seinen unseligen Eid kennen wir bereits, ebenso Phaëthons unbedachten Wunsch, der nur referiert wird.

Es folgt eine ausführliche Warnrede des Gottes (50–62). Da Phoebus seinen Schwur nicht brechen kann, bleibt ihm nur der Versuch, seinem Sohn von der Fahrt mit dem Sonnenwagen abzuraten (*dissuadere,* 53). Sol rührt an das Grundproblem, das bereits anklang, als Phaëthon den Glanz der Sonne nicht ertrug (22) und der Vater den Strahlenkranz abnehmen musste, um ihn zu umarmen (40f.): das Problem des Angemessenen (vgl. *conveniant,* 55), des rechten Verhältnisses zwischen Aufgabe und Kräften (*viribus / munera,* 54f.). Phaëthon ist aber nicht nur zu schwach (54) und zu jung (55), um den Sonnenwagen zu lenken; der Unterschied zwischen ihm und seinem göttlichen Vater ist nicht graduell, sondern prinzipiell: *sors tua mortalis, non est mortale, quod optas* (56). Phaëthon ist nur ein Mensch. Hier wird wiederum spürbar, dass er an den Bildern des Eingangs achtlos vorübergegangen ist. Sol muss ihn erst auf die Ungeheuerlichkeit seines Wunsches aufmerksam machen, der sich nicht nur über die Grenzen zwischen Mensch und Gott hinwegsetzt. Denn selbst von den Göttern vermag keiner außer Phoebus den Sonnenwagen zu lenken – nicht einmal Jupiter würde es sich zutrauen (57–62). Das Motiv wird am Ende der Erzählung wieder aufgenommen werden. Es fehlt Phaëthon an Selbsterkenntnis, an der Erkenntnis dessen, was ihm als Menschen angemessen *(aptum)* ist. Die Aufforderung, die Vers 56 impliziert (»Erkenne dich selbst«, d.h., »erkenne – im Angesicht der Gottheit –, dass du nur ein Mensch bist«), ist ein Grundgedanke der delphischen Religion und nimmt sich im Munde Sols (den man zu Ovids Zeit längst mit Apollo identifizierte) auf den ersten Blick sehr passend aus. Es liegt aber eine besondere Tragik darin, dass der Gott des *gnothi seautón* seinen eigenen Sohn nicht zur Selbsterkenntnis zu führen vermag, ebenso wie in der Daphne-Erzählung der Heilgott Apoll sich von seiner eigenen Liebe nicht heilen kann[20] und am Ende der Phaëthon-Erzählung der Gott der Weisheit in ohnmächtiger Wut auf seine Pferde einschlägt. Hinter der Einleitung von Sols Mahnrede steht aber auch die Ethik der Mittleren Stoa: Erkenntnis des rechten Verhältnisses von Aufgabe und Kräften (im Hinblick auf Phaëthons Jugend und Schwäche). So haben die Worte in v. 54f. einen individuelleren Klang als das *gnothi seautón* der delphischen Religion.

63–160

Im Folgenden malt der Sonnengott ein abschreckendes Bild von den Schwierigkeiten der Fahrt (63–83). Er verharrt dabei ganz in der mythischen Weltschau: Der Anstieg der Sonnenbahn ist steil, die mittägliche Höhe Schwindel erregend, die abendliche Abfahrt halsbrecherisch (63–69). Den ganzen Tag über muss die Sonne außerdem gegen die Drehung des Himmelsgewölbes ankämpfen (70–73). Dagegen wird sich der Knabe nicht durchsetzen können (74f.). Auch darf er sich im Himmel keine idyllischen Tempel und Wohnungen vorstellen. Der Tierkreis

20 Auch bei Coronis (2,618) und Hyacinthus (10,189) ist Apollo als Arzt erfolglos.

besteht aus bedrohlichen Wesen (76–83). Die feurigen Sonnenrosse lassen sich sogar von Sol nur mit Mühe lenken (84–87).
»Nimm deinen Wunsch zurück! Meine Sorge ist der beste Beweis dafür, dass ich dein Vater bin. Wünsche dir lieber etwas anderes« (88–102). Wichtig ist das Stichwort *sapientius* in v. 102 im Gegensatz zu *nescius* in v. 58. Insbesondere verweist der Sonnengott wiederholt auf das gefährliche Element des Feuers (*ignifero in axe,* 59: Hier vermag keiner außer Phoebus zu stehen; vgl. auch *ignibus,* 84: der feurige Atem der unbändigen Rosse). Phaëthon lässt sich jedoch nicht von seinem Plan abbringen (*propositum premit,* 103f.): Die unbeirrte Verfolgung seines Vorhabens ist von Anfang an vorbereitet (vgl. das Tempo seines Voranstürmens in 2,19–21, vgl. auch *emicat extemplo,* 1,776 und *adit impiger,* 779). Sein Wunsch klingt schon in der Einleitung an: *concipit aethera mente* (1,777). Die Metapher in v. 104 ist kaum zufällig gewählt: Der Knabe »brennt« darauf, den Wagen zu besteigen (*flagrat,* 104); zweifellos tragische Ironie, denn brennend wird er von ihm herabstürzen. Zwei Verse später steht wieder ein Hinweis auf das Feuer: Der Wagen ist ein Geschenk Vulkans (106). Wie bei der Schilderung der Türflügel wird ein beträchtlicher Materialluxus entfaltet, um das Wesen der Sonne zu kennzeichnen: Achse, Deichsel und Felge sind aus Gold, die Speichen aus Silber, das Joch ist mit Edelsteinen besetzt (109f.).
In einer weiteren Rede gibt Phoebus seinem Sohn Anweisungen für die Fahrt. Er rät ihm vor allem, mehr die Zügel als den Treibstachel zu verwenden (127) und sich auf einer mittleren Bahn zu halten (137). Die Rede wird zum Teil in den Ermahnungen des Daedalus für Icarus nachklingen (8,203–208). Zum Schluss bittet Sol noch einmal, Phaëthon möge von seinem Vorhaben ablassen. Wie am Ende der ersten längeren Rede eine Ermahnung zu »weiserem« Verhalten steht (102), so jetzt zu *consilium* (146).
Umsonst! Phaëthon besteigt den Wagen. Seine jugendlich schlanke Gestalt (150) lässt ahnen, dass sie für die Sonnenrosse zu leicht ist. Er freut sich, die Zügel zu berühren (*gaudet,* 152, wie Icarus seinen Flug genießt, 8,223), und bedankt sich bei dem widerstrebenden Phoebus: tragische Ironie! Die Namen der Rosse weisen durchweg auf das Element des Feuers hin (Pyroïs, Aethon, Phlegon und Eous; der Letztgenannte hat seinen Namen von der Morgenröte). Sie schnauben Feuer (155). Phaëthon erfährt die Namen nicht oder nimmt sie (wohl eher) nicht zur Kenntnis (vgl. sein Verhalten am Eingangstor). Ein weiterer Vorverweis auf das nahende Unheil: Die Meeresgöttin Tethys (als Mutter der Clymene Phaëthons Großmutter) öffnet den Rossen die Schranken, ohne das Schicksal ihres Enkels zu kennen (155). Diese Nebenfigur vermehrt die Zahl der Erwachsenen, die den Knaben, ohne es zu wollen, ins Unglück stürzen: Zu Mutter und Vater kommt jetzt die Großmutter hinzu.

161–192

Kaum ist der Wagen unterwegs, bemerken die Rosse, dass das gewohnte Gewicht fehlt (161–166)[21]. Sie verlassen die vertraute Bahn; Phaëthon kennt sich nicht

21 Den Göttern wird ihrer großen Bedeutung entsprechend besonderes Körpergewicht zu-

mehr aus und hat auch keine Macht über die Pferde. Das Stichwort *pavet* (169) greift auf Phaëthons Schüchternheit beim Anblick seines Vaters zurück (31). Der Sonnenwagen berührt Himmelsgegenden, denen er sonst fernbleibt, und erhitzt sie. Im Streben nach Konkretisierung und nach Darstellung der Unangemessenheit dessen, was Phaëthon tut, flicht Ovid hier einige Scherze ein, die auf einer unerwarteten Verbindung von Mythologie und Physik beruhen (wie sie für sein Werk typisch ist): Die Große Bärin, die am Nordhimmel steht, erhitzt sich zum ersten Male und bekommt Lust, im Ozean zu baden, was ihr die eifersüchtige Juno verwehrt hat (vgl. *met.* 2,530). Die Schlange, auch sie dem Polarstern nahe, verliert ihre bisherige Kühle und wird gefährlich. Bootes nimmt kurzerhand Reißaus, aber mit seinem schweren Karren kommt er nicht weit. Die Erwähnung der Sternbilder erinnert an die Mahnungen des Phoebus (130–140). Auch der folgende Abschnitt (178–192) behandelt eine Gefahr, vor der Phaëthon gewarnt worden ist: den Blick von der Mitte des Himmels hinab in die Tiefe (vgl. 64–66). Dabei erbleicht der Knabe, Zittern ergreift ihn und ihm wird trotz der Strahlenkrone, die er trägt, schwarz vor Augen (181). Der Kontrast zwischen der Nähe des Sonnenlichts und der Unfähigkeit zu sehen erinnert an die Eingangsszene, in der Phaëthon die Helligkeit nicht ertragen konnte (22f.). Man sieht: Das Zaubermittel hat nur seine körperliche Widerstandskraft gegen das Feuer erhöht, nicht aber seine seelische Festigkeit und seine geistigen Fähigkeiten. Er ist trotz aller Magie und Technik ein Mensch geblieben. Zu spät wünscht er, nie das Gespann bestiegen zu haben, nie seine Herkunft erfahren zu haben; ja, er wünscht sich, ein Sohn des Merops zu heißen (184). Der Name seines irdischen Pflegevaters bedeutet »der Sterbliche« – so beweist der Wunsch, dass Phaëthon endlich erkannt hat, dass er nur ein Mensch ist. Ein Gleichnis verdeutlicht die Situation: Der Wagen rast dahin wie ein Schiff bei Nordwind, das der Steuermann aufgegeben hat (184–186). Phaëthons Dilemma wird in rhetorischer Weise verdeutlicht: *Quid faciat?* Der Autor fühlt sich in seine Gestalt ein. In Antithesen vollzieht er die Gedanken des Unglücklichen nach (Chiasmus: *multum ... post terga ... ante oculos plus*; Parallelismus: *modo ... prospicit occasus, interdum respicit ortus).* Wirkungsvoll ist ein Blick in die Zukunft eingeschoben (189: parenthetischer Relativsatz mit Hinweis auf das *fatum).* Das Bezugswort *occasus* des Attributsatzes *quos ... illi fatum contingere non est* steht spannungssteigernd nach der tragischen Vorandeutung (tragic foreshadowing). In v. 190 kann dann der Blick des Lesers ganz auf den als Parallelismus formulierten Wechsel zwischen Voraus- und Zurückblicken konzentriert werden. Dabei bilden *prospicit occasus* und *respicit ortus* klangähnliche Wortgruppen; auch das unterstreicht das regelmäßige Hin- und Herblicken. Phaëthon weiß nicht, was er tun soll (*ignarus,* 191). Die völlige Ratlosigkeit wird durch Negationenhäufung (*nec ... nec ... nec,* 191f.) beschrieben: Weder lässt er die Zügel los noch kann er sie zurückhalten noch weiß er die Namen der Pferde.

---

geschrieben vgl. auch 9,273. Diese altgriechische Vorstellung konnte sich leicht mit dem römischen Gedanken der *gravitas* verbinden (vgl. Dumezil, G.: *Maiestas et gravitas,* in: Revue de philologie 26, 1952, 7–28; jetzt in: Dumézil, G.: Idées romaines, Paris 1969, 128–152 mit neuerer Literatur).

Der Albtraum setzt sich in der plastischen Darstellung der Tierkreiszeichen fort, die Phaëthon erschrecken (2,193–200). Das angstvolle Blicken auf die Sternzeichen wird zu albtraumhaften inneren Bildern. Beim Anblick des Skorpions (195–200) lässt der Knabe entsetzt die Zügel los; die kosmische Erscheinung wird zur psychischen Bedrohung. Die Pferde fühlen die schleifenden Riemen auf dem Rücken und verlassen endgültig die vertrauten Bahnen (201–207). Eine Einzelaufzählung vergegenwärtigt den Weltenbrand, der mit dem Niedergehen des Wagens eingesetzt hat (Wolken, Berggipfel, Gras, Bäume, Felder, 208–213); das dahinter stehende rhetorische Prinzip lautet: *omnia* sind eindrucksvoller als das *totum,* d.h., Detaillierung bedeutet einen Gewinn an Eindringlichkeit. Unmerklich ist Ovids Erzählung vom Himmel zur Erde herabgestiegen. Ein Anzeichen hierfür ist Lunas Verwunderung darüber, dass der Wagen ihres Bruders sich unterhalb der Mondbahn bewegt (208f.; die antike Astronomie wusste natürlich, dass der Mond sich viel näher bei der Erde befindet als die Sonne). Ovid erweitert und vertieft die Vorstellung des Brandes noch mehr (214–226); er spricht von ganzen Städten, die brennen, und endet mit einem Katalog der Berge, unter denen der Apennin für den Römer einen Ehrenplatz einnimmt. So lässt Ovid den Brand einzelner am Wege des Sonnenwagens liegender Dinge langsam vor den Augen des Lesers zu einem wirklichen Weltbrand werden. Auch das Geschehen um Phaëthon ist ein sich steigernder Prozess, kein Zustand.

279–300

Die Steigerungen wiederholen sich auch in den Aitiologien und in der Rede der Tellus. Phaëthon sieht, dass die Welt in Flammen steht, erträgt die Hitze nicht mehr, fühlt, dass sein Wagen glüht, und kann vor lauter Asche und Rauch nichts mehr erkennen. Aitiologien reihen sich an: Damals sollen die Äthiopier schwarz geworden sein, es entstand die libysche Wüste. Die Reihe geht in Hyperbeln über: Berühmte Nymphen trauern um ihre Quellen, die Flüsse dampfen und brennen, das Gold, das der Tagus führt, wird flüssig, die Schwäne im Caystros werden gebraten und der Nil versteckt sich an seiner Quelle, die man bis heute nicht wieder gefunden hat. Der Meeresspiegel sinkt und bisher verborgene Berge und Inseln tauchen auf. Ovid spricht vom Schicksal der Wassertiere und -gottheiten. Neptun wagt sich nicht mehr an die Oberfläche, aber die Mutter Erde erhebt sich und fleht Jupiter um Hilfe an. Die Rede der Tellus (2,279–300) besteht aus einer einleitenden Bitte, der Qual durch einen Blitzschlag ein Ende zu machen, und einer Narratio, die das Unglück im Detail schildert. Die Bitte um Erbarmen wird stufenweise aufgebaut; erst ist die Erde genannt, dann das Meer (d.h. Jupiters Bruder Neptun), schließlich der Himmel selbst, den das Feuer ebenfalls gefährdet. Wieder liegt die Dreiheit *mare – terra – caelum* vor (vgl. oben zur Weltschöpfung und zum Anfang des zweiten Buches, S. 22–24; dieselbe Dreiheit fand sich auch in der Darstellung des Brandgeschehens – nur in umgekehrter Reihenfolge. Die Steigerung ist effektvoll aufgebaut, wie es Ovids rhetorischer Kunst entspricht. Alle außer Phaëthon sind sich der Weltordnung bewusst und wünschen ihre Einhaltung oder Wiederherstellung. Jupiter ruft die Götter zu Zeugen an (darunter auch Phaëthons Vater), dass eine Notlage besteht und Abhilfe geschaffen werden muss. Da er keine Wolken findet, greift er nach dem Blitz und bezwingt so Feuer mit Feuer.

319–328

Die Pferde flüchten, Phaëthon stürzt brennend in den Eridanus. Ovid vergleicht ihn mit einem Stern, der vom Himmel fällt (322). Najaden begraben ihn. Die Inschrift fasst epigrammatisch Phaëthons Wesen zusammen. Sein Vater Phoebus trauert; es soll einen Tag lang keine Sonne aufgegangen sein – der Dichter fügt vorsichtig hinzu: *si modo credimus* (331) –, aber die vielen Feuerbrände spendeten Licht und so hatte auch dieses Übel sein Gutes. Ein ironischer Schluss! Das heißt freilich nicht, dass Ovid mit Phaëthon kein Mitgefühl hätte. Die Sympathie des Lesers ist vor allem im Vorspiel geweckt worden; das Unglück betrachtet Ovid freilich mit der Distanziertheit des Künstlers. Die eigentümliche Mischung aus Einfühlung und Abstand, die für Ovids Erzählweise so bezeichnend ist, tritt in dieser Metamorphose besonders klar hervor. Damit lassen sich Anfang und Gleichnisse der Orpheus-Erzählung, das Röhrengleichnis bei Pyramus' Tod und die heiteren Details der Sintflutschilderung vergleichen.

Clymenes Trauer vollzieht Ovid nicht nach: *postquam dixit quaecumque fuerunt in tantis dicenda malis* (333). Clymenes Schmerz kommt dennoch zum Ausdruck: in Bewegungen und Gebärden, in der Suche nach Phaëthons Gebeinen und in ihrer Bestattung. Clymene trauert an Phaëthons Grab zusammen mit den Heliaden, seinen Schwestern. Nach viertägiger Trauer werden die Mädchen in Bäume verwandelt.

Ovid zeigt dabei eine besonders starke ironische Sichtweise. Die Tränen der Bäume werden zu Bernstein, der der römischen Damenwelt als Schmuck dienen soll (365f.). Das Spielerisch-Ironische der Bezugnahme auf die römische Damenwelt liegt in der gerundivischen Ausdrucksform (*gestanda*, 366), die aus dem lockeren konsekutiven Zusammenhang (der Bernstein fällt in den Strom, sodass man ihn dort heute noch findet und zu Schmuck verarbeitet) einen finalen macht. Die finale Überzeichnung eines konsekutiven Zusammenhanges spiegelt eine stark anthropozentrische Sehweise, die übrigens zu Ovids Zeit von den Stoikern ernsthaft vertreten wurde. War nicht die Natur um des Menschen willen geschaffen? Teleologisches Denken bietet für eine dichterische Gestaltung große Vorteile: Nichts erscheint zufällig, alles durch göttliches Walten bestimmt und auf ein Ziel ausgerichtet.

Andererseits setzt sich eine solche Betrachtungsweise auch der Kritik aus, vor allem, wenn das Resultat in keinem rechten Verhältnis zum Aufwand steht. Sagt Vergil im Hinblick auf die Aeneashandlung *tantae molis erat Romanam condere gentem,* so wirkt diese Aussage deswegen nicht lächerlich, weil Ursache und Wirkung in einem ausgewogenen Verhältnis zueinander stehen. Ovid hingegen schildert eine Katastrophe von astronomischem Ausmaß und den Untergang einer Familie; und das alles, damit ein bisschen Schmuck entstehen konnte!

Als Paralleltext zur Kritik an der teleologischen Sehweise wäre heranzuziehen: Lukrez 4,822–857, bes. 822–835. Der Grundgedanke steht dort in vv. 834f.: »Nichts ist im Körper geboren, damit wir es gebrauchen können, sondern was

entstanden ist, das erzeugt die Verwendungsmöglichkeiten«, *nil ideo quoniam natumst in corpore, ut uti possemus, sed quod natumst, id procreat usum.* Ovid kritisiert die stoische Sehweise, alles sei um der Menschen willen geschaffen.
Diese Kritik an der teleologischen Sichtweise findet sich auch am Schluss der eigentlichen Phaëthontragödie: Der Sonnengott trauert; einen Tag lang geht keine Sonne auf. Aber wegen des Weltbrandes ist es trotzdem hell; und so hat auch dieses Übel sein Gutes (332). Hier ist der Spott über eine teleologische Auffassung härter und ironischer als an der soeben besprochenen Stelle. Ovid distanziert sich nicht expressis verbis von der Behauptung, der Weltbrand sei nützlich und zweckmäßig; er überlässt es dem Publikum, die Ironie zu durchschauen. Dementsprechend macht Ovid manche seiner Leser ratlos. Was Seneca zur ovidischen Sintflutschilderung anmerkte, passt auch auf unsere Stelle: »Es zeugt von einem Mangel an Nüchternheit, wenn man beim Weltuntergang witzelt«, *Non est res satis sobria lascivire devorato orbe terrarum* (*nat. quaest.* 3,27,14). L. Fromondus[22] verweist zu dieser Stelle auch auf die Phaëthon-Erzählung, aber nicht auf die gerade erwähnten Scherze, sondern auf die im brennenden Caystrosstrom gekochten (oder soll man sagen: gebratenen?) Schwäne (252f.). Es ist bezeichnend, dass viele Übersetzer hier die Drastik dämpfen; so Rösch[23]: »mitten auf dem Caystros in Hitze schmachten die Schwäne«. Zu schwach auch Suchier[24]: »wurden gewärmt die Vögel der Flut, im Bett des Caystros«. Ovids Pointen zerstören die einheitliche Stimmung, aber sie regen den Leser zum Nachdenken an und haben überhaupt die wichtige Funktion, Distanz zum Geschehen herzustellen (vgl. auch die Interpretation der Orpheus-Erzählung, S. 103–114).
Die kritische Tendenz setzt sich im weiteren Verlauf der Erzählung fort (367f-380). Phaëthons Verwandter und Freund Cygnus wird, während er um den Toten klagt, in einen Schwan verwandelt (*nova avis,* 377: Ovid denkt nicht mehr an die Caystrosschwäne von v. 252f.). Doch wie erklärt sich das Verhalten der neuen Vogelart? Cygnus vertraut sich nicht mehr dem Himmel und Jupiter an, da er an den ungerechten Blitzschlag denkt, mit dem Jupiter Phaëthon tötete (*iniuste,* 378). Die Abneigung gegen das himmlische Feuer macht aus dem Schwan einen Wasservogel.
Die deutliche Kritik an Jupiter bildet den Auftakt zum folgenden Abschnitt, in dem der Sonnengott ausdrücklich in Streik tritt und sein Verhalten durch eine Protestrede begründet.

381–408

Die drei Zeilen 381–383 schildern den Zustand Sols, v. 381 als Person, v. 382 astronomisch, v. 383 wieder persönlich. Sol sieht schmutzig aus (*squalidus,* 381) und erfüllt nicht die Erwartungen, die man an sein Erscheinen stellt (*expers decoris,* 381f.). Das kann man innerlich und äußerlich sehen, das Äußere ist Ausdruck

22 37 L. Annaei Senecae philosophi opera quae exstant omnia, edd. I. Lipsius/L. Fromondus, Antverpiae 11652.
23 Übersetzung der Metamorphosen, München, 7. Aufl. 1977.
24 Übersetzung der Metamorphosen, München o. J.

seines inneren Zustandes. Moralisch ist aber der Verlust des *decus*[25] mit einem Verlust der Wertmaßstäbe gleichzusetzen, mit einem Verlust des Wissens, was Ziel des Lebens ist und wie man sich entsprechend verhalten soll (vgl. Cicero, *de officiis* 1,100–102, auch 121). Naturwissenschaftlich würde man nun von einer Sonnenfinsternis sprechen, was Ovid durch den mit *qualis* eingeleiteten Vergleich darstellt (*qualis, cum deficit orbem, esse solet,* 382f.). Psychologisch aber handelt es sich um Scham und Selbsthass. Ovid zeigt dies in dem Ausdruck *lucemque odit seque ipse diemque.* Sol entzieht sich der Öffentlichkeit, will nicht gesehen werden, hasst folglich das Licht – und das ist: sich selbst. Er gibt sich seiner Trauer hin (*datque animum in luctus,* 384). War diese durch den Tod Phaëthons und das Eingreifen Jupiters ausgelöst, so ist Auslöser des zweiten Affekts Sol selbst: *et luctibus adicit iram* (384). Trauer schlägt in Wut und Jähzorn um, Sol zeigt keine stoische Seelenruhe, keine göttliche Ausgeglichenheit; er bestätigt die stoische Auffassung, dass *ira* ein Affekt ist, der bewusst, mit Zustimmung des Verstandes, ausgelöst wird. Sol wird damit ein altgriechischer Gott, der sich das Ausleben seiner Affekte erlaubt.

Wie Demeter in Trauer und Achill im Zorn entzieht er sich seiner Aufgabe und tritt in Streik: *officium negat mundo* (385). In einer Protestrede stellt er eingangs fest, sein bisheriges mühevolles Leben sei vergeblich gewesen (*sine fine, sine honore,* 387). Möge doch ein anderer den Sonnenwagen lenken! Aus dem bisherigen Verlauf der Erzählung wissen wir, dass kein anderer dazu in der Lage ist (vgl. 2,55–62). Sorgfältig baut der Redner eine Steigerung auf: Wenn sich keiner findet und alle Götter sich außerstande erklären, möge Jupiter doch selbst den Wagen lenken, damit er, solange er damit beschäftigt ist, keine Blitze schleudern kann, die Väter kinderlos machen! Der letzte Satz deutet an, was wir schon wissen: Selbst Jupiter ist nicht fähig, die Sonnenpferde zu lenken. Der sarkastische Schluss bei Ovid weist auf Jupiters voraussichtliches Scheitern hin: »Wenn er die Kraft der feuerfüßigen Rosse erprobt hat, wird er merken, dass derjenige, der bei ihrer Lenkung keinen Erfolg hatte, nicht den Tod verdient hat« (392f.). Diese kühne Rede eines Fachmanns, der sich seiner Unersetzlichkeit bewusst ist, zeigt, wie relativ die Allmacht des Götterkönigs ist. Alle Olympier demütigen sich vor Sol, sogar Jupiter entschuldigt sich wegen des Blitzschlages. So wird der Ehre des Phoebus Genüge getan. Zugleich geben jedoch die Drohungen, die der Himmelsherrscher mit einfließen lässt, zu verstehen, dass das Maß voll ist und dass Phoebus sich keine weiteren Ausfälle erlauben kann. Der Gott des Maßes wird zur Mäßigung aufgerufen. So fängt der erlauchte Rebell seine völlig verstörten Zugtiere wieder ein und lässt nun an ihnen seine Wut aus (398–400).

Die ganze Schlusspartie der Phaëthon-Geschichte ist eine psychologische Miniatur. Ovid sagt ausdrücklich, Sol mache die Pferde für den Tod seines Sohnes verantwortlich (400). So ist am Ende der Erzählung nochmals unüberhörbar auf die Schuldfrage hingewiesen. Das Auspeitschen der Rosse ist eine Geste ohn-

25 *decoris,* v. 382, kann, wie die Versquantitäten zeigen, nur der Genitiv zu *decus, děcoris* sein, nicht zu *decor, decōris,* das man auch rein äußerlich als »stattliches Aussehen« deuten könnte.

mächtiger Wut. Sol versucht, die Tatsache zu verdrängen, dass er letzten Endes selbst durch sein voreiliges Versprechen der Schuldige ist. Die Erzählung endet mit einem weniger menschlichen als menschlich-allzumenschlichen Bild des Vaters, ähnlich wie sie mit einem – ebenfalls nicht idealisierten – Portrait der Mutter begonnen hatte. Wie der Vater durch sein Versprechen, so ist die Mutter durch die nicht minder voreilige Aufforderung, doch selbst den Vater aufzusuchen, am Tode des Sohnes schuldig.

Eine bildhafte Parallele zu diesem Gegensatz von guter Absicht und bösen Folgen ist Clymenes Rolle bei der Verwandlung ihrer Töchter: Im Bestreben, ihre Kinder von der wachsenden Baumrinde zu befreien, fügt sie ihnen blutige Wunden zu. Die Phaëthon-Erzählung ist nicht nur die Geschichte von Phaëthons Stolz, sie ist auch diejenige vom Stolz und der Demütigung seiner Eltern. Am Anfang steht die Psyche seiner Mutter, am Ende die des Vaters im Vordergrund, und zwar nicht ohne einen Seitenblick auf die Problematik der Macht. Darüber hinaus macht der Schluss deutlich, dass Phaëthons Stolz und mangelnde Einsicht nicht seine persönlichen Fehler sind; seine Mutter, aber auch sein göttlicher Vater sind im Grunde nicht viel besser als er. Ovids Götter werden in sozialen Bezügen gezeigt, die sie menschenähnlich erscheinen lassen, sowohl was ihr Reden als auch was ihr Handeln betrifft.

Man kann sogar sagen, dass der Olymp zum Spiegel irdischer Machtverhältnisse wird. Dasselbe gilt von Leidenschaften wie Stolz, Eigenliebe, Zorn und von dem Mangel an Überlegung, der Phaëthon vorgeworfen wird, aber auch bei den Eltern zu finden ist. Der Mythos wird für Ovid zur Bühne rein menschlicher Empfindungen und Erfahrungen, an denen er seine subtile Charakterisierungskunst entfaltet.[26]

Entsprechend hat Glyn Maxwell (vgl. das Literaturverzeichnis) seine Rezeption der Phaëthon-Erzählung gestaltet. Ein Detektiv verhört den Vater, warum er seinem Sohn, obwohl dieser keinen Führerschein hatte, den Wagen zur Verfügung stellte. Daraus resultiert Arbeitsauftrag 5 in der Textausgabe. Aber schon Cicero hatte Sol vor dem Hintergrund stoischer Philosophie kritisiert. Cicero geht in seinen *De officiis* 3,94 auf den Mythos von Phaëthon ein: Er bespricht Fälle, in denen das Ziel des sittlich richtigen Verhaltens mit dem Ziel des Nützlichen in Konflikt zu stehen scheint. Er löst sie immer so auf, dass er zeigt, dass der Konflikt nur scheinbar ist oder auf Unkenntnis beruht und dass das Ehrenhafte immer auch das Nützliche ist. Phaëthon und Sol sind ein Beispiel für das Problem »Darf man ein Versprechen brechen?« Cicero führt aus: *Ac ne illa quidem promissa servanda sunt, quae non sunt iis ipsis utilia, quibus illa promiseris. Sol Phaëthonti filio (...) facturum se esse dixit, quidquid optasset. Optavit, ut in currum patris tolleretur. Sublatus est. Atque is, ante quam constitit, ictu fulminis deflagravit. Quanto*

26 Die vorliegende Interpretation wiederholt nicht die interessanten Ergebnisse der Arbeit von G. Dietz zum sagengeschichtlichen und mythologischen Hintergrund (vgl. Literaturverzeichnis). Problematisch ist seine Interpretation der Formen der Trauer (26). Erwähnenswert die naturphilosophische Deutung (33–35) unter Berufung auf Lukrez 5,394–410 und Plato, *Tim.* 22c und die Erinnerung an den Vulkanausbruch auf Santorin-Thera um 1400 v.Chr.

melius fuerat in hoc promissum patris non esse servatum! »Und auch das muss man nicht halten, was gerade denen nichts nützt, denen man das versprochen hat. Sol hat seinem Sohn Phaëthon (...) gesagt, er werde alles tun, was dieser sich wünsche. Er hat sich gewünscht, auf den Wagen des Vaters gehoben zu werden. Und ist auf ihn gehoben worden. Und bevor er richtig Stand gefunden hat, ist er durch einen Blitzschlag verbrannt. Wie viel besser wäre es gewesen, wenn in seinem Fall das Versprechen des Vaters nicht gehalten worden wäre!«

Sol in Ovids Darstellung kann daher sowohl aus allgemein menschlicher als auch aus philosophischer Sicht getadelt werden und wird von seinem religiösen wie mythischen Podest heruntergeholt. Die kritische Darstellung des Sonnengottes und das bedeutet Apolls durchzieht die gesamte Erzählung. Ausdruck dieser Darstellung sind die ständigen Wechsel zwischen Mythos und Naturwissenschaft, zwischen Ernst und Ironie einschließlich der Kritik an der teleologischen Sicht der Welt. Ovid will irritieren.

Dies passt zu Ovids Auffassung von der ständigen Wandlung der Welt und der Menschen und verbindet sich mit der kritischen Darstellung Sols oder Apolls, des Schutzgottes des Augustus, mit den Anspielungen auf den Apollotempel, den Augustus baute, und mit der Darstellung der Unbeherrschtheit Sols. Alles stellt sogar mehr oder minder den Anspruch des Augustus in Frage, das Ziel der Weltgeschichte darzustellen. In Ovids Zeit wurde Sol mit Apoll gleichgesetzt. Jeder Römer musste die Phaëthon-Erzählung auf Apoll beziehen und sie wie schon die Daphnis-Geschichte und später die Niobe-Erzählung mit seinem Verständnis von Apoll vergleichen bzw. sein Verständnis korrigieren. Apoll war der Gott, mit dem sich Augustus identifizierte und mit dem er sich oft fast gleichsetzen ließ. Ihm schrieb er seinen Sieg bei Aktium zu und ihm baute er dafür den großen Tempel auf dem Palatin, der mit seinem Haus verbunden war, sodass *ad Apollinem ire* sogar meinen konnte: sich ins Haus des Augustus begeben. Die Panzerstatue von Primaporta, 27 v.Chr. geschaffen, hat apollinische Züge, und sogar bei seiner Moralgesetzgebung (18 v.Chr.) berief sich Augustus auf Apoll. Apoll konnte also den Zeitgenossen des Augustus wie ein Staatsgott erscheinen und umgekehrt erschien Augustus wie eine Manifestation Apolls.[27]

Ovids Beschreibung der bildlichen Darstellungen im Palast des Sonnengottes hat keine direkten Bezüge zu dem Apollotempel, wie ihn etwa Properz 2,31 beschreibt. Aber einige Gemeinsamkeiten lassen sich feststellen: Hohe Säulen (Properz 2,31,3: *Poenis digesta columnis;* Ovid 2,1: *sublimibus columnis),* das prachtvolle Leuchten des Marmors (Properz 2,31,9: *claro marmore templum;* Ovid 2,2–3: *clara micante auro flammasque imitante pyropo. / Cuius ebur nitidum fastigia summa tegebat),* das prächtige Bild des Gottes (Properz nennt es »schöner als Phoebus selbst«, 2,31,5; Ovid schildert das Strahlen und Leuchten: *purpurea veste, in solio claris lucente smaragdis,* 2,23f.), die Darstellung oder Schilderung des Sonnenwagens (Properz 2,31,11; Ovid 2,105–110). Man könnte weiter gehen: Der Friedensbringer Apoll hat grausam und bisweilen auch unbeherrscht gehan-

27 Vgl. Zanker, P.: Augustus und die Macht der Bilder, München 1987, S. 59, Lageplan ebenda S. 60.

delt wie Augustus selbst. Aber das steht nicht im Text; man kann aber auch nicht ausschließen, dass Ovid eine solche Gleichung nahe legte, denn die Reaktion der Leser konnte so verlaufen und Ovid konnte es ahnen. Unumstößlich aber bleibt, dass Apoll als Sonnengott in seiner Zwiespältigkeit gezeigt wird und dies von manchen Lesern auf Augustus übertragen werden konnte. Vgl. dazu Aufgaben 6d und 7 in der Textausgabe.

Text 5: Narcissus und Echo (3,339–510)

Übersicht

A.	339–348	Einführung; Geburt des Narcissus, Prophetie des Tiresias
B.	349–355	Sprödigkeit des Herangewachsenen
C.	356–369	Echo: Vorgeschichte
D. I. Hauptteil	370–378	Ihre Liebe zu Narcissus
E.	379–392	Ihr Zwiegespräch mit Narcissus
F.	393–401	Echos Hinschwinden und Verwandlung
G.	402–406	Sprödigkeit des Narcissus. Fluch eines Verschmähten
H.	407–412	Ortsschilderung
I.	413–429	Narcissus verliebt sich in sein Spiegelbild und versucht es zu umarmen
K.	430–436	Kommentar des Dichters
L II. Hauptteil	437–473	Narcissus vergisst Essen und Schlaf; Rede des Narcissus (442–462 vor der Erkenntnis seiner Identität mit dem Spiegelbild; 463–473 danach)
M	474–493	Narcissus glaubt, das Spiegelbild verlasse ihn; er schlägt sich voll Trauer selbst und schwindet allmählich dahin
N	494–501	Echo begleitet seine letzten Worte
O	502–510	Tod und Verwandlung des Narcissus. Fortbestehen seines Verhaltens

Äußerlich ist die Narcissus-Erzählung mit ihrer Umgebung – dem thebanischen Sagenkreis – durch die Gestalt des Sehers Tiresias verbunden, der in der kurzen vorausgehenden Episode (316–338) als Schiedsrichter zwischen Jupiter und Juno fungiert. Er hat einmal eine Geschlechtsverwandlung durchgemacht, sodass er den Göttern die heikle Frage beantworten kann, ob in der Liebe der Mann oder die Frau den größeren Genuss hat. (Diese Frage spielt für Ovid hier nur eine

Nebenrolle[28]; für ihn steht in der Tiresias-Geschichte wie in der Narcissus-Erzählung ein psychologisch-thematischer Aspekt im Vordergrund.) Auch in der anschließenden Pentheus-Geschichte spielt Tiresias eine Rolle, diesmal als Warner. Eine innere Verbindung zwischen den drei genannten benachbarten Erzählungen (und auch der Actaeon-Geschichte) ist das Thema »Sehen und Blindheit«. Tiresias wird von Juno wegen seiner Entscheidung des Augenlichts beraubt und erhält dafür von Jupiter die Sehergabe (333–338). Pentheus verspottet Tiresias wegen seiner Blindheit (515) und der Seher antwortet ihm: »Wie glücklich wärest du, wenn auch du blind wärest und die Bacchusmysterien nicht zu Gesicht bekämest.« Pentheus wird später von den Mänaden zerrissen, als sie ihn als heimlichen Beobachter ihrer Mysterien entdecken. Wie Actaeon hat Pentheus das Unglück, etwas gesehen zu haben, das nicht für seine Augen bestimmt ist.

In diesen Zusammenhang fügt sich die Narcissus-Geschichte aufs Beste ein: Auf die Frage der Mutter des Narcissus, ob ihrem Sohn ein langes Leben beschieden sei, antwortet Tiresias: »Wenn er sich nicht selbst erkennt.« Das Grundproblem der Erzählung ist durch den Spruch des Sehers angedeutet. Dass es sich beim »Erkennen« genau genommen um ein Sehen handelt, entspricht der thematischen Verankerung im Kontext des dritten Buches. Der eigentliche Sinn der Worte des Tiresias wird erst beim zweiten Lesen klar – ein bezeichnender Zug von Ovids Technik der allmählichen Enthüllung, seiner Kunst des Andeutens. Ein weiteres wichtiges Motiv ist die Schönheit, die Narcissus offenbar von seiner Mutter erbt (vgl. 344f.) und die wohl identisch ist mit der »Eigenschaft geliebt zu werden« (345). Das Passiv *amari* bedeutet eine Weichenstellung: Die Gabe, andere zu lieben, hat Narcissus nicht und das wird bestimmend für sein Schicksal. Vielleicht ist es mehr als nur Zufall, dass Narcissus seine Entstehung einer ganz einseitigen Liebe verdankt. Seiner Mutter Liriope wurde Gewalt angetan; sie wurde wegen ihrer Schönheit geliebt, ohne selbst zu lieben. So zeichnet bereits die Einleitung (339–348) das Gesetz auf, unter dem Narcissus seinen Lebensweg antritt.

Im folgenden Abschnitt (349–355) bestätigt sich, was in v. 345 angedeutet wurde. Viele verlieben sich in Narcissus, der inzwischen fünfzehn Jahre alt geworden ist, aber niemand kann ihn erobern. Als entscheidende Eigenschaft wird *superbia* genannt (354); den Kontrast dieses Verhaltens zur Schönheit unterstreichen die Adjektive: *tenera forma – dura superbia.* Den Gegensatz zwischen Anziehungskraft und Sprödigkeit veranschaulicht der Gleichklang der Verse 353 und 355, die geistvoll eine Catullstelle (62,42–44) variieren.

Das Zitat wirkt hier nicht als Fremdkörper, sondern es veranschaulicht durch die Gegenüberstellung mit seiner Abwandlung das ovidische Grundthema: Narcissus wird von vielen geliebt, ist aber unfähig selbst zu lieben. Damit ist die Echo-Erzählung vorbereitet (356–401). Die Einführung (356–369) zeigt Echo als ein

28 Gerade die Verwendung dieses Themas als nebensächliche Pointe ist schon eine spätzeitliche Umakzentuierung. Dasselbe Thema füllt im Bereich der indischen Märchen eine ganze Erzählung aus, wobei das Erotische nicht einziger Gegenstand ist, sondern es auch um die psychische Liebesfähigkeit überhaupt geht (»Bhangáswana«, in: Indische Märchen, Frankfurt am Main 1970).

Wesen, das nur auf andere zu reagieren vermag; Juno hat ihr die Fähigkeit zu selbstständiger Rede genommen, da die Nymphe die Himmelskönigin durch lange Reden hinzuhalten pflegte, solange sich Jupiter mit anderen Nymphen vergnügte. Während Narcissus nicht in der Lage ist zu reagieren, ist Echo dazu verdammt, nur reagieren zu können.

Der zweite Abschnitt (370–378) nimmt kurz die Eingangssituation des ersten wieder auf. Echo erblickt den Jüngling auf der Jagd, verliebt sich in ihn, und je länger sie ihn verfolgt, desto heftiger wird ihre Leidenschaft. Ein Gleichnis unterstreicht diese Steigerung (373f.). Der letzte Satz (375–378) bildet das Scharnier zum dritten Teil der Erzählung (379–391). Echo möchte Narcissus gern ansprechen, aber sie kann es nicht. Die Echowirkungen lassen ein Liebesgespräch entstehen. Zunächst wiederholt Echo die Rufe des Narcissus; am Ende aber verkehrt sie durch Weglassung des Vordersatzes seine zurückweisenden Worte in eine Liebeserklärung (391f.). Narcissus spricht sein eigenes Urteil: »Ich will eher sterben, als dass du über mich Macht bekommst.« Er denkt nicht in Kategorien der Liebe, sondern der Macht. Nicht umsonst war *superbia* als eine Grundeigenschaft des Helden hervorgehoben worden (354).

Echos Verwandlung (393–401) ist ein Hinschwinden durch Liebe, deren Qual durch die Zurückweisung gesteigert wird. Der »Körpersaft« *(sucus),* d.h. der Träger der Vitalität, schwindet dahin; nur die Stimme und die Knochen, die sich in Felsen verwandeln, bleiben übrig. Ovid ist sichtlich bemüht, die Verwandlung physikalisch plausibel zu machen: Verflüchtigung des Wässerigen, d.h. des Lebenselementes, ins Luftartige (daher 401: *sonus est, qui vivit in illa)* bei gleichzeitiger Versteinerung des Festen. Entscheidend ist die Ursache der Metamorphose: unerfüllte Liebe.

Wenige Verse (402–406) leiten zum Los des Narcissus über. Echo war nur ein Einzelfall. Einer der vielen Zurückgewiesenen wünscht auf den Spröden das gleiche Schicksal herab (405f.) und die Göttin der Gerechtigkeit erhört ihn. Nach dem Prinzip der Talio *(talis – qualis)* erleidet der Schuldige, was er anderen angetan hat. Diese Verse bilden einen Wendepunkt.

Der zweite Hauptteil schildert, wie Narcissus selbst an unerfüllter Liebe zugrunde geht. Das Unberührte und Ungetrübte der Quelle (407–412), an der sich Narcissus niederlässt, passt zum Wesen des Helden. Von vornherein entsteht die Atmosphäre einer etwas unwirklichen, »keimfreien« Ästhetik. Zu dieser Stimmung passt die Kühle (412).

Im folgenden Abschnitt (413–429) sehen wir Narcissus, von der Jagd erhitzt, an die Quelle kommen; beim Trinken verliebt er sich in sein Spiegelbild. Der Kontrast von Hitze und Kühle ist ebenso beabsichtigt wie die Parallelisierung von Durst und Begierde durch Verwendung desselben Wortes (*sitis,* 415). Das Objekt der Liebe ist irreal (vgl. *imagine,* 416, *spem sine corpore,* 417, *putat,* 417). Der Eindruck des Künstlichen verstärkt sich durch den Vergleich mit einer Statue aus parischem Marmor (419; vgl. auch das Elfenbein, 422), mit den (als Bildwerke vorgestellten) Göttern Bacchus und Apollo (421). Vordergründig soll dadurch die Unbeweglichkeit (*immotus,* 418) veranschaulicht werden. Die Vorstellung der Schönheit schwingt jedoch mit und die Einzelschilderung (Augen, Haar, Wangen, Schultern ...) vergegenwärtigt intensiv die Schönheit des Narcissus. Die Metapher »Augensterne« (420) erinnert an die Sprache der Erotik. Bedeutsam ist die dramatische Rolle der Hautfarbe: Zu Beginn ist es eine Mischung von Weiß und Rot (423); dann schlägt er sich an die Brust, worauf sich diese rosig färbt (482); schließlich erblasst er (491): Die Mischung von Weiß und Rot ist bei dem dahinwelkenden Narcissus nicht mehr festzustellen. So spiegelt der Wandel der Farbe die Wirkung einer Leidenschaft, die ihr eigenes Objekt zerstört.

Es kommt hinzu, dass dieses Objekt mit dem Subjekt identisch ist. Sprachlich findet dies im Spiel mit Aktiv und Passiv seinen Niederschlag (Muster: *qui probat, ipse probatur,* 425; ähnlich *petit/petitur,* 426; *accendit/ardet,* 426; vgl. *cunctaque miratur, quibus est mirabilis ipse,* 424). Von zentraler Bedeutung ist das Verb *videre* (in Verbindung mit bedeutungsverwandten Wörtern), so schon in v. 416 *visae,* dann *spectat* (420) und *miratur* (424), das den Übergang zu *cupit* (425) bildet. Ein Crescendo führt von der Bewunderung (424) über die Begierde (Feuermetapher, 425f.) bis hin zur Gebärde. Küsse (427) und Umarmungen gehen ins Leere; v. 428f. hebt mit einer abbildenden Wortstellung und einem Enjambement die Zielverfehlung hervor: *captantia collum – bracchia.* Aber noch erkennt Narcissus nicht, dass es sich um sein eigenes Spiegelbild handelt.

Es ergibt sich so eine dichte Abfolge der Bezeichnungen des Gegenübers, die die lesenden Schüler leicht beobachten und nachvollziehen können: Abbild: *visae imagine forma* (416); körperlose Hoffnung: *spem sine corpore* (417); ein Schattenkörper: *corpus ... quod umbra est* (417); die intensiv betrachteten einzelnen Körperteile: erst die Überleitung von seinem Gesicht (*vultu eodem,* 418) zu dem des Betrachteten, dann die Verbindung seiner Augen mit denen des Betrachteten in einer fast abbildenden Wortstellung: *geminum – sua lumina – sidus* (420), dann die Finger und Haare (421), die Wangen und der Hals (422), der Mund oder das vordere Gesicht (*ore,* 422f.) und dessen Farbe (423). Dann wird alles in *cuncta* zusammengefasst und wieder die Identität des Sehenden und des Gesehenen betont (*cunctaque miratur, quibus est mirabilis ipse,* 424). Die Pronomina der Identifikation sprechen in den vv. 424–431 eine deutliche Sprache: *ipse* (424), *se* (425), *ipse* (425), *se* (429), *idem* (431).

Das Problem des Sehens im Verhältnis zum Erkennen tritt im folgenden Unterabschnitt deutlicher hervor (430–436). Wichtig sind wiederum die Stichworte *videre* (430 zweimal), *oculos* (431). Stärker akzentuiert wird nun das Element der Täuschung (*nescit,* 430; *decipit,* 431; *error,* 431; *simulacra,* 432; *imaginis umbra,* 434). Ovid redet seine Hauptperson an – entgegen epischem Brauch, der vom Autor »Objektivität« und Zurückhaltung verlangt (432f.). Hermann Fränkel (vgl. Literaturverzeichnis) vergleicht den Dichter mit einem aufgeregten Kind im Theater, das den Helden auf der Bühne laut warnt. Angemessener lässt sich die Apostrophe wohl als Ausdruck affektiver Anteilnahme am Geschehen, als kontemplativer Kommentar halb lyrischen Charakters beschreiben. Mit dem Demonstrativpronomen der 2. Person *(iste)* zeigt Ovid geradezu auf das Spiegelbild, das so nahe beim angesprochenen Narcissus ist (434f.). Mit dem Ausdruck *repercussae* (434) vermischt er Optisches und Akustisches und erinnert daran, dass von Echo wenigstens eine akustische Antwort erfolgte.

Auf die vergeblichen Gebärden folgt der Verzicht auf Essen und Schlaf und schließlich der pathetische Monolog (437–473). Vorher wird nochmals auf das Motiv des Sehens und auf dessen verhängnisvolle Wirkung hingewiesen (*spectat,* 439, *perque oculos perit ipse suos,* 440). Immer stärker konzentriert sich Narcissus auf sein eigenes Selbst, der »Narzissmus« verstärkt sich, Narcissus wird er selbst.
Die Rede des Narcissus zerfällt in zwei Teile. Die erste Hälfte wird noch in Unkenntnis der eigenen Identität mit dem Geliebten gesprochen (442–462). Die Anrede an die Wälder (ein Topos der erotischen Dichtung) geht allmählich über in eine Zwiesprache mit dem eigenen Spiegelbild. Formal erinnert hier Folgendes an die Echoszene: Die vv. 451–452 malen in ihrer Parallelität die gleichartige Bewegung des Knaben und seines Spiegelbildes; man beachte die Wortwiederholungen in den vv. 458–460 *(porrexi/porrigis; risi/adrides; lacrimas/lacrimante).*
Bei der Beobachtung der Mundbewegungen des Spiegelbildes erkennt Narcissus plötzlich dessen wahre Identität. Eigentümlich ist seine Feststellung *nec me mea fallit imago* (463). Woher kennt er sein Spiegelbild? Und wieso täuscht es ihn gerade jetzt nicht mehr? Will man Ovid keine Flüchtigkeit zutrauen, so muss man verstehen: »Und mein Spiegelbild täuscht mich nicht länger.« (So Suchier; ähnlich Rösch: »Ich erkenne! Mein eigenes Bild ist's!«; unklar Breitenbach: »Mein Bild ist mir deutlich!«[29]). In diesem Schlussteil der Rede setzt nun auf neuer Stufe das Spiel von Aktiv und Passiv ein (vgl. 425f.), jetzt in der ersten Person, wodurch der Fortschritt der Erkenntnis deutlich wird. Eine weitere Steigerung entsteht durch die Häufung der Paradoxien und Oxymora (466–468). Im Moment des Erkennens erfolgt zugleich die Spaltung, das Erkennen der Unerreichbarkeit. In einem Satz ist er zwei Personen: *Iste* (Angesprochener) *ego* (Sprecher) *sum* (463)! Der Wechsel von Aktiv und Passiv und die Fragen in den vv. 463–465 kennzeichnen seine Doppelung. In v. 466 erreicht er eine scheinbare Einheit: *Quod cupio, mecum est.* Aber sofort sieht er, dass genau darin das Problem liegt, und formuliert noch in demselben Vers seinen Zwiespalt in einem Paradoxon: *Inopem me copia fecit!* Deswegen wünscht er die Spaltung als Überwindung der Unerreichbarkeit (468). Er erkennt, dass dies unmöglich ist (Irrealis *vellem,* 468). Beim Gedanken an den Tod kehrt er zur Einheit zurück (*hic,* 472, *morie-mur,* 473), auch wenn er seine Liebe durch den irrealen Wunsch zeigt, das geliebte Gegenüber möge überleben.
Die Rede endet elegisch mit der Klage über das Hinschwinden der Kräfte, den vorzeitigen Tod, mit dem hier reichlich absurden Wunsch, der Geliebte möge den Liebenden überleben, und dem in der Liebesdichtung ebenfalls topischen Verlangen, mit dem Geliebten gemeinsam zu sterben. Von Wahnsinn ist ausdrücklich in v. 474 die Rede (*male sanus,* vgl. *novitas furoris,* 350). Der Schluss des Monologs ist mit seinen Absurditäten wohl als Ausdruck dieses Wahnsinns zu verstehen.
Der gegen Ende der Rede bereits vorbereitete Kräfteverfall des Narcissus wird von Ovid folgendermaßen dramatisch in Szene gesetzt: Die Tränen des Knaben trü-

---

29 Vgl. Literaturhinweise.

ben das Wasser. So entsteht ein Gegensatz zur vollkommenen Klarheit der Quelle am Anfang. Die Ursache der Trübung liegt in Narcissus selbst! Die Gestalt des Geliebten verschwindet, sodass Narcissus ihn verzweifelt auffordert zu bleiben und sich voll Trauer an die Brust schlägt. Die Färbung der geschlagenen Stellen veranschaulicht ein Doppelvergleich: Der Anblick des eigenen Spiegelbildes versetzt Narcissus in einen Paroxysmus, der ihn hinschmelzen lässt wie Wachs am Feuer oder wie Raureif in der Sonne (eine steigernde Fortführung des eingangs erwähnten Kontrastes von Hitze und Kühle). Die Häufung der Vergleiche zeigt, dass Ovid dieser Stelle besonderes Gewicht beimisst; dient sie doch der Vorbereitung der nun folgenden Verwandlung. Farbe, Kraft und Körper schwinden hin (491–493); man fühlt sich an Echo erinnert, deren Metamorphose ähnlich motiviert worden war. Ovid selbst unterstreicht zunächst nicht diese Parallele, sondern lässt Echo die Weherufe und das letzte Abschiedswort des Geliebten wiederholen (495–501).

Der Schlussteil (502–510) schildert kurz den Tod des Narcissus und die Trauer der Nymphen um ihn. Noch im Sterben und sogar im Jenseits bleibt sich Narcissus gleich: Er blickt nur auf sein Spiegelbild und Echo kann auch jetzt nur die Klagerufe der anderen Nymphen wiederholen. Der Leichnam verschwindet; an seiner Stelle erblüht eine gelbweiße Blume. Narcissus stirbt wie Echo an unerfüllbarer Liebe. Die leidenschaftliche Selbstliebe des Narcissus ist die Strafe für seinen Hochmut, mit dem er die Liebe anderer Menschen zurückweist. Insofern sind die beiden Hauptteile (349–406 und 407–510) symmetrisch aufeinander bezogen.

Dass Narcissus und Echo nicht zusammenkommen können, ist durch die gegensätzliche Prägung ihres Wesens bedingt: Er kann nur geliebt werden, aber nicht andere Menschen lieben; sie kann nur antworten, reagieren. Die Wesensart beider ist unverrückbar. Echos Schicksal ist durch Juno, das des Narcissus durch seine Geburt und den Seherspruch festgelegt. Am Rande erscheint auch hier wieder wie in der Phaëthon-Erzählung das Problem des Einflusses, den der Charakter der Eltern auf die Kinder hat.

Wichtiger ist das Thema »Sehen und Blindheit«. Narcissus sieht, aber eben dieses Sehen führt zu einer verhängnisvollen Verblendung. Selbst nachdem er diese Verblendung durchschaut hat, kann er sich von ihr nicht mehr befreien. Die Ambivalenz von Sehen und Blindheit tritt uns in dem blinden Seher Tiresias vor Augen. Narcissus ist zwar ein Sehender, aber ein Verirrter, ja ein Wahnsinniger.

Im dritten Lebensjahr erkennt das Kleinkind, dass die im Spiegel erblickte Person es selbst ist. Narcissus' Wesen ist das Betrachten seiner Schönheit (vgl. zuletzt die Verse 409 und 503). Das Sehen seines Spiegelbildes bedeutet aber zugleich das Sehen seiner eigenen Unerreichbarkeit. Im Spiegel sieht man alles, was senkrecht zur Spiegeloberfläche steht, in umgekehrter Richtung, man selbst ist sich wegen der größten Nähe zum Spiegel sehr nah. In der Fotografie sieht man sich so, wie andere einen sehen. Im Wasser sieht sich Narcissus selbst anders als vorher, aber immer noch nicht, wie die anderen ihn sehen. Die Strafe des Narcissus in der Unterwelt ist die ewige Dauer seines Selbsterkenntnisprozesses. Er betrachtet sich im Wasser der Styx. Da die Styx eiskaltes Wasser hat, im Dunkeln liegt und der

Fluss ist, bei dem die Götter schwören, bedeutet dies Verdammung zu einem getrübten Blick seiner selbst.

Nachleben

Narzissmus ist ein Phänomen, das es immer gab, aber gern zum Charakteristikum unserer Zeit erklärt wird. Dazu tragen insbesondere Diskokultur, Schönheits- und Jugendkult bei. Eine umfangreiche Dokumentation zum Nachleben des Narcissus-Mythos in Literatur, Kunst, Psychologie, Philosophie und Poetologie hat Almut-Barbara Renger vorgelegt (vgl. Literaturverzeichnis). B 3 zu T 5 gibt einen Auszug, der zur Diskussion anregen soll.
Man könnte auch einige Filme anführen und vorstellen, die eine entsprechende Thematik haben, etwa *Saturday Night Fever* oder *American Beauty.* Natürlich kann man auch *Das Bildnis des Dorian Gray* zum Vergleich heranziehen. Auch dieses Werk ist verfilmt: *The Picture of Dorian Gray.*

Übersicht:
Saturday Night Fever: USA 1977, 119 min. Inhalt: Italiener in Brooklyn, NY, leben nur für ihren Auftritt in der Disco in der Nacht von Samstag zu Sonntag, die Liebe zu einem Mädchen zeigt einem von ihnen, dass es noch andere Dinge und dass es andere Werte gibt. Regie: John Badham; Drehbuch: Norman Wexler nach einem Buch von Nik Cohn; Kamera: Ralf D. Bode; Musik: David Shire; Songs: Barry, Robin und Maurice Gib, gesungen von den Bee Gees; Darsteller: John Travolta, Karen Lynn Gorney, Barry Miller, Joseph Cali, Paul Pape, Bruce Ornstein.
American Beauty: USA 1999. Regie: Bruce Cohen and Dan Jinks; Drehbuch: Alan Ball nach einer Idee von Sam Mendes; Musik: Thomas Newman; Kamera: Conrad N. Hall; Darsteller. Kevin Spacey, Annette Bening,Thora Birch, Allison Janney, Peter Gallagher, Mena Suvari, Wes Bentley, Chris Cooper
The Picture of Dorian Gray: USA 1945, 110 min, schwarz-weiß mit Einfügungen in Technicolor, Regie: Albert Lewin, nach der Novelle von Oscar Wilde. Kamera: Harry Stradling; Musik: Herbert Sothart; Darsteller: George Sanders, Hurd Hatfield, Donna Reed, Angela Landsbury, Peter Lawford

Die Auswahl der Filme, der Zweittexte und der Abbildungen muss vorsichtig erfolgen. Zu rasch ist man bei *Dorian Gray* oder *American Beauty* oder bei manchen bildlichen Darstellungen beim Thema Homosexualität. Das Thema Narcissmus hat nicht von vornherein etwas mit Homosexualität zu tun, sondern betrifft alle Spielarten menschlicher Beziehungen. Zwei Gedichte zeigen den großen Spielraum.[30] Dieter P. Meier-Lenz (*abendtoilette,* 1998) stellt den klassischen Typ des modernen Narzissten dar: selbstbezogen, ungeliebt, enttäuscht. Nino Erné (*Narciss. An sich selbst. – An Eros,* 1946) sieht den Dichter als Narziss – so wie gern auch Politiker, Filmstars, Bodybuilder und Sportler als Narzissten angesehen werden, alle Beispiele für den Narzissmus in vielen Menschen.

30 Abgedruckt bei Renger, A.-B., siehe Literaturverzeichnis.

Hinweis auf musikalische Rezeption

- Beat Furrer / Klangforum Wien: 1. Narcissus-Fragment 1944, 17:53; 2. Time out, 1995, 14:17, u. a., composed and conducted by Beat Furrer, Durian 096–2, Durian records Box 98, A-1183 Wien, Phone Fax 0043–1–2160686
- Benjamin Britten (1913–1976), Six metamorphoses after Ovid, op. 49, für oboe solo. – Heinz Holliger Oboe, Philips 1994, Nr. 434076–2; aufgenommen 7/1991: 1. Pan, 2. Phaeton, 3. Niobe, 4. Bacchus, 5. Narcissus, 6. Arethusa.
- Carl Ditter von Dittersdorf (1739–1799): Sinfonias on Ovid's Metamorphoses. – Failoni Orchestra, Hanspeter Gmühr; aufgenommen April 1995; Naxos 8.553368 (Sinfonias 1–3), 8.553369 (Sinfonias 4–6): 1. Die vier Weltalter; 2. Der Sturz Phaetons; 3. Verwandlung Aktäons in einen Hirsch; 4. Die Rettung der Andromeda durch Perseus; 5. Verwandlung der lykischen Bauern in Frösche; 6. Die Versteinerung des Phineus und seiner Freunde. Vgl. dazu: Hermes, J.T: Analyse de XII Métamorphoses tirées d'Ovide, & mises en musique par Charles Ditters de Dittersdorf, Breslau 1786, 16 S.

Text 6: Pyramus und Thisbe (4,55–166)

Übersicht

A. 55–64 Einführung der beiden Hauptgestalten und ihrer Liebe
B. 65–80 Gespräch durch die Mauerritze
C. 81–92 Verabredung der Liebenden
D. 93–104 Thisbe und die Löwin
E. 105–127 Irrtum und Selbstmord des Pyramus
F. 128–166 Rückkehr und Selbstmord Thisbes

Die Erzählung von Pyramus und Thisbe bildet eine Einlage. Sie ist eine der Geschichten, die sich die Minyastöchter bei der Arbeit erzählen. Die Thematik der eingelegten Mythen ist durchweg erotisch (Pyramus und Thisbe, Mars und Venus, Leucothoe, Clytie, Salmacis). Die Minyastöchter werden von Bacchus dafür gestraft, dass sie seinen Festtag durch Arbeit entweihen. So ist der Zusammenhang mit dem Schluss des dritten Buches, der Bestrafung des Pentheus durch denselben Gott, hergestellt. Junos Rache an Ino folgt hierauf als Pendant zu der Semele- und der Actaeon-Geschichte, worauf mit der Verwandlung des Cadmus und der Harmonia der im dritten Buch begonnene Cadmuszyklus seinen Abschluss findet.

Die Geschichte von Pyramus und Thisbe ist die erste und romantischste einer Reihe von Liebeserzählungen. Der Stoff ist orientalisch. Der Text eignet sich besonders gut als Beginn der *Metamorphosen*-Lektüre. Deswegen wird er hier in besonders detaillierter Form und mit Hinweisen für die Schulpraxis interpretiert.

55–64

Ovids Erzähltechnik am Beginn der Pyramus-und-Thisbe-Geschichte ist eindrucksvoll. Er nennt zuerst das Thema *Pyramus und Thisbe* (55), die beiden Namen stehen überschriftartig nebeneinander; die Wortstellung betont die enge Zusammengehörigkeit der Liebenden. Dann zeigt Ovid die Schönheit des Pyramus und die herausragende Stellung – wohl auch die Schönheit – Thisbes. Die besondere Schönheit beider wird chiastisch einander gegenübergestellt: *iuvenum pulcherrimus alter / altera .... praelata puellis; alter* und *altera* folgen aufeinander: Beide scheinen durch ihre Ebenbürtigkeit füreinander bestimmt. Aber *alter* steht am Ende von v. 55, *altera* am Beginn von v. 55, wodurch eine Trennung angezeigt wird.

Dann erzählt Ovid in kurzen Formulierungen die Begegnung und das Wachsen der Liebe in einzelnen Etappen im narrativen Perfekt; nur am Anfang macht er einige weitere Ausführungen zu Babylon und bereitet damit den Leser darauf vor, dass die Geschichte in der kultivierten und hochtechnisierten Stadt Babylon spielt, dass Stadt – und damit auch Häuser – Ziegelsteinmauern haben, dass die Stadt von der berühmt-berüchtigten Semiramis regiert wird, die nicht nur durch das Weltwunder der Hängenden Gärten bekannt ist, sondern auch durch ihren kriegerischen Mut und durch ihre erotische Kühnheit. Die Tatsache, dass sie Nachbarn sind, erlaubt ein Kennenlernen und erste Schritte der Annäherung (59); mit der Zeit wächst die Liebe (60); eine Heirat verbieten die Väter (61), aber die Liebe steigert sich bis zum Wahnsinn (*captis ardebant mentibus,* 62). Störfaktor und Verheimlichung werden durch weiterführende Wiederaufnahmen oder vertiefende Wiederholung hervorgehoben: *sed* vetuere *patres; quod non potuere* vetare ... (61); *quoque magis* tegitur, tectus *magis aestuat ignis* (64). In v. 62 schildert Ovid den erreichten Dauerzustand in der Vergangenheit. Dann geht er in v. 63 zur Nahaufnahme im Präsens über. Die vv. 63–64 schließen den ersten Teil ab und leiten zum zweiten über. Das Fehlen eines Mitwissers, die Notwendigkeit, sich nur durch Zeichen zu verständigen und die Zuneigung zu verbergen: All dies verstärkt nur die Leidenschaft. So hat Ovid in zehn Versen in einem kontinuierlichen Crescendo die allmähliche Entwicklung der Liebe dargestellt.

Man kann den ersten Teil geradezu filmtechnisch analysieren. Die Einschaltungen des Autors kommen aus dem Off. Die Etappen werden in kurzen Szenen und in der Halbtotalen dargestellt, die man sich ausmalen kann: zwei Nachbarhäuser, sie begegnen sich mehrfach, sie umarmen und küssen sich, die Väter werden aufmerksam und sprechen das harsche Verbot aus, jetzt dürfen sie nicht mehr sprechen, sie gehen nur in Begleitung ihrer Eltern aus oder stehen am Fenster. Der in v. 62 dargestellte erreichte Dauerzustand erhält eine langsame und länger verweilende Darstellung: Man sieht ihre Gesichter und ihre pochenden Herzen und erkennt: Sie sind von Liebe gefangen genommen, brennen füreinander, sind am Rande der Entrückung oder des Wahnsinns.

Wie gelingt Ovid, der keinen Film kannte, diese langsame und nahe Einstellung? Ein Mittel ist die Sprache; Tempus: Imperfekt; Wortstellung: *ardebant* ist zwischen *captis* und *mentibus* eingesperrt, das Feuer brennt in den Seelen, Herzen, Sinnen der beiden; *ex aequō* und *ambō* rahmen mit den beiden auslautenden *ō*

4,55–64

	PYRAMUS		**THISBE**	
55 56	iuvenum pulcherrimus alter		altera, quas Oriens habuit, praelata puellis	sie passen zueinander
57 58		contiguas **tenuere** domos		1. Etappe (Perfekt): Nachbarn
		notitiam primosque gradus vicinia **fecit**		2. Etappe (Perfekt): Bekanntschaft und erste Annäherung
60		tempore **crevit** amor taedae quoque iure **coissent**		3. Etappe (Perfekt): Wachsen der Liebe Gedankenspiel (Irrealis der Gegenwart): Vereinigung
61	Sed **vetuere** patres Quod non potuère vetare:		Sed **vetuere** patres Quod non potuêre vetare:	4. Etappe (Perfekt): Verbot der Väter (Kommentar des Autors/Erzählers:) Ende des väterlichen Einflussbereichs
62		Ex æquo captis **ardebant** mentibus ambo		5. Erreichter Dauerzustand: Wahnsinnige Liebe beider – lange: Dauerzustand
63	Conscius omnis **abest**	nutu signisque loquuntur	Conscius omnis abest	6. Vergegenwärtigung, Nahaufnahme (Präsens): stumme Verständigung
64		Quoque magis **tegitur**, tectus magis **aestuat** ignis		7. Nahaufnahme (Präsens): Brennende Liebe, gerade weil sie verdeckt wird

den Vers ein und zeigen beider gleich große Verliebtheit. Unschlagbar wird die Argumentation aber, wenn man nun in die Metrik einführt, die Verse analysiert, etwa vv. 56, 57, 59 und dann 62. Während der Teil im Perfekt relativ viele regelmäßige Hexameter hat, ist die Zeile im Imperfekt mit ungewöhnlich vielen Län-

gen gestaltet (nur im fünften Fuß steht wie üblich ein Daktylus, alle anderen Füße haben Spondeen). Hier muss man beim Lesen langsam und nachdrücklich werden (vgl. oben zum Lesen, S. 11f.). Ob man dies auch in der Übersetzung nachahmen kann, ist fraglich.
Dem entsprechend kann die einführende Stunde gestaltet werden:

- Feststellung der vorkommenden Personen: Pyramus und Thisbe
- Anlage des Tafelbildes
- Feststellung, dass es sich um eine Erzählung handelt:
    - Tempora (Perfekt: Etappen; Imperfekt: Hintergrund, Dauer; Plusquamperfekt: Rückgriff; Präsens: Reportagepräsens, Nahaufnahme).
    - Etappen, Informationen in den Hauptsatzverben.
    - Oder: Informationen zu den beiden Personen (Hauptsatzprädikate und sonstige Mitteilungen; Endung *-êre = êrunt,* z. B. *laudavêre = laudâvêrunt.* Grund: bessere, harmonischere Abfolge von Längen und Kürzen: *laudâvêre:* lang lang lang kurz, *laudâvêrunt:* lang lang lang lang).

- Stillarbeitsphase mit anschließender gemeinsamer Sammelphase oder sofort gemeinsame Beobachtungsphase:
    - Hauptsatzprädikate unterstreichen, Informationen zu verstehen suchen.
    - Tempora beobachten und erklären bzw. auswerten.
    - Beobachtung der Semantik: Liebessprache: 55: *Pyramus et Thisbe, pulcherrimus*; 56: *praelata puellis; contiguas*; 58: *Semiramis*; 59: *notitiam primosque gradus, vicinia*; 60: *crevit amor; taedae quoque iure coissent*; 61–62: *ex aequo captis ardebant mentibus ambo*; 63: *conscius omnis abest; nutu signisque loquuntur*; 64: *quoque magis tegitur, tectus magis aestuat ignis.*

- Entsprechende begleitende Ausfüllung des Tafelbilds oder der Folie bzw. Aufdecken der Folie.
- Schilderung des Ablaufs und der Zuspitzung.
- Beobachtung zur Metrik.
- Umsetzung in Filmszenen.

Man könnte auch sofort nach den thematischen und überschriftartigen einleitenden Versen 55–56 diese als Filmvorspann ansehen und die Erarbeitung der Verse 57–62 so vornehmen, dass die Schüler sofort ein neues Produkt erstellen: kleine Filmszenen oder Filmeinstellungen; die Einteilung wäre mit der Tempusstruktur zu begründen, die Ausmalung durch semantische Beobachtungen.

65–80
Ab v. 65 wird klar, warum Ovid am Anfang so sehr die Backsteinmauern betont hat. Selbst die große Technik hat Schwächen und diese werden von Liebenden entdeckt und ausgenutzt. Die vv. 65–80 schildern eine Einzelszene, die den in v. 64 dargestellten starken Affekt *(tectus magis aestuat ignis)* veranschaulicht. Ob-

wohl der ganze Abschnitt über beide, Pyramus und Thisbe, als Liebende mitfühlend berichtet, scheint Ovid doch aus der Perspektive Thisbes zu erzählen, denn er schildert das Geschehen von Thisbes Seite der Mauer aus (*hinc Thisbe – Pyramus illinc,* 71). Er steht gleichsam mit ihr in ihrem Haus, an ihrer Seite der Wand *(hinc).* Der Abschnitt beginnt mit einem Rückgriff im Plusquamperfekt, der über die Mauer und einen Spalt in ihr berichtet. Ovid lenkt dabei den Blick des Lesers von dem verbindenden Spalt *(fissus erat tenui rima)* ganz langsam auf die trennende Wand selbst. Die Langsamkeit wird dadurch erreicht, dass er zunächst in zwei Gliedsätzen den Zeitpunkt der Entstehung des Spaltes schildert: *quam duxerat olim, cum fieret.* Erst dann fällt das Wort *paries* und in abbildender Wortstellung wird gezeigt, dass sie eigentlich beiden Häusern gemeinsam ist, dennoch trennt: *domui – communis – utrique.* Dann fasst Ovid diese Darstellung im Ausdruck *vitium* zusammen (67) und stellt der Tatsache, dass der Spalt lange unentdeckt blieb, den scharfen Blick der Liebenden gegenüber *(vidistis);* damit ist er bei dem Leitbegriff Liebe. Er spricht die Liebenden direkt an und verleiht mit dieser Apostrophe ihrer Entdeckung ebenso Monumentalität wie mit dem betont nach der Penthemimeres stehenden *primi.* Die Liebenden sind Pioniere, *primi inventores, prótoi heuretaí.* Davor hat er ebenfalls steigernd eine Sentenz als rhetorische Frage formuliert, die die Liebe in den Mittelpunkt stellte: *quid non sentit amor?* (68) Die besondere Sensitivität und Aufmerksamkeit der Liebenden wird im Ausdruck *sentit* hervorgehoben; diese Sensitivität wird in der weiteren Darstellung eine Rolle spielen. Gleichzeitig hat sich Ovid hier an den Leser gewendet. Er verbindet seine Hauptpersonen, sich selbst und den Leser zu einer Einheit. Ovid betont den Gegensatz des von Menschen verursachten Konstruktionsfehlers der Mauer und der von Menschen bewirkten hilfreichen Nutzung dieses Fehlers. Er schildert nämlich, dass durch die Spalte ungestört *(tutae)* ganz leise *(minimo murmure)* die Schmeicheleien hinüber- und herübergingen (69f.), sagt aber nicht »durch die Spalte« *(per illam,* nämlich *rimam),* sondern »durch den Fehler« *(per illud,* nämlich *vitium).*

Pyramus und Thisbe werden durch den Chiasmus in v. 71 wieder nahe verbunden und trotzdem getrennt *(hinc Thisbe, Pyramus illinc);* sie nennen sich selbst in v. 73 ausdrücklich »Liebende«, wobei *amantibus* fast konzessiven Sinn im Verhältnis zu *obstas* hat: Die Mauer steht ihnen entgegen, obwohl sie sich lieben. Das Paar drückt sich verallgemeinernd aus, sagt *amantibus,* nicht *nobis amantibus,* und verstärkt dadurch den Vorwurf, so als sei es Absicht der Wand, alle Liebenden zu trennen. Dahinter wird der Totalitätsanspruch und die Egonzentrik der jungen Liebe sichtbar.

Die Wand ist Symbol des väterlichen Verbotes, das die Liebenden hindert. Ihr Spalt aber ist Symbol der Überwindung des Verbots und gleichzeitig Mittel, ihre Beschränkung wahrzunehmen. Aber natürlich ist die Wand auch konkret erstens die Trennung der beiden Liebenden, zweitens durch ihren Spalt eine Hilfe, wenigstens verbal zu kommunizieren, drittens gerade durch die beschränkte Möglichkeit, die sie den Liebenden bietet, ein Hinweis auf deren Beschränkung. Sie können miteinander sprechen, aber träumen von der Verbindung der Körper und, als Mitte zwischen verbaler und physischer Kommunikation, vom Küssen.

THISBE	Wand (Mauer)	PYRAMUS
	65 Fissus erat tenui rima … 66 … paries domui communis utrique. 67 Id vitium, 68 primi vidistis, amantes, 69 et vocis fecistis iter; tutaeque per illud 70 murmure blanditiae minimo transire solebant. <——————————————>	
71 constiterant hinc Thisbe,	72 inque vices fuerat captatus anhelitus oris, <——————————————>	71 constiterant Pyramus illinc –
73 dicebant	73 »Invide paries,	73 dicebant
amantibus	quid obstas?	amantibus
toto nos corpore iungi	74 Quantum erat, ut sineres	toto nos corpore iungi
ad oscula danda	75 aut vel pateres?	ad oscula danda
76 Nec sumus ingrati: nos debere fatemur,	Tibi	76 Nec sumus ingrati: nos debere fatemur,
ad amicas aures	77 quod datus est verbis transitus.«	ad amicas aures
78 Talia diversa nequiquam sede locuti		78 Talia diversa nequiquam sede locuti
dixere »vale!«	79 sub noctem	dixere »vale!«
partique dedere / 80 oscula quisque suae non pervenientia contra.	——————_——————	partique dedere / 80 oscula quisque suae non pervenientia contra.

Entsprechend ambivalent sprechen sie zur Mauer und werfen ihr vor, was sie den Vätern vorwerfen müssten, bitten sie fast um etwas mehr Möglichkeiten und danken ihr dann doch für die eine gebotene Möglichkeit (73–77). Auch hier zeigt sich, dass die Mauer Verbinderin und Trennerin und ständige Erinnerung an ihre Beschränkung ist. Die Personifikation der Wand wird durch die Anrede und durch das affektische Adjektiv *invidus* (73) verstärkt (von hier zur Darstellung der Wand durch einen Schauspieler bei Shakespeare ist es nur noch ein Schritt). Der Wunsch der Liebenden nach körperlicher Nähe (*ut sineres toto nos corpore iungi,* 74) entbehrt nicht der tragischen Ironie; soll er doch am Ende der

Erzählung in trauriger Weise erfüllt werden: Die Asche beider wird in einer Urne ruhen (166). Am Ende des Gesprächs geben sie sich Küsse, die nicht auf die andere Seite dringen, sondern nur ihre jeweilige Wandseite treffen (79f.), Zeichen des Liebesdrängens, das in v. 74 geäußert wurde *(toto corpore iungi),* und ebenso Zeichen der Trennung, die in v. 73 dargestellt wurde *(obstas).*

Die Mischung von Trennung und Verbindung, Ferne und Nähe, Sympathie für die Wand und Hass auf sie kann das Tafelbild darstellen, das lediglich dem Text folgt, die Informationen Thisbe und Pyramus zuteilt und den Charakter der Äußerungen als trennend oder verbindend kennzeichnet.

Der schon vorher genannte Gegensatz von möglicher verbaler und unmöglicher körperlicher Kommunikation gipfelt darin, dass sie sich zum Schluss in wörtlicher Rede gerade mit dem Abschied *vale* hören, aber ihre Küsse nur ihrer Seite der Mauer geben. Die beiden Verbformen, die dies bezeichnen, reimen sich und stehen nach der Zäsur *katà tríton trochaîon* und am Versende *(dixere – dedere).* Das schmerzliche *Vale* steht zwischen der Zäsur *katà tríton trochaîon* und der Hephthemimeres, es gewinnt Gewicht und scheint wie nach einem Zögern gesprochen *(dixere: ... vale ! ...).* Der unbefriedigende Zustand drängt auf Beendigung oder Änderung. Bezeichnend ist auch das Erzählperfekt in diesen beiden Verbformen. Obwohl sich die Zusammenkünfte der Liebenden wiederholen (*solebant,* 70, *saepe,* 71), wird ihre Frustration am Ende des Abschnitts im Perfekt als eine Erzähletappe geschildert: *diversa nequiquam sede locuti,* 78, *dixere vale,* 79, *partique dedere oscula,* 79f., *non pervenientia contra,* 80. Dies wird als Erzähletappen dargestellt, obwohl es immer wieder passiert, denn es ist die Vorstufe dessen, was im nächsten Abschnitt geschildert wird: des Entschlusses zu fliehen.

81–92

Der folgende Abschnitt ist in drei Teile untergliedert: 81–82: Zustandsschilderung im resultativen Plusquamperfekt (*removerat,* 81, *siccaverat,* 82); 83–89a: Erzählung im historischen Perfekt (*coiere,* 83) und im Erzählpräsens (Nahaufnahme, *statuunt,* 84); 89b-90: Hintergrundsschilderung des Dichters im Imperfekt (*erat,* 90).

Die Plusquamperfektformen des ersten Teils vermeiden es, dass Morgenröte und Aufgang der Sonne eigene Etappen werden, sie sind gerafft geschildert. V. 83 schließt also unmittelbar an die vorher genannten Etappen *dixere* und *dedere,* 79, an und nimmt das gewohnte Treffen wieder auf: 70: *solebant,* 71: *saepe,* 83: *solitum.* Es scheint ein ewiges Wiederholen zu sein. Vers 79 sagten sie sich am Abend (*sub noctem) vale,* v. 83 kommen sie wieder zusammen. Auch das Folgende ist eine Wiederholung: 83: *Tum murmure parvo* – 70: *murmure minimo; multa prius questi, 84,* nimmt die Vorwürfe 73–75 wieder auf.

Aber *prius* zeigt bereits, dass jetzt etwas Neues passieren wird, es wird im szenischen Präsens geschildert, jedoch in nur einem Verb: *statuunt.* Davon hängt nun eine lange Folge von Plänen oder Beschlüssen in einem *ut*-Satz ab, der mit Zeit- oder Etappenangaben *(cum ...)* und Zielvorstellungen (Finalgründen) durchsetzt ist: *ut fallere ... que ... excedere temptent que – cum ... exierint – relinquant ve – ne sit errandum ... – conveniant ... lateantque ...* – Es ist die Fülle des vorausgeahnten

Neuen und Glück Verheißenden, die sie sich erzählen. Der Satz schreitet langsam voran, malt aus, geht jedes Detail durch, zeigt Planung und Vorfreude der Liebenden. Er ist kompliziert gebaut und fordert das Verweilen des Lesers.

HS Tum murmure parvo / 84 multa prius questi statuunt,

GS_1 ut nocte silenti / 85 fallere custodes foribusque excedere temptent,

GS_2 86 cum-que domo exierint,

GS_1 urbis quoque tecta relinquant,

GS_2 87 ne-ve sit errandum lato spatiantibus arvo,

GS_1 88 conveniant ad busta Nini lateantque sub umbra / 89 arboris.

vv. 84–89

statuunt,	sie fassen einen Beschluss
ut nocte silenti /85 fallere custodes foribusque excedere temptent,	im Schweigen der (nächsten) Nacht wollen sie die Türbewachung täuschen und ihre Häuser verlassen
86 cumque domo exierint, urbis quoque tecta relinquant,	dann sogar die Stadt verlassen; das Verlassen der glücksfeindlichen Häuser, bereits in 85 mit *foribus excedere temptent* geschildert, wird nun als gelungene Tat dargestellt *(cum domo exierint)*
87 neve sit errandum lato spatiantibus arvo,	aber sie wollen nicht umherirren,
88 conveniant ad busta Nini	sondern sich an einem bestimmten Platz treffen, dem Grabmal des Ninus
lateantque sub umbra / 89 arboris	dort wollen sie sich im Schatten eines Baumes verstecken

Ausgehend vom Beschluss des Paares, sich unter dem Schatten eines Baumes zu verstecken, schildert Ovid nun den Baum auffallend lang: *Arbor ibi niveis uberrima pomis, / ardua morus, erat, gelido contermina fonti* (89f.). Obwohl es ein Baum an einem Grab ist, scheint es eine schöne Gegend, ein *locus amoenus,* zu sein. Aber wie schon der Ausdruck *umbra* im Redebericht über die Beschlüsse der Liebenden, so sind auch in der Beschreibung, die Ovid in eigenem Namen gibt, manche Ausdrücke für das, was die Liebenden wollen, etwas überraschend: Schatten, den man in der Nacht nicht braucht, schneeweiße Früchte, die man in der Nacht nicht sehen kann, eine kühle Quelle, deren Kühle man in der Nacht nicht so benötigt wie am Tag.

Übersicht zu 4,81–92

Dauer und Frustration	**Wiederholung**
Morgenrot	*81* postera nocturnos Aurora removerat ignes
Sonne	*82* solque pruinosas radiis siccaverat herbas:
70 solebant / 71 saepe, ubi constiterant / 73 dicebant	83 *ad solitum coiere locum.*
70 *murmure blanditiae* *minimo transire* geflüsterte Schmeicheleien	Tum murmure parvo geflüsterte (aber nicht mehr ganz so leise) Klagen
73 »*Invide*« *dicebant* »*paries, quid amantibus obstas?* / 74 *Quantum erat, ut sineres toto nos corpore iungi* / 75 *aut, hoc si nimium est, vel ad oscula danda pateres?* Klagen	84 *multa prius questi* Klagen wie zuvor
statuunt, neue Entschlossenheit	
• Wächter täuschen • Häuser verlassen	85 *ut nocte silenti* • *fallere custodes* • *foribusque excedere temptent,*
• Stadt verlassen	• 86 *cumque domo exierint, urbis quoque tecta relinquant,*
• Treffpunkt Ninusgrab	• 87 *neve sit errandum lato spatiantibus arvo,* 88 *conveniant ad busta Nini*
• Versteck unter der breiten schattigen Baumkrone	• *lateantque sub umbra 89 arboris.*
schneeweiße Früchte	*Arbor ibi niveis uberrima pomis,*
steil aufragender Maulbeerbaum	90 *ardua morus, erat,*
neben einer kühlen Quelle	*gelido contermina fonti.*
Sie können es nicht erwarten!	91 *Pacta placent; et lux, tarde discedere visa,*
Die Nacht kommt.	92 *praecipitatur aquis, et aquis nox exit ab isdem.*

Ovid verweilt lange beim Plan (84–90) und dem Warten auf die Nacht (91f.).

Das zeigt die neu gewonnene Entschiedenheit der Liebenden, bewirkt Spannung auf die Ausführung. Die Erzählung bleibt im szenischen oder Reportagepräsens. Sie freuen sich über ihren Entschluss (*pacta placent,* 91). Die psychologische Beobachtung, dass der Tag für die Liebenden unerträglich langsam verstreicht (91), kombiniert Ovid mit dem Heraufdämmern der Nacht (92) zu einem Szenenwechsel in chiastischer Form: *et lux tarde discedere visa / praecipitatur aquis et aquis nox exit ab isdem* (91f.). Der Wechsel wird dramatisch im Präsens erzählt und wird innerlich miterlebt: Das Licht der Sonne stürzt plötzlich ab (*praecipitatur,* 92), es war offenbar lästig und der Absturz ist erwünscht. Die Nacht kommt aus dem Meer heraus (*exit,* 92) wie eine Göttin (z. B. Venus). Wird sich alles, was sich die Liebenden erhoffen, so erfüllen? Wie beim Wechsel vom ersten zum zweiten und vom zweiten zum dritten Abschnitt (vv. 63–64 und 78–80) haben Verse zurückverweisende und vorausverweisende Funktion. Der Übergang wird im szenischen Präsens dargestellt, schließt damit an *statuunt* (84) an und leitet zur weiteren dramatischen Schilderung im Präsens über (vv. 93–98), bei der nur das Sichsetzen im Perfekt (*sedit,* 95) und die Liebeskühnheit im Imperfekt geschildert werden (*faciebat,* 96).
Den Verlauf von Dauer und Frustration und deren Wiederholung bis hin zur neuen Entschlossenheit und dem Warten auf die Nacht zeigt die Übersicht zu 4,81–92 auf Seite 67.

91/93–104

Nun kommt die Ausführung des Plans (93–104). Man erwartet ein Treffen von Thisbe und Pyramus. Aber zunächst hört man nur von Thisbe. Die Darstellung charakterisiert Thisbe, sie kennzeichnet aber bald auch, ab v. 96, den Gegensatz von menschlichem Planen und seiner Erfüllung, denn statt des erwarteten Pyramus begegnet Thisbe einer Löwin. Thisbe ist schlau (*callida,* 93), sie verkleidet sich und täuscht entsprechend die Wächter des Hauses. Ovid verwendet das Hysteron proteron und erwähnt das Ergebnis der Täuschung der Wächter vor der Erläuterung, dass sie sich das Gesicht verhüllt hat. Das Hysteron proteron kann zum Ziel haben, die Täuschung der Wächter hervorzuheben. Aber dieser Erfolg ist bitter erkauft und deswegen steht die Verhüllung des Gesichts über dem Folgenden. Es ist ja gerade diese Verhüllung mit einem Schleier, die den Liebenden zum Verhängnis wird. Denn auf ihrer Flucht vor der Löwin verliert ihn Thisbe, die Löwin findet den Schleier und befleckt ihn mit Blut. Ovid nennt das Kleidungsstück *velamina* (101) und *amictus* (104), es muss sich um eine Art Cape handeln, das es ermöglicht, auch das Gesicht zu verdecken. Die Identifizierung dieses Kleidungsstückes als des Mittels zur Verhüllung ihres Gesichts ist durch *velamina* (101) und *adopertaque vultum* (94) nahe gelegt und gibt der Geschichte eine tragische Ironie: Was ihr Entkommen aus dem Haus ermöglicht, wird Anlass zum Tod des Pyramus.
Die Liebe hat Thisbe risikofreudig (*audax,* 96) gemacht und so setzt sie sich allein in der nächtlichen Einsamkeit unter dem vereinbarten Baum nieder (95). Natürlich ist jetzt in der Realität nicht mehr von dem Schatten des Baumes die Rede wie damals bei der Verabredung (v. 88). Thisbe wartet auf Pyramus, Ovid schil-

dert absichtlich so, als könne es Pyramus sein, der kommt: *venit ecce* ... (96). Aber statt des schönen und geliebten Pyramus wird ein hässliches und gefährliches Wesen geschildert (96–98). Die Schilderung erfolgt zunächst ohne jeden Bezug auf Thisbe. Es ist der Leser, der die Löwin sieht und in seiner Erwartung ebenso enttäuscht wird. Ovid zieht alle Register, um die Löwin ekelhaft abstoßend zu schildern: Sie hat gerade mehrere Rinder gerissen (*recenti caede boum,* durch das Enjambement von Vers 96 auf 97 hervorgehoben), ihr Maul hat den üblichen Schaum und auf diesem haftet das Rinderblut (*spumantes oblita rictus,* 97), man sieht ihr Gebiss *(rictus).* Ovid gestaltet die Wortfolge so, dass erst in v. 97 langsam die Schauderhaftigkeit bewusst wird: Erst ist vom Kommen die Rede (*venit,* 96), dann von etwas Frischem (*recenti,* 96), dann von Mord (*caede,* 97), dann erst erfährt man, dass es um eine Löwin geht (*leaena,* 97), dann werden die Opfer genannt *(boum),* dann sieht man den Schaum *(spumantes),* dann das darauf haftende Blut *(oblita),* dann das offene Maul und das mörderische Gebiss *(rictus).* Dieses Wesen strebt nicht zu einem *locus amoenus* und zu Thisbe, es missbraucht den *locus amoenus* zur reinen Flüssigkeitsaufnahme (*depositura sitim vicini fontis in unda,* 98). Thisbe hat Glück, dass die Löwin nicht zum Baum will, sie sieht die Löwin aus der Ferne im Mondlicht (99), die *audacia,* den geliebten Pyramus zu treffen, tritt hinter die Angst um ihr Leben zurück, aber schwindet nicht; es ist ihr Fuß, der ängstlich ist (*timido pede,* 100), sie flieht in eine Höhle, in der sie Schutz zu finden glaubt, weil diese dunkel ist und sie selbst unsichtbar wird (*obscurum*... *in antrum,* 100). Das Hyperbaton *obscurum* ... *antrum* bewirkt, dass der Leser einige Sekunden warten muss, bis er den Begriff der Dunkelheit der Höhle zuordnen kann, damit steht *obscurum* als geistiges Ziel vor Augen, bis das lokale Ziel *antrum* erreicht ist. Thisbe wird in v. 99 mit ihrem Namen genannt und erhält zudem das Beiwort *Babylonia. Babylonia Thisbe* steht am Ende, *quam* als Bezeichnung der Löwin am Anfang des Verses. Die Städterin, die schön und erotisch ist, steht der unerotischen Wildnis und Wildheit gegenüber. Sie enthüllt ihr Gesicht bei dieser Flucht, das Cape gleitet über den Rücken und fällt zu Boden und sie lässt es zurück (*reliquit,* 101).

Die Löwin kommt auf dem Weg in die Wälder an dem Baum vorbei, unter dem Thisbe vorher gesessen hat. Sie hat viel getrunken, aber immer noch Blut um ihr Maul. Sie wird jetzt weniger im Aussehen als in ihrem Wesen als erschreckend geschildert. Statt des griechischen Wortes *leaena* (97) erscheint das römische Wort *lea* (102), das *leo* näher ist. Sie wird als grausam geschildert (*saeva,* 102), als gewaltig, denn sie hat viel Wasser getrunken (*multa unda,* 102, ist ein reiner Massebegriff, während *vicini fontis in unda,* 98, noch näher an der *locus amoenus*-Vorstellung war) und ihren Durst gebändigt (*compescuit,* 102, ist viel härter als *depositura sitim,* 98). Sie findet den Umhang und zerreißt ihn mit blutigem Maul, das grausam-blutige Maul bemächtigt sich des feinen Stoffes (*cruentato* und *tenues* folgen unmittelbar aufeinander). Die wilde animalische Natur hat Menschenwerk beschädigt. Ist das ein Omen für das Folgende? Noch hat Ovid den Leser beruhigt: Nur der Umhang wird gefunden und zerstört: *inventos – sine ipsa! – ... laniavit amictus* (103f.).

93–104

ERWARTUNG	**ART DER ERFÜLLUNG**
Thisbe	**Pyramus?**
93 *Callida ... Thisbe ... 94 egreditur fallitque suos adopertaque vultum,* raffiniert	
95 *pervenit ad tumulum dictaque sub arbore sedit:* Sie erfüllt den vereinbarten Plan und konnte es nicht erwarten (vgl. v. 91)	*Venit, ecce,* Erwartung
96 *Audacem faciebat amor.* Liebe – Mut	Löwin statt Pyramus *recenti* 97 *caede leaena boum spumantis oblita rictus* abscheulich statt schön 98 *depositura sitim vicini fontis in unda:* Missbrauch des locus amoenus.
procul ad lunae radios Babylonia Thisbe / 100 vidit et obscurum timido pede fugit in antrum, Flucht, *audax* im Gegensatz zu *timido*?	99 *Quam*
101 dumque fugit,	*tergo velamina lapsa reliquit.* Thisbes Umhang bleibt am locus amoenus
(Thisbe weiter in der dunklen Höhle)	102 *Ut lea saeva sitim multā conpescuit undā* 103 *... inventos forte – sine ipsā* 104 *ore cruentato tenues laniavit amictus.* Die Löwin findet den Umhang und zerreißt ihn.

105–127

Erst jetzt kommt Pyramus wieder real ins Spiel. Auch diese Szene beginnt wie die vorhergehende asyndetisch. Dadurch erzielt Ovid größere Lebendigkeit. Im Gegensatz zu Tisbe hat Pyramus erst später das Haus verlassen.

Nun ist es Thisbe, die nicht gefunden wird. Und wieder steht dem einen Partner nicht der andere, sondern ein Tier oder Tiere gegenüber. Die Szene steigert sich in folgenden Stufen: Pyramus entdeckt zuerst die Spuren der Löwin und erbleicht, es ist unklar, weshalb genau er Angst hat, Thisbes wegen oder seiner selbst wegen. Dann findet er den blutbeschmierten Mantel und alles scheint ihm klar. Er sucht nicht weiter, sondern hält eine pathetische Rede. Diese Rede dient als retardierendes Moment, aber sie charakterisiert Pyramus. Er beginnt mit einer Zusammenstellung von Gegensätzen: *una duos* (nämlich: *nox perdet amantes,* 108). Die beiden Vokabeln sind durch das Anführungsverb *inquit* von dem übrigen Satz isoliert. Höchstes Pathos liegt auch in der Anrede an die vermeintlich Tote. Er gibt sich die Schuld, weil er ihr nahegelegt habe, in der Nacht zu diesem Ort zu kommen (111), und nicht früher als sie gekommen sei (112). Ovid sagt nicht, ob die Interpretation des Pyramus richtig ist, Thisbe könnte ja auch zu früh ihr Haus verlassen haben, *serius* (105) besagt nur, dass Pyramus eben später wegging, nicht bewusst oder aus Nachlässigkeit »zu spät«, erst die Umstände machen daraus ein »zu spät« – das deutet Ovid in der Zusammenstellung des Verses 105 *serius egressus vestigia vidit* an: Nur weil er später das Haus verließ, kann er die Spuren der Löwin und den blutigen Schleier sehen. Höchstes Pathos liegt auch in der Aufforderung an die Löwen, ihn zu zerfleischen. Alles ist theatralisch gesteigert: die semantischen oder formalen Pluralformen *nostrum corpus* (112) und *leones* (114), die Charakterisierung seiner Eingeweide als *scelerata* (113). Dann entscheidet er sich um und will nicht den Tod von anderen erleiden, sondern ihn sich selbst geben: *sed timidi est optare necem* (115). Er stilisiert sich zu einem (jüngeren) Cato, der Selbstmord beging, um Caesars Milde zu entgehen. Wie dieser stößt er sich einen Dolch in den Bauch.[31] Aber nicht gleich, sondern erst, nachdem er formal die Vereinbarung mit Thisbe erfüllt hat. Er trägt nämlich – dritte Stufe des Geschehens – Thisbes Schleier zum vereinbarten Platz und küsst ihn. So realisiert sich der Wunsch, mit ihr vereint zu sein oder sie wenigstens küssen zu können (74f.), der erste und letzte Kuss gelten dem blutigen Schleier. Dann schreitet er an dem vereinbarten Platz zur Tat – dort, wo sie gewesen wäre, wäre er nicht – wie er meint: schuldhaft – später gekommen. Die Tat begleiten nur wenige Worte (118), Pyramus will sein Blut dem Schleier Thisbes geben. Er ersticht sich und zwar noch im Stehen. Dann zieht er das Schwert wieder aus der Wunde und sinkt zu Boden (*iacuit resupinus,* 121).Und so kann das Blut herausspritzen, statt erst die Bauchhöhle zu füllen, wie dies bei Cato der Fall war, der sich liegend, Platons *Phaidon* lesend, entschlossen und vorbereitet tötete. Wahrscheinlich hat Pyramus eine Schlagader getroffen. Ob er den Dolch zum Schutz oder als Bestandteil einer schicken Ausgehbekleidung dabei hatte, ist demgegenüber unwesentlich. Alles kehrt sich gegen Pyramus, sein Motiv war und ist Liebe.

Ovid vergleicht das Herausspritzen des Blutes mit der Fontäne, die aus einem schadhaften Bleirohr schießt (120–124). Man kann die folgenden Vergleichspunkte festhalten:

31 Vgl. Seneca, *epistulae* 24, 7–8. Missverständnis bei Schmitzer, Meeresstille S. 530: »stürzt er sich in sein Schwert«; das tut erst Thisbe.

primum comparationis	secundum comparationis	tertium comparationis
1 *ferventi e vulnere*	*tenui stridente foramine*	zischender Ton
2 *moriens (?)*	*plumbum vitiatum*	fehlerhaftes Material
3 *vulnus corporis*	*fistula scinditur*	schadhafte Öffnung
4 *cruor*	*aqua*	Flüssigkeit
5 *emicat*	*eiaculatur*	hervorschießen lassen
6 *alte*	*longas aquas*	in dünnem hohem Strahl
	ictibus aera rumpit	Zerteilen der Luft durch Stöße/in Stößen

Der Vergleich des menschlichen Körpers mit einem toten Gegenstand, der eventuell von einem Gott geschaffenen Menschennatur mit dem von Menschenhand geschaffenen Gegenstand, bietet Anlass zum Nachdenken. Manche sehen ihn als missglückt an, weil sie den Menschen von solchen Vergleichen bewahrt wissen wollen. Aber Ovid hat den Vergleich ganz offensichtlich nicht als missglückt angesehen, sonst hätte er ihn nicht vorgenommen. Er hat eine andere Auffassung vom Menschen als die, die den Vergleich mit der Bleiröhre nicht mögen. Der Vergleich trägt zur Steigerung des Geschehens bei, denn:

- Er bewirkt Anschaulichkeit, der Normalleser kennt eher schadhafte Wasserröhren als spritzende Wunden von Selbstmördern oder auch nur von im Krieg Sterbenden;[32]
- durch die detaillierte Betrachtung der geplatzten Bleiröhre wird ein »Heranzoomen« bewirkt – auch durch das Tempus Präsens angezeigt –, das ein Vertiefen in der Sache ermöglicht, ohne dass es auf den Leser grausam wirkt;
- jedem Leser ist sofort deutlich, dass Röhre wie Pyramus ihre Funktion im Leben der Menschen verloren haben;
- Wunde wie Loch in der Bleiröhre sind Zeichen einer Störung, aber auch Zeichen der grundsätzlichen Störanfälligkeit des Menschen und des von ihm Erschaffenen;
- beim Erschaffenen wird dies auch durch das schlechte, schadhafte Material bewirkt. Beim Menschen ist von schadhaftem Material zwar nicht die Rede, aber man darf sich dies eventuell hinzudenken oder seine Sterblichkeit als grundsätzlichen Schaden ansehen oder aber – will man den Menschen als vollkommen ansehen – danach fragen, warum denn den Menschen ebenso viel

32 Schmitzer, Meeresstille (s. Literaturangaben) S. 520–532, referiert verschiedene Deutungen des Gleichnisses und zeigt, wie verbreitet solche Wasserrohrbrüche waren. Das stoßweise Austreten des Wassers erklärt er mit Lufteinschlüssen in den Leitungen. Ob man in dem Bild eine Diskrepanz zwischen Anspruch der augusteischen Verwaltung auf Effizienz und der Realität sehen darf, wie Schmitzer S. 527 meint, bleibe dahingestellt.

Schaden trifft wie technische Gegenstände. Ganz offenbar hält Ovid das Menschenleben nicht für durchgehend rational planbar, so viele Dinge kommen dazwischen: menschliche Schwächen, Voreingenommenheiten, Wünsche, gesellschaftliche Ideale, Zufälle. Der Mensch mag wie ein schadhaftes Blei sein. Er ist unvollkommen. Der Selbstmord ist ebenso ein Zeichen von falschem Verhalten, wie das Loch im Bleirohr ein Zeichen von Unvollkommenheit ist. Selbst der Menschenkörper ist unvollkommen und ebenso das Handeln der Menschen.

Worin zeigt sich die menschliche Unvollkommenheit in der Pyramus-und-Thisbe-Geschichte? 1. Die Väter sind Menschen, die sich gegen die Regungen der Jugend stellen, gegen den *amor.* – 2. Die Mauer ist Menschenwerk und hat einen Mangel, den Spalt. – 3. Aber auch die Liebenden verfehlen sich ständig. – 4. Und immer wieder wird Wahrgenommenes missverstanden. Der Mensch wird geleitet von seinen Trieben und Wünschen und deutet entsprechend die Wirklichkeit oder greift in sie ein. Der Treffpunkt sah anders aus als in der Planung, das Treffen verlief anders als die Planung, Spuren der Löwin wurden falsch gedeutet. Pyramus hält Thisbe für tot, Pyramus will sich nicht ängstlich zeigen und sich einem Schicksal oder der wie eine Göttin angesehenen Thisbe opfern. Hingegen verhält sich die Löwin natürlich, sie frisst, stillt ihren Hunger, löscht ihren Durst, verschmiert einen Umhang. Aber sie ist eben ein Tier. Der Mensch ist Fremdbestimmungen unterworfen, seine Wahrnehmung wird von den natürlichen Trieben und von Leidenschaften geleitet, seine Gefühle sind gesellschaftlichen Zwängen unterworfen wie die Tiere ihrem Instinkt.
Die vv. 125–127 schildern erste Verwandlungen in der Pyramus-und-Thisbe-Geschiche: Die Maulbeeren werden zunächst von außen bespritzt, dann von innen dunkel, weil die Wurzel das Blut an sie weiterleitet. Es ist ein Aition: Aus dem Selbstmord des Pyramus gewinnen die Maulbeeren ihre aktuelle Farbe. Die äußere Verwandlung wird dauerhaft, könnte aber auch wieder in neuen Veränderungen ausgehen. Nicht die Natur, nicht der Mensch, ja nicht einmal das von ihm Geschaffene sind von Dauer und unveränderlich. Aber in der verwandelten Natur lebt eventuell ein Mensch oder etwas vom Menschen. Dass es gerade ein Maulbeerbaum ist, dessen Aition berichtet wird, hat verschiedene Gründe. Erstens ist die rote Maulbeerfarbe im Kult des Dionysos verwendet und die Töchter des Minyas erzählen sich diese Geschichte ja am Festtage des Bacchus – der Silen in Vergils sechster Ekloge bekommt sein Gesicht mit Maulbeerfarbe gefärbt (*ecl.* 6, 22). Zweitens entsteht so eine semantische Kette, die das Geschehen zusammenhält: Pyramus handelt übereilt und ebenso plötzlich bricht das Blut hervor (*nec mora,* 120); das leitet sein Sterben ein (*moriens,* 120) und seine Verewigung in der Farbe der Maulbeeren (*mōra,* 127).[33]

33 Ob man mit Schmitzer, Meeresstille S. 534 dieser semantischen Kette noch ein *amor* als Auslöser voranstellen (was charmant wäre) und ein griechisches mwros als Urteil anschließen darf, das die Dummheit des vorschnellen Pyramus charakterisiert (was Pyramus zu einseitig charakterisierte), scheint sehr zweifelhaft.

Fragen, die Schüler stellen, sind: Wie kann man diese Veränderung überwinden? Muss man es, darf man es, soll man es? Eine Diskussion dieser Art muss hier nicht mit Antworten versehen werden, die ebenso wandelbar sind. Schüler werden die Tendenz zum Festhalten des Augenblicks oder eines erreichten Glückszustandes ebenso feststellen wie das Gesetz des Wandels und das Bestreben, den Wandel von Glück in Unglück oder von einer Lebensform in eine andere zu vermeiden. Wer schon die Phaëthon-Erzählung oder Ransmayrs Buch *Die Letzte Welt* oder die Einleitung zur Textausgabe gelesen hat, könnte auch auf die Idee kommen, die Darstellung wieder mit der Selbstauffassung der augusteischen Zeit zu vergleichen, dass man oder dass Augustus der Ziel- und Höhepunkt der Geschichte sei, dass Veränderungen unter oder mit ihm zum Ende kommen. Er könnte fragen: Da der Mensch kein rein rationales Wesen ist, wie sollte dann Augustus Recht haben? Wenn Augustus die rationale Planbarkeit des Lebens verfolgte, dann stellt Ovid dem das wahre Wesen der Menschennatur und des menschlichen Lebens entgegen. Aber folgt man Sueton (*Divus Augustus* 99), dann wusste Augustus, dass auch sein Leben und seine Zeit ein Spiel in der Hand Fortunas sind. Er hat es nur eben gut und überlegt spielen wollen.
Das Verhältnis von Erwartung und Erfüllung in dem Abschnitt 105–127 zeigt die folgende Übersicht:

Erwartung und Erfüllung

Thisbe?	**Pyramus**
	105 *Serius egressus* verlässt später sein Haus und die Stadt
Löwin!	*vestigia vidit in alto* 106 *pulvere certa* Spuren der Löwin
ferae	*totoque expalluit ore* 107 *Pyramus.* Erbleichen
	Ut vero vestem quoque sanguine tinctam 108 repperit, »Una duos« inquit »nox perdet amantes! Blutiger Umhang: Todeswunsch, Vereinigung im Tod
109 *E quibus illa fuit longā dignissima vitā.* Thisbe verdient ein langes Leben.	110 *Nostra nocens anima est: Ego te, miseranda, peremi,* Pyramus betrachtet sich als schuldig.
	Seine Begründungen:
111 *in loca plena metus ... nocte venires*	• *qui iussi*
	• 112 *nec prior huc veni.*

	Pyramus wendet sich an die Löwen:
	Nostrum divellite corpus 113 *et scelerata fero consumite viscera morsu,* 114 *o, quicumque sub hac habitatis rupe leones!* will von den Löwen zerrissen werden
	Besinnung:
	115 *Sed timidi est optare necem.«* Pyramus will nicht furchtsam sein.
Thisbes	– *Velamina ...* 116 *tollit et ad pactae secum fert arboris umbram,* 117 *utque dedit notae lacrimas, dedit oscula vesti* Statt Thisbe (vgl. v. 80) küsst er ihren Umhang.
	118 »*Accipe nunc*«, *inquit,* »*nostri quoque sanguinis haustus!*« Er opfert ihr sein Leben wie einer Göttin
	119 *Quoque erat accinctus, demisit in ilia ferrum;* 120 *nec mora: ferventi moriens e vulnere traxit* 121 *et iacuit resupinus humo, cruor emicat alte* Selbstmord, spritzendes Blut
	122 *non aliter quam cum vitiato fistula plumbo* 123 *scinditur et tenui stridente foramine longas* 124 *eiaculatur aquas atque ictibus aëra rumpit.* Vergleich mit geplatzter Bleiröhre: Störung des zivilisierten Lebens
	125 *Arborei fetus adspergine caedis in atram* 126 *vertuntur faciem, madefactaque sanguine radix* 127 *purpureo tinguit pendentia mora colore.* Aition: Sein Tod und sein Blut bringen die Maulbeeren zur heutigen Farbe

128–146

Der letzte Teil der Erzählung ist der umfangreichste (128–166). Er wird wie das Auftreten der Löwin (96) mit *ecce* (das diesmal an erster Stelle steht) eingeleitet: Ankündigung eines Personenwechsels und eines Neuauftritts. Thisbe tritt wieder auf. Wir erleben ihre Gedanken und Empfindungen mit und verfolgen Schritt für Schritt den Ablauf ihrer Gefühle. Von der Begegnung mit der Löwin sitzt ihr noch der Schrecken in den Gliedern, doch will sie Pyramus nicht warten lassen, der ihr Liebhaber ist und dessen Sehnsucht sie kennt (*amantem,* 128). Damit steht sie im Gegensatz zu dem eher nachlässigen Pyramus, der die Stadt später verließ und schnell an den Tod Thisbes glaubte, als er ihren Schleier fand. Thisbe sucht ihn und brennt darauf, von der überstandenen Gefahr zu berichten.

Die Abfolge der Wörter und Informationen wirft ein bezeichnendes Licht auf Thisbe und auf Ovids Darstellungsabsicht und Leserlenkung. Thisbe kehrt zu dem vereinbarten Baum zurück, an dem sie schon einmal gewesen ist (89: Verabredung, 95: *sub arbore sedit),* erkennt aber nur seinen Umriss wieder (*cognoscit in arbore formam,* 130), nicht aber die Farbe der Früchte, denn die hat sich inzwischen verändert. Nur kurz werden ihre Unsicherheit und ihr Schwanken geschildert: *haeret, an haec sit* (132), *dum dubitat* (133). Dann hören wir von Zittern *(tremebunda)* und versuchen es auf Thisbe zu beziehen, hören von ihrem Sehen *(videt),* hören von einem Schlagen *(pulsare)* und von Blut *(cruentum)* und erst in der nächsten Zeile erfahren wir, dass es gar nicht Thisbe ist, die zittert, sondern ein Körper *(membra),* und dass der Boden blutig ist *(solum);* erst dann wird Thisbes Reaktion geschildert: kein Zittern, nur ein Zurückweichen (*retroque pedem tulit,* 134) und natürlich eine starke körperliche Abwehrreaktion *(oraque buxo pallidora gerens),* dann doch ein totales Erschaudern *(exhorruit)* – aber es wird mit dem leichten Hin- und Herwogen der Meeresoberfläche verglichen, wenn ein kleiner Lufthauch sie bestreicht. Thisbe ist also geistig durchaus gefasst, das große Entsetzen und Jammern, auf das der Leser wartet, ereignet sich – noch – nicht. Erst hören wir noch, dass sie ein wenig am Ort bleibt *(remorata)* – eine Art Katastrophenschaulust. Aber der Vergleich mit der leicht gekräuselten Meeresoberfläche kündigte bereits den Sturm an und der überraschend noch davor gestellte Vergleich ihrer Gesichtsfarbe mit der Farbe des Buchsbaums ebenfalls. Denn der Buchsbaum ist kein in Babylon heimischer Baum (Theophrast, *historia plantarum* 4,41) und galt als der Liebesgöttin verhasst (Cornutius, *de natura deorum* 24).[34] Und da kommt das Erkennen, ganz konzentriert zwischen *suos* und *amores* formuliert: Es ist ihr Geliebter, der dort liegt und mit ihm das Zentrum all ihrer Liebe und all ihrer Gefühle *(amores).* Jetzt beginnt der große Klagegestus*: plangore – laniata – amplexaque corpus amatum* – Vermischung ihrer Tränen mit seinem Blut – Küsse auf den erkalteten Körper – Rede an den Toten mit dem verzweifelten und aussichtslosen Versuch, ihn wieder ins Leben zurückzurufen. Die wiederholten Rufe (*Pyrame! clamavit; Pyrame, responde,* 142f.) bilden ein Echo von Zeile zu Zeile. Zweimal sind darin Thisbe und Pyramus vereint: *te mihi – tua te.* Sie versucht ihn zum Sprechen und Sehen zu bringen: *Exaudi* verlangt ein langes Zuhören *(ex). Vultus attolle* verlangt ein Richten des Blickes zu ihr, die sich über ihn beugt, denn seine Augen bewegen sich nicht (*iacentes,* 143).

Auf diesen eindringlichen, auch musikalisch intensiv geformten Zuruf reagiert Pyramus, indem er seine Augen noch einmal auf das Mädchen richtet, um sie danach für immer zu schließen. Die beiden Verse (145f.) sind als Widerhall der Worte der Geliebten gestaltet, der Name *Thisbe,* der soeben gefallen war, ruft den

34 Vgl. Klauser, Th.: Buchsbaum, in: Reallexikon für Antike und Christentum 2,1954, Sp. 774; Schmidt, M.C.P.: Buchsbaum, in: RE 3, 1899, Sp. 985f.; Schmitzer, Meerestille S. 538.

Sterbenden noch einmal für einen Augenblick ins Leben zurück. Thisbe hatte Pyramus gebeten, sein Gesicht zu ihr zu erheben; Pyramus kann die von ihm verlangte Gebärde nur noch mit den Augen ausführen. Auch dies ein leises Echo auf Thisbes Rede. Die Namen Pyramus und Thisbe stehen jetzt in umgekehrter Reihenfolge.

Die Übersicht auf S. 77f., Grundlage für ein Tafelbild, kann die liebevolle Sehnsucht nach Kommunikation mit dem Geliebten zeigen. Nicolas Poussin hat in seinem Gemälde »Gewitterlandschaft mit Pyramus und Thisbe« (1651; Städelsches Kunstinstitut Frankfurt) mit einem See den Zustand vor dem Erkennen, mit dem Gewitter den Zustand nach dem Erkennen dargestellt.

4,128–144

THISBE	**PYRAMUS**
Wünsche und Suche	Pyramus: ihr Ziel
128 *Ecce, metu nondum posito, ne fallat* Angst vor Löwin contra Liebe zu Pyramus, Liebe überwindet Angst.	*amantem,* der ihre Liebe erwidert,
129 *illa redit ... -que oculis animoque requirit* Suche mit ganzer Person	*iuvenem* Pyramus an der Schwelle zum Mann
130 *quantaque vitarit narrare pericula gestit,* KOMMUNIKATIONSWUNSCH	
Andere Realität	Sie sieht Pyramus nicht.
131 *utque locum et visâ cognoscit in arbore formam,* Sie sieht nur den Baum.	
132 *sic facit incertam pomi color; haeret, an haec sit.* Die neue Farbe des Baums verwirrt sie.	
133 *Dum dubitat, tremebunda videt pulsare cruentum* 134 *membra solum* Sie sieht zuckende Glieder.	
retroque pedem tulit Sie weicht zurück.	
oraque buxo 135 *pallidiora gerens* Sie wird blass.	
exhorruit SIE ZEIGT BEEINDRUCKUNG IM SCHRECKEN.	

aequoris instar, 136 *quod tremit, exigua cum summum stringitur aura.* aber nur wie eine vom Wind sich kräuselnde Meeresoberfläche	
137 *Sed postquam remorata* Sie bleibt (Schaulust?).	
Die Realität	Pyramus tot
Erkenntnis: ... *cognovit* ... Sie erkennt: Dort liegt ihre Liebe.	*suos ... amores,*
Trauergesten, selbstbezogen oder als allgemeine Kommunikation ohne bestimmten Adressaten 138 *percutit indignos claro plangore lacertos* 139 *et laniata comas*	
Nähe zu Pyramus	
Kommunikation mit Pyramus: • *amplexaque:* Umarmung eines Toten	*corpus amatum:*
• 140 ... *supplevit lacrimis:* ihre Tränen in seiner Wunde	*vulnera*
• *fletumque* ... 141 *miscuit:* Epimone: ihre Tränen in seinem Blut	*cruori*
• *et ... oscula figens* Küsse auf das erkaltete Gesicht; anders als in vv. 75 (richtige Küsse gewünscht), 80 (Küsse für die Mauer), 117 (Pyramus küsst den Umhang)	*gelidis in vultibus*
Verbale Kommunikation	
• 142 ... *clamavit:* laut	»*Pyrame*«*:* sein Name
»*quis ... mihi casus ademit?* Das Schicksal	*te* *te mihi:* enges Miteinander im Augenblick des Todes
• Wunsch nach Kommunikation mit Totem	143 *Pyrame, responde!*
... *carissima Thisbe* 144 *nominat;*	*tua te:* enges Miteinander im Augenblick des Todes
Die anderen Sinne	
• Wunsch nach Hören	*exaudi*
• Wunsch nach Sehen	*vultusque attolle iacentes!*«

147–166
Doch die große Steigerung hat immer noch nicht ihren Höhepunkt erreicht. Wie zuvor haben zwei Verse (145f.) die eine Szene beendet, die nächste eingeleitet. Die nächste Stufe beginnt wieder mit einer Wahrnehmung: Die Liebende erkennt ihr Gewand und die leere Scheide von Pyramus' Schwert (147f.). Jetzt erst begreift sie, dass er Selbstmord verübt hat. Hier erklingt das Hauptmotiv der Erzählung: *amor* (148). Thisbe will Pyramus in der Liebe nicht nachstehen. Wie *amor* sie bei ihrem nächtlichen Gange beflügelte (96), so gibt er ihr jetzt Kraft zum Freitod (150). Liebe und Tod verbinden sich – am engsten 156: *quos certus amor, quos hora novissima iunxit.* »Nur der Tod hätte uns scheiden können und selbst er soll uns nicht scheiden« (152f.). Wie die Rede des Pyramus zwei Anreden enthielt (110, 114), so äußert jetzt Thisbe zwei Bitten: Die Eltern mögen den Liebenden wenigstens ein gemeinsames Grab gönnen (vgl. oben zu v. 74) und der Baum soll zum Andenken an beider Tod stets dunkelfarbige Früchte tragen. Es ist bemerkenswert, dass Thisbe für die hartherzigen Väter ein Wort des Mitleids aufbringt (*o multum miseri,* 155). Dieser Vers greift zurück auf v. 61 *(sed vetuere patres).* War doch dieses väterliche Veto der Anfang der ganzen Tragödie. Die Reden haben durch Aufgreifen und Benennen der Themen eine deutende Funktion. Diese kommt zu ihrer ureigensten Rolle, der dramatischen, hinzu.

Die Verwandlung soll als *monimentum* dienen, als Mittel der Erinnerung. Mit dem Hinweis auf die Früchte des Maulbeerbaumes, die in der Tat dunkelfarben sind, wird der unmittelbare Brückenschlag zur Gegenwart Ovids und seiner Leser möglich. Die Erzählung enthüllt ihren Bezug zur natürlichen Wirklichkeit, ihren aitiologischen Sinn.
Auf diese kunstvolle Steigerung folgt ein knapper Schluss: Thisbe stürzt sich in das Schwert, das noch vom Blut des Pyramus warm ist. Ovid behält die Perspektive seiner Heldin buchstäblich bis zum letzten Augenblick bei. Der Tod des Pyramus war 119f. so geschildert worden: *demisit ferrum:* Das kennzeichnet einen aktiven kräftigen Stoß, zeigt die Entschlossenheit des Pyramus. Er zieht das Schwert auch unverzüglich wieder heraus, damit das Blut fließen kann. Aber da er es sich in die Weichteile gestoßen hat, leidet er einen langsamen Tod, kann später, v. 145f., noch einmal die Augen aufschlagen. Thisbes Tod wird 162f. geschildert, er erfolgt geplant und so, dass sie sich mit ihrer geringeren weiblichen Kraft dennoch ebenso wirkungsvoll den Todesstoß versetzt. Die Etappen sind: *aptato pectus mucrone sub îmum:* sie setzt die Schwertspitze unten an ihre Brust an und sucht eine passende Stelle; *incubuit ferro:* sie stößt nicht das Schwert in ihren Körper, sondern den Körper, genauer: die weiche Stelle unterhalb des Brustkorbs, in das Schwert, ihr Körpergewicht kann wirken und die Selbsttötung vollenden. Die letzten drei Verse deuten an, dass die Götter und die Eltern die beiden Wünsche der Sterbenden respektieren: Die reife Frucht des Maulbeerbaumes ist schwarz und die Liebenden werden gemeinsam bestattet. Die Metamorphose und die Vereinigung im Tod stehen am Schluss eines Textes, der ganz und gar von *amor,* seiner vielfältigen Behinderung, der Suche nach Überwindung der Behinderung und der Verewigung der Liebe und der Kommunikation bestimmt ist.

4,145–166

Thisbe	Pyramus
	145f. *Ad nomen Thisbes oculos a morte gravatos / Pyramus erexit visāque recondidit illā.*
147 *Quae postquam cognovit*	*vestemque suam ...*
148 *vidit*	147f. *et ense / ebur vacuum ...*
inquit,	148f. *»Tua te manus« ... »amorque / perdidit, infelix!«*
149f. *Est et mihi fortis in unum / hoc manus, est et amor; dabit hic in vulnera vires.*	
151f. *Persequar ... miserrima dicar / causa comesque*	*extinctum letique ... tui;*
a me	*152f. quique ... morte revelli, / heu, sola poteras, poteris nec morte revelli. –*
Pyramus et Thisbe	Eltern
amborum verbis	154 *Hoc tamen ... estote rogati,*
meus illiusque	155 *o multum miseri ... parentes,*
quos certus amor, quos hora novissima iunxit,	156 *ut,*
157 *conponi tumulo ... eodem!*	non invideatis
Pyramus et Thisbe	Baum
miserabile corpus ... unius,	158f. *At tu, quae ramis, arbor ... / nunc tegis*
duorum,	*mox es tectura*
caedis	160 *signa tene ...*
luctibus	160f. *pullosque et aptos ... / semper habe fetus,*
gemini ... cruoris!	*monimenta*
Pyramus et Thisbe	
162 *Dixit et aptato pectus mucrone sub imum* 163 *incubuit ferro, quod adhuc a caede tepebat.*	Vereinigung im Tode
Götter	Eltern
164 *Vota tamen tetigere deos,*	*tetigere parentes;*
165 *nam color in pomo est, ubi permaturuit, ater,*	166 *quodque rogis superest, unā requiescit in urna.*

Wie die Autoren der *Westside Story* (B 7 zu T 6), so lässt Ovid die Heldin die Liebe über alle äußeren Probleme stellen. Beide sprechen von der Unbedingtheit und Unbezweifelbarkeit ihrer Liebe (Thisbe: *certus amor,* 156, Maria in der *Westside Story*: »Ich habe einen Liebsten ... und auch er braucht mich«). Ovid lässt Thisbe weiter und weniger weit gehen als Maria. Thisbe ist emanzipiert und nimmt die Gestaltung ihrer Liebe und ihrer Verbindung selbst in die Hand, statt ihren Vater über eine eheliche Verbindung entscheiden zu lassen. Am Schluss bittet sie beider Eltern um Gedenken und nennt sie *miseri,* weil sie an der Situation nichts mehr ändern können (155). Im Tode ist sie nicht nur mit Pyramus vereint, sondern will, dass dies auch nach außen dokumentiert wird und dass die Eltern ihre Entscheidung anerkennen. Maria interessiert angeblich nicht mehr die Frage »Richtig oder falsch«, sie stilisiert sich damit zu einer modernen Antigone, die nicht mitzuhassen, sondern mitzulieben da ist; aber gerade mit dieser Äußerung zeigt sie, dass ihr eine andere Haltung der Eltern lieber wäre und sie sich nach dieser sehnt.

Beide Werke stehen vereint gegen die negative Darstellung der Liebe, die Augustinus gibt (B 6 zu T 6). Der Selbstmord ist für ihn nicht wie für die Römer eine autonome Entscheidung, sondern eine Sünde; er führt sie auf »die Verfluchung jener scheußlichen Begierde« zurück. Er sieht nur die Fleischesliebe und hat darin in dem Wunsch der Liebenden v. 74 *(toto nos corpore iungi)* zwar einen Anhaltspunkt, scheint aber die anderen Äußerungen (z. B. *certus amor iunxit,* 156), das stete Hinhören auf die geliebte Person, die Liebe bis zur Selbstaufgabe nicht sehen zu können oder nicht schätzen zu wollen. Für Augustinus lösen sich die Probleme von Pyramus und Thisbe nicht durch eine andere Haltung der Eltern, sondern dadurch, dass man die sinnliche Liebe überhaupt unterdrückt. Ovid verherrlicht die Liebe nicht, aber er verdammt sie auch nicht. Vielmehr akzeptiert er sie als einen wesentlichen Bestandteil des menschlichen Lebens und trennt die sinnliche Liebe nicht von sublimeren Formen. Er stellt Pyramus und Thisbe mit einer Mischung aus objektiver Distanz und mitfühlendem Verständnis dar. Seine Lebensauffassung ist für heutige Vorstellungen moderner und lässt Konflikte und Tragik zu, die christliche ist rigid und untragisch.

Rezeptionen

Gemälde

Ovid kann mit seiner ganzheitlichen Auffassung stilbildend gewirkt haben. Er vertritt sie auch in seiner *Ars amatoria.* Abb. 3 (Textausgabe, S. 47) zeigt zwei durchaus gut gebaute Liebende, die trotz aller Weltlichkeit für ihre Liebe sterben. (Die Abbildung ist in der Textausgabe auf S. 108 beschrieben.)

Shakespeare

Shakespeare hat den Pyramus-und-Thisbe-Plot in tragischer Form in seinem Drama *Romeo und Julia* verarbeitet und transponiert. Distanz der Darstellung und Mitgefühl in den Wirren der Liebe haben ihn sicher auch bewogen, die Pyramus-und-

Thisbe-Erzählung in seinem *Sommernachtstraum* in heiter-komischer Form zu verarbeiten. Da dort die Erzählung immer noch von Pyramus und Thisbe handelt, sei die Komödie Shakespeares hier näher besprochen.

William Shakespeare schrieb seine Komödie *Ein Sommernachtstraum* etwa 1595–1596, etwa gleichzeitig mit den Dramen *Romeo und Julia* und *Die Tragödie König Richards II.* In allen drei Dramen verwendet er neben anderen Quellen auch Ovids *Metamorphosen.* Man ist sich nicht sicher, ob er sie nur aus der Übersetzung von Golding kannte oder auch im Original gelesen hatte. Dass er aus *ad busta Nini* (88) *»at Ninny's tomb«* macht (»an Doofmanns Grabmal«) wird als Beleg dafür genommen, dass er das Original gekannt hat. Denn sonst wäre er nicht auf Ninny gekommen, sondern hätte auf Englisch *»at Ninus' tomb«* gelesen. Manche Interpreten sehen ein Vorbild für die Selbstüberschätzung Richard II. in Phaëthon. Die Geschichte von Romeo und Julia behandelt die Liebe zweier jungen Menschen, die verfeindeten Familien angehören.

Ein Sommernachtstraum hat ebenfalls für einen Teil die Geschichte von Pyramus und Thisbe zum Vorbild. Den Inhalt schildert ein Literaturlexikon so[35]: »Die Handlung spielt am Hof von Athen und in einem nahegelegenen Wald. Vier Handlungsstränge sind kunstvoll miteinander verknüpft, den Rahmen und Bezugspunkt bildet die Hochzeit des »Herzogs« Theseus von Athen mit der Amazonenkönigin Hippolyta. Am Hochzeitstag soll sich das Schicksal Hermias entscheiden, die Demetrius nicht heiraten will, weil sie Lysander liebt. Demetrius seinerseits wird von der in ihn verliebten Helena verfolgt. Hermia und Lysander fliehen in den Wald. Demetrius geht ihnen nach, gefolgt von Helena. Ein Zauber bewirkt ein Spiel von Verwirrungen und Täuschungen. Im Wald proben Handwerker das Stück *Pyramus und Thisbe* für Theseus' Hochzeit. Der Weber Zettel wird verzaubert und erhält einen Eselskopf. Elfenkönig Oberon und Titania sind mit ihrem Gefolge gekommen, um das Hochzeitsbett von Theseus und Hippolyta zu segnen. Sie streiten. Zur Strafe macht Oberon mithilfe eines Zaubersafts Titania in den eselsköpfigen Zettel verliebt. Der Elf Droll ist Oberons Gehilfe und Urheber der Irrungen der Mondnacht, die mit Tagesanbruch zu Ende sind. Die Komödie schließt mit den Hochzeitsfeierlichkeiten der drei Athener Paare.«

Der englische Originaltext sollte berücksichtigt werden. Die üblicherweise verwendete deutsche Übersetzung von August Wilhelm von Schlegel und Dorothea Tieck ist eine klassisch gewordene Version, stammt aber aus dem Jahr 1843/44.[36]

Jonathan Bate[37] zeigt, dass *Ein Sommernachtstraum* ganz aus ovidischem Geist geschrieben ist. »Pyramus und Thisbe« ist nicht einfach ein Spiel im Spiel. Die Aufführung wird geplant in Akt 1, Szene 2 , die Aufführung erfolgt in Akt V, Szene 1. Damit prägt dieses Spiel Anfang und Ende und spiegelt die gesamte Handlung. Sofort nach der Exposition der gesamten Komödie wird das Pyramus-und Thisbe Spiel

35 Bondy, F./Frenzel, I./Kaiser, J./Kopelew, L./Spiel, H. (Hg./Kuratorium): Harenberg Lexikon der Weltliteratur. Autoren – Werke – Begriffe, Band 5, Dortmund 1989, 2695.

36 Vgl. z. B. William Shakespeare: Sämtliche Dramen. Bd. 1: Komödien, München (Winkler-Verlag) o. J. (Vollständige Ausgabe. Übers. von August Wilhelm von Schlegel, Dorothea Tieck, Wolf Graf Baudissin und Nicolaus Delius [Perikles], nach der dritten Schlegel-Tieck-Gesamtausgabe von 1843/44).

37 Bate, J.: Shakespeare and Ovid, Oxford 1993 (Paperback 1994).

geplant. »Das Spiel wiederholt, aber aktualisiert und verändert die klassische Geschichte von elterlichem Widerstand gegen junge Liebe und dem Plan der Liebenden, sich außerhalb der Stadt zu treffen.« Das Spiel im Spiel wird zurückgehalten, erst aufgeführt, als die Haupthandlung ihre Lösung gefunden hat. Bevor es dann aufgeführt wird, wird in Akt 5, 1. Szene, vv. 44–49, eine Auswahl von anderen Stoffen abgelehnt, alles Stoffe aus den Metamorphosen.
Die Handwerker sorgen mit der Darstellung der Pyramus und Thisbe-Geschichte dafür, dass die Darstellung sich verfehlender Liebender auch auf ihrer Ebene erfolgt, Feenwelt, Königshof und Bürgertum sind ja in den Paaren Oberon – Titania, Theseus – Hippolyta, Demetrius – Helena, Lysander – Hermia vertreten. Aber die Handwerker erleben nicht ihre eigene Liebe, sie »lassen erleben«, sie stellen sich verfehlende, aber große Liebe am Beispiel von Pyramus und Thisbe in ihrer Gestaltung und ihrer Sprache dar. Es ist ganz offenbar eine untragische Auffassung und Version eines tragischen Geschehens. Sie ist verfremdet und scheint die innere seelische Bewegung der Protagonisten völlig zu verfehlen. Aber sie ist doch die einzige Geschichte innerhalb des *Sommernachtstraums,* in der die beiden Liebenden von vornherein und unbeirrt nur einander zugetan, sind. Die Notwendigkeit, dass alle Bühnenrequisiten von Personen dargestellt werden, Mond, Mauer, Löwe (nicht Löwin), macht die Natur und die Technik beseelt, sie agieren wie Tiere und Gegenstände im Märchen, wollen ihre Zuschauer vor Angst bewahren oder trösten.

Musikalische Fassungen

John Frederick Lampe (1702–1751): Pyramus and Thisbe. A Mock Opera (1745), edited and completed by Peter Holman. Opera restored. – Jack Edwards director, Peter Holman musical director. – Pyramus: Mark Padmore, tenor; Thisbe: Susan Bisatt, soprano; Wall and Master: Michael Sanderson, tenor; Moon and Prompter: Arwel Treharne, tenor; Lion and Prologue: Andrew Knight, bariton; Mr. Semibrief: Peter Milne; First gentleman: Alan McMahon; Second Gentleman: Jack Edwards with Philippa Hyde, soprano, Colin Baldy, baritone; verschiedene Orchestermusiker, Dirigent: Peter Holman; aufgenommen 5.-7.7.1994, Hyperion Records Ltd London 1995 (CDA66759).
Der Text basiert auf der verlorenen *Comick Masque of Pyramus and Thisbe* von Richard Leveredige (1716), ist jedoch gekürzt, möglicherweise von Lampe selbst; die Probe aus Shakespeare's Sommernachtstraum Akt 1, Szene 2 ist ausgelassen. Die Zuschauer sind nicht mehr Theseus, Hippolyta und der athenische Hof, sondern Mr. Semibrief, der angebliche Komponist, und zwei namenlose Herren. Ihre Kommentare sind die aus dem Shakespearetext. Anstelle des Tanzes, der in Shakespeare's Stück statt eines Epilogs gebracht wird, wird hier ein Epilog gesetzt, obwohl die Kommentatoren hier ebenfalls keinen sehen wollen.
Johann Adolf Hasse, Piramo e Tisbe. Intermezzo tragico in zwei Teilen, von Johann Adolf Hasse (1699–1783), Libretto Marco Coltellini.
CD: Barbara Schlick (Piramo), Ann Monoyios (Tisbe), Wilfried Jochens (Padre); La Stagione, Dirigent: Michael Schneider.
Das CD-Begleitheft erzählt in schlechtem, teilweise groteskem Deutsch (von Britta Schilling) die Handlung: Coltellini erzählt im großen Ganzen die Geschichte nach, teilt aber Thisbes Vater eine tragende Rolle zu. »Thisbes Vater verbietet seiner Toch-

ter, sich weiterhin mit Pyramus zu treffen«, als offene Feindschaft zwischen seinem Haus und dem des Pyramus ausbricht. »Sie soll ihm entsagen und einen anderen, vom Vater ausgesuchten Gemahl angetraut werden. Mit äußerster Härte setzt der Vater seinen Willen durch. Doch für das Liebespaar gibt es keinen Weg mehr zurück; sie beschließen, der tyrannischen Gewalt des Vaters durch die Flucht zu entkommen.« «Nach einigen Überlegungen verabreden sie sich am Grabmahl König Ninos im nahe gelegenen Wald. Thisbe, die zuerst am vereinbarten Ort eintrifft, beginnt sich in der Dunkelheit zu fürchten und böse Vorahnungen beschleichen sie. Plötzlich hört sie das Brüllen eines Löwen, der gerade von einem Beutezug zurückkehrt. In großer Angst lässt sie die mitgebrachte Kassette mit den Juwelen stehen und ihren Schleier zu Boden gleiten. Eilig sucht sie Zuflucht im Gehölz. Der Löwe entdeckt den Schleier und zerreißt ihn wütend, bevor er an einer Quelle seinen Durst stillt. Wenig später kommt Pyramus zum Treffpunkt. Er glaubt zunächst als Erster eingetroffen zu sein, dann aber fällt sein Blick auf den blutbesudelten Schleier und die verstreuten Juwelen, die er als seine Geschenke an Thisbe wiedererkennen muss. Der Anblick stürzt ihn in tiefe Verzweiflung und den anfänglichen Wunsch, Thisbe unter allen Umständen noch einmal wiedersehen zu wollen, gibt er auf, um ihre unversehrte Gestalt als Andenken zu behalten."

Felix Mendelssohn-Bartholdy: Ein Sommernachtstraum. Ouvertüre (op. 21) und gesamte Bühnenmusik (op. 61) mit dem Text von Shakespeare in der Bearbeitung von Peter Hall. Gesamtaufnahme. Lynne Dawson, Sopran; Susanne Mentzer, Mezzosopran; Mitglieder der Peter Hall Company, Director: Peter Hall; Frauenstimmen des Philharmonisch Koor Toonkunst, Rotterdam; Philharmonisches Orchester Rotterdam, Dirigent: Jeffrey Tate. EMI CDS 754348 (2 CDs mit Textbuch)

Benjamin Britten (1913–1976): A Midsummernight's Dream, Oper in drei Akten, auf verschiedenen CDs und als Laserdisc und DVD erhältlich, darunter auch: E. Harwood, J. Veasey, H. Watts, A. Deller, P. Pears, London Symphony Orchestra, London Symphony Chorus unter Leitung des Komponisten (London/Decca).

Schulspiel

Pyramus und Thisbe ist auch schon »Schulspiel« geworden, vgl. Schwinge, Gerhard: Pyramus et Thisbe. Eine Groteske in lateinischer Sprache, Bamberg 1967. Der Autor hat von Shakespeare gelernt, Schüler und Schülerinnen proben eine Aufführung, die Probe geht nahtlos in eine pannenreiche Aufführung oder Generalprobe über.

Filme

Ein Sommernachtstraum wurde mehrfach verfilmt. Berühmt und ein reines Vergnügen mit tieferer Bedeutung ist die Version von Max Reinhardt, USA 1935, Regie: Max Reinhardt und William Dieterle; Kamera: Hal Mohr, Fred Jackman, Byron Haskin, H. F. Koenekamp; Musik: Mendelssohn-Bearbeitungen von Erich Korngold. Darsteller: James Cagney (in seiner Jugend, als Pyramus), Dick Powell, Jean Muir, Ross Alexander, Olivia de Havilland, Joe E. Brown, Hugh Herbert, Arthur Treacher, Frank McHugh, Otis Hatlan, Dewey Robinson, Victor Jorey, Verrey Teasdale, Mickey Rooney, Anita Louise, Grant Mitchell, Ian Hunter, Hobert Cavanaugh. Die englische Version und auch die deutsche Synchronisation sind beide höchst unterhaltsam und genussvoll.

Eine neue Version ist: *A Midsummer Night's Dream,* USA 1998, ca. 123 Minuten. Regie: Michael Hoffman. Darsteller: Kevin Kline, Michelle Pfeiffer, Rupert Everett, Stanley Tucci. Die Handlung ist in die Toscana und in die Zeit des ausgehenden 19. Jahrhunderts versetzt.

Romeo and Juliet: USA 1968, Regie: Franco Zeffirelli, Drehbuch nach Shakespeare: Franco Brusati, Masolino D'Amico; Darsteller: Olivia Hussey, Leonhard Whiting, Milo O'Shea, Michael York, John McEnery, Pat Heywood, Natasha Parry, Robert Stephens.

Romeo und Julia: Regie: Baz Luhrmann; Drehbuch: Craig Pearce, Baz Luhrmann; Kamera: Donald M. Mc Alpine; Musik: Nellie Hooper, Craig Armstrong, Marius DeVries; Darsteller: Leonardo DiCaprio, Calire Danes, Brian Dennery, John Leguizamo, Pete Postlethwaite, Paul Sorvino, Diane Vendra.

Westside Story. USA 1961, 155 min, Regie: Robert Wise, Jerome Robbins, Buch/ Drehbuch: Ernest Lehman, Arthur Laurents nach Skaespeare; Kamera: Daniel L. Fapp; Musik: Leonard Bernstein, Darsteller: Natalie Wood (gesungen von Mami Nixon), Richard Beymer (gesungen von Jimmy Bryant), Russ Templin, Rita Moreno, Georg Chakiris.

Text 7: Niobe (6,146–315)

Übersicht

A. 145–151	Überleitung
B. 152–156	Ursachen von Niobes Hochmut
C. 157–164	Manto ruft die Thebanerinnen auf, Latona anzubeten.
D. 165–203	Auftreten und Rede Niobes, Abbruch der Kulthandlungen, Rede (170–202): a) Niobes Vorzüge (170–183), b) Latonas Mängel (184–192), c) Zukunft: Glück Niobes, Lästerung, Kultverbot (193–202)
E. 204–217	Rede Latonas, Aufbruch der Kinder
F. 218–266	Tod der Söhne (I: 224–229; II: 230–238; III und IV: 239–247; V: 248–253; VI: 254–260; VII: 261–266)
G. 267–285	Tod Amphions, Trauer und zweite Rede Niobes (280–285)
H. 286–312	Tod der Töchter und Verwandlung Niobes (303–312)

Mit der Niobe-Erzählung setzt Ovid eine Reihe von Mythen fort, die von göttlichem Einschreiten gegen menschliche Überhebung handeln (B 3 zu T 7). Noch im vorhergehenden Buch war von der Bestrafung des Tyrannen Pyreneus die Rede, der den Musen Gewalt antun wollte, sowie von den Pieriden, die sich anmaßten, mit den Musen in Wettstreit zu treten. Am Anfang des sechsten Buches bestraft Minerva Arachne, die mit ihr in der Webkunst wetteifert; doch ist die Situation eigentümlich zwielichtig, da an dem Gewebe der Sterblichen künstlerisch nichts auszusetzen ist und da die Göttin den Willen zur Bestrafung schon hegt, bevor sie ein Opfer gefunden hat. Klarer sind die Verhältnisse in den beiden folgenden Erzählungen, die menschlichen Hochmut auf zwei ganz verschiedenen sozialen Stufen anprangern: Niobe ist eine Königin, die lykischen Eingeborenen dagegen sind Bauern. Danach sehen wir Apollo seinem musikalischen Konkurrenten Marsyas die Haut abziehen; hier bekundet Ovid, wie in der Arachne-Geschichte, ein Maximum an Sympathie für den Unterlegenen.

Die äußere Verbindung zwischen Arachne- und Niobe-Erzählung stellt der Ort her: Niobe hatte in der Jugend Arachne in Lydien gekannt, sie sind Stammesgenossinnen. Freilich lässt sich Niobe nicht durch Arachnes Los belehren. Ovid wiederholt hier das Stichwort, das die ganze Arachne-Erzählung bestimmte: *cedere caelitibus* (15; vgl. *non cedere,* 6,6; *cede deae,* 6,32). Daneben tritt *verbis minoribus uti* (151) (vgl. dazu die stolzen Reden der Arachne 6,25; 6,37–42).

Während Arachne allein ihre Kunst besaß, hat Niobe noch viel mehr Anlass zum Hochmut: das wundersame magische Leierspiel ihres Mannes Amphion, durch das sich die Steine freiwillig zu Mauern zusammenfügten (*coniugis artes,* 152), weiter (und dies ganz im Gegensatz zu der »kleinbürgerlichen« Arachne) ihre eigene vornehme Herkunft und die ihres Gemahls (*genus amborum,* 153) und die große Macht ihres Reiches. Auf dies alles ist sie stolz, noch stolzer aber auf ihre Kinderschar. Stilistische Mittel lassen Niobes Selbstbewusstsein hervortreten: einmal das anaphorische *nec – nec* (151f.), zum anderen die emphatische Wiederaufnahrne von *placere* in einem parenthetischen Konzessivsatz: *sed enim nec ... artes nec genus ...-que potentia ... sic placuere illi, quamvis ea cuncta placerent, ut sua progenies* (152–155). Der Schaltsatz unterstreicht hier einen Grundzug der Heldin, der ihr zum Verhängnis werden wird. Außerdem entsteht eine doppelte Steigerung; denn das relativ Kleinere (der Stolz auf alle übrigen Dinge) wird auch schon hoch bewertet. Niobes verwundbarste Stelle ist hiermit gekennzeichnet: ihre Kinder. Eine nachdenkliche Bemerkung schließt sich an: Niobe wäre die glücklichste Mutter genannt worden, hätte sie sich nicht selbst dafür gehalten (156)! Das Problem der Fixierung auf die eigene Leistung erinnert an Arachne; das Starren auf das eigene Ich lässt an Narcissus denken, dem Tiresias prophezeit, er werde lange leben, »wenn er sich selbst nicht kennen lernt« (3,348).

Auch bei Niobe spielt eine Prophetin eine Rolle. Manto, die Tochter des Tiresias, ruft die Thebanerinnen auf, Latona und ihren Kindern Apollo und Diana Opfer darzubringen. Die Frauen gehorchen. Doch da erscheint Niobe: *ecce* (165); das Wort markiert den Auftritt einer Hauptperson. Ihre stolze, königliche Erscheinung wird auf verschiedenartige Weise charakterisiert: Gefolge (165) und golddurchwirkte orientalische Gewänder. Ihre Schönheit kontrastiert mit ihrem Zorn (*et, quantum ira sinit, formosa,* 167). So wird beiläufig der Affekt hervorgehoben, der später ein göttliches Gegenstück erzeugen wird, den strafenden Götterzorn. Das Schütteln der herabwallenden Locken, der hochmütige Blick vollenden das Porträt des verkörperten Stolzes. Ovid malt kein Individuum, sondern er lässt eine bestimmte Haltung physiognomisch zum Ausdruck kommen (vgl. 169, auch die Häufung sinnverwandter Adjektive: *alta superbos).*

Im Mittelpunkt der Szene steht eine breit angelegte Rede der Königin, durch die sie selbst das Verhängnis auf sich herabbeschwört (170–202a). Nicht umsonst hat Ovid am Anfang der Erzählung ausdrücklich auf die Gefährlichkeit hoher Worte hingewiesen (*verbis minoribus uti,* 151). Diese Rede ist ein rhetorisches Meisterwerk.

Erster Teil der Rede: Sie beginnt mit der Gegenüberstellung von Göttern, die man nur vom Hörensagen kennt, und solchen, die man mit eigenen Augen sieht (170f.). Latona erhält Opfer – warum nicht Niobe? Es folgt ein Hymnus Niobes auf sich selbst; ein hymnisches Stilelement ist die Verwendung des Pronomens in verschiedenen Kasus (*meum, mihi, mea, me, mei, a me,* 172–179). Der feierliche religiöse Stil[38] kennt diese Redeweise in der zweiten Person; sie dient der Verherrlichung des Gottes. Niobe pervertiert diese Form, indem sie an die Stelle der zweiten die erste Person setzt (vgl. A 3b und 4a sowie B 1–2 zu Text 7). Inhaltlich entfaltet diese Rede die Gedanken, die schon in der Einleitung angedeutet worden waren: vornehme Herkunft (172–176), politische Macht (177f.), Kunstfertigkeit ihres Mannes (178), Reichtum (180f.).

Nun kommt die Schönheit hinzu, die in der Einleitung übergangen worden war, weil Ovid sie unmittelbar bei Niobes Auftritt beschreiben wollte (181f., vgl. 167). Niobe unterstreicht ihre Göttlichkeit auch noch in anderer Weise: Der Vater Tantalus speiste am Tisch der Himmlischen, Niobes Mutter ist eine Schwester der unter die Sterne versetzten Plejaden, ihr Großvater ist Atlas, der das Himmelsgewölbe trägt. Niobes Schätze sind »unermesslich« (*immensae,* 181). Dieses Wort verknüpft Ovid sonst mit der Macht der Götter (vgl. 8,618). Niobe interpretiert auch ihre eigene Schönheit als Merkmal ihrer Göttlichkeit (*digna deâ facies,* 182). Wie zuvor erscheint auch jetzt als krönender Abschluss die Kinderschar, zu der die stolze Mutter in kühnem Vorgriff noch ebenso viele künftige Schwiegersöhne und Schwiegertöchter hinzurechnet. Imperative bilden einen gleitenden Übergang zum zweiten Teil der Rede.

2. Teil der Rede: Auf das Lob ihrer eigenen Majestät (170–183: 24 Verse) folgt die Diffamierung der göttlichen Konkurrentin (184–192: 9 Verse). Niobe greift mit akrobatischer Brillanz alle schwachen Punkte heraus, die die mythologische Überlieferung an Latona erkennen lässt: Sardonisch klingt das wegwerfende *nescio quo Coeo* (185). Von dem Titanen Coeus ist in der Tat nichts bekannt, außer dass er Latonas Vater war. Außerdem hat die Welt Latona keinen Ort zur Verfügung gestellt, wo sie ihre Zwillinge gebären konnte, bis sich die schwimmende Insel Delos ihrer erbarmte. Schließlich hat Latona nur zwei Kinder: Das macht, wie Niobe nachrechnet, ein Siebtel ihrer Fruchtbarkeit aus.

Im dritten Teil ihrer Rede (193–202: 10 Verse) kommt Niobe wieder auf ihr Glück zu sprechen, und zwar unter dem Aspekt der Zukunft (bisher dominierte die Vergangenheit): Sie sei glücklich und werde glücklich bleiben. (Diese Aussagen werden jeweils durch bekräftigende Parenthesen verstärkt, 193f.) Die große Zahl der Kinder habe sie unangreifbar gemacht. Selbst wenn ihr das Schicksal einige ihrer Kinder raube, werde sie doch niemals nur zwei haben wie Latona, die so gut wie kinderlos sei. Hier steht das wichtige Stichwort, das die tragische Ironie spürbar macht: *orba.* Die beleidigte Göttin wird Niobe beim Wort nehmen

38 Norden, Ed.: Agnostos theos. Untersuchungen zur Formengeschichte religiöser Rede, Leipzig/Berlin 1913.

(212) und den von Niobe ausgeschlossenen »größten anzunehmenden Unfall« realisieren.

Wer die Erzählung kennt, kann die Fehler von Niobes Gedankengebäude durchschauen (solche Abschnitte enthüllen ihre Bedeutung im Rückblick, könnten also auch zweimal gelesen werden – erst an ihrer Stelle und dann nochmals nach Lektüre des ganzen Textes). Aber für sich genommen sind Niobes Reden relativ logisch. Von einem streng innerweltlichen Standpunkt aus ist es nur konsequent, Götter, die man vom Hörensagen kennt, durch sichtbare »Götter« zu ersetzen. Es stimmt auch, dass der Fall sehr unwahrscheinlich ist, dass eine Mutter von vierzehn gesunden und schon relativ erwachsenen Kindern alle oder fast alle verliert. Es ist gerade das Bestechende an Niobes Denken, dass es einigermaßen logisch und vernünftig ist und der gewöhnlichen Lebenserfahrung entspricht. Aufgrund ihrer reichen Ressourcen rechnet Niobe mit einer nahezu totalen Sicherheit ihrer Existenz. Damit sieht sie von der Endlichkeit ihres eigenen Lebens ab (Stichwort: *immensus).* Sie lässt aber auch die Menschlichkeit gegenüber ihren eigenen Kindern vermissen, da sie völlig ungerührt den Fall setzt, einige könnten sterben, ohne das Glück der Mutter wesentlich zu beeinträchtigen. Hier spricht keine echte Mutterliebe, die auch bei der größten Kinderschar jedem Kind ungeteilt und unbedingt zugewandt ist, sondern ein eigentümlich nummerisches Statusdenken, das nicht die Kinder, sondern die eigene Ehre im Auge hat. Niobes Vorstellungsweise ist quantitativ, nicht qualitativ, sie sieht in der Mutterschaft nicht personale Zuwendung, sondern Erfüllung einer Fruchtbarkeitsquote, Lebensversicherung und Prestigegewinn. Vielleicht weiß sie auch einfach nicht, wovon sie spricht. Sie hat ja bisher nur die Lichtseiten des Lebens kennen gelernt. Die Rede Niobes ist auch unbedacht; denn durch die theoretische Annahme, einige ihrer Kinder könnten sterben, beschwört sie das Unheil, und noch mehr natürlich durch die Lästerung Latonas. Niobe ist »aufgeklärt«, sie rechnet mit der »Machbarkeit« und Manipulierbarkeit der Dinge, einschließlich des Unglücks und des Todes. Aber sie ist wiederum nicht aufgeklärt und erfahren genug, um der Unberechenbarkeit des Daseins gewachsen zu sein (vgl. A 4–5 und 7 sowie B 3–4 zu T 7).

Niobe schließt mit dem Befehl, die Kulthandlungen abzubrechen (201f.). Die Thebanerinnen gehorchen, beten aber in der Stille weiter (202f.). Niobe hat ihr eigenes Urteil gesprochen.

Die Schuldfrage ist ziemlich klar: Niobe hat durch ihre maßlosen Reden gefrevelt und das Unheil über ihre Kinder selbst heraufbeschworen. Die Götter sind eigentlich nur vollziehendes Organ. Insofern kommt den Reden in unserer Erzählung, vor allem Niobes erster großer Rede, entscheidende Bedeutung zu.

Die folgende, in der Textausgabe nur referierte Szene bildet ein Pendant zur vorhergehenden. Latona ist über die Worte der Königin entrüstet (*indignata,* 204); der Götterzorn ist die Antwort auf den Zorn der Sterblichen (vgl. 167). Die Göttin fühlt sich in ihrer Ehre als Mutter und Gottheit gekränkt. Ihr Kult wird gestört – womöglich für immer, wenn Apollo und seine Schwester nicht helfend eingreifen. Latona will hier (gut römisch) einen Präzedenzfall verhindern. Die Beeinträchtigung des Kultes ist zu trennen von der Schmähung Latonas durch

Niobe. Das Stichwort *orba* soll auf Niobe zurückfallen. Niobe wird hier von Latona als *Tantalis* bezeichnet; die Abkunft, auf die Niobe sich voller Stolz berufen hatte, wird nun gegen sie gekehrt. Niobe hat die Lästerzunge des Tantalus geerbt. Trotz der Schuld Niobes kann man also überlegen, ob sie nicht auch menschliche Züge hat und ob nicht ihre Prägung mitverantwortlich ist. Insofern lässt sich hier die antike Vorstellung von der Tragödie und dem tragischen Helden diskutieren (A 5 und B 5 zu T 7).

Es folgt als dritter Hauptteil der Tod der Jungen (218–266). Auch er wird in der Textausgabe nur kurz referiert. Ein Sohn nach dem anderen wird getötet. Der siebte, Ilioneus, wird getötet, während er noch um Gnade betet (261–266). Um die Ehre des Gottes nicht zu sehr zu kompromittieren, wird ihm im letzten Augenblick eine Regung des Mitleids zugeschrieben, die freilich die Wunde nur etwas verkleinert, aber den Tod nicht verhindert (265f.).

Die Nachricht von dem Unheil gelangt zu Niobe; ihre Reaktion ist eine Mischung aus Verwunderung, dass dies möglich war (*mirantem potuisse,* 269), und Zorn darüber, dass sich die Götter so viel erlauben können (269f.). Amphion war aus Trauer freiwillig aus dem Leben geschieden. Was Niobes Zustand betrifft, so pointiert Ovid den Gegensatz zwischen einst und jetzt (Chiasmus: *quantum haec Niobe, Niobe distabat ab illa,* 273; Parallelismus: *(modo) invidiosa suis, at nunc miseranda vel hosti,* 276). Niobe gibt ihren Söhnen den letzten Kuss (277f.) und wendet sich dann an Latona. Die Rede 280–285 ist zweiteilig. Im ersten Teil wird Latona aufgefordert, ihren Sieg zu genießen; im zweiten wird dieser Sieg als solcher infrage gestellt. Niobe kehrt zu ihrer alten Rechnung zurück: »Selbst im Unglück bin ich noch reicher als du im Glück.« So erklärt sie sich für die Siegerin (285). Man wird zögern, diese zweite Rede, in der Niobes Wesen nochmals deutlich zum Ausdruck kommt, unmittelbar für den Tod der Töchter verantwortlich zu machen; hat doch Latona schon Niobes erster Rede das Stichwort *orba* (»kinderlos«) entnommen; schon damals machten sich sowohl Apollo als auch Diana auf den Weg, um Niobe zu bestrafen. Man könnte höchstens annehmen, Niobe hätte durch ein Bußgebet das Schicksal aufhalten können. Aber eine solche radikale Umkehr ist bei Niobe nicht denkbar und widerspricht auch einer Grundtendenz der *Metamorphosen,* die mit Vorliebe unveränderliche Wesenszüge hervortreten lassen.

Auch die zweite Serie der Todesfälle wird durch ein Unglück verheißendes Geräusch eingeleitet (286: der Klang der Sehne des Bogens, vgl. 230: das Klirren des Köchers). Alle außer Niobe erschrecken (287). Ähnlich war (6,45) bei Minervas Offenbarung Arachne die Einzige, die sich nicht einschüchtern ließ.

Das Unglück macht Niobe kühn (288). Die Fähigkeit, sich von Warnungen oder Vorzeichen unbeeindruckt zu zeigen, gehört zu dem Grundzug des Beharrens *(perstare),* der für viele ovidische Gestalten bezeichnend ist. Das Ausbleiben der Furcht in Ausnahmesituationen hebt Ovid auch sonst hervor; so sagt er über Thisbe: *audacem faciebat amor* (4,96); und von Hecuba *facit ira valentem* (13,562).

Der Tod der Mädchen wird wesentlich knapper beschrieben als der der jungen Männer. Hier achtet Ovid auf gebärdenhafte Anschaulichkeit, er schildert verschiedene Stellungen. Nur die letzte Tochter wird uns in einer dramatischen Szene vor Augen geführt. Niobe fordert nur noch das Leben dieser einen, aber ihre Bitte wird durch die Tatsachen überholt (301). Die geringere Ausführlichkeit bei der Behandlung der Schwestern hängt nicht nur mit der Variationsabsicht zusammen, sondern wohl auch mit dem Wunsch, grausames Detail zu vermeiden: Die Gattungstraditionen der Schlachtenschilderungen im Heldengedicht und der Geschichtsschreibung sanktionieren zwar detaillierte Darstellungen der Verwundung und Tötung von Männern, nicht aber von Frauen (es handle sich denn um Amazonen, die allerdings Waffen tragen). Der Einwand freilich, dass es sich auch bei Niobes Söhnen um Wehrlose handelt, bleibt bestehen. Er erhöht das Mitleid und den Abscheu des Lesers. Man kann nicht ausschließen, dass Ovid, der gern die Partei der Schwächeren ergreift, diese Nebenwirkung beabsichtigt hat.

Jetzt ist Niobe *orba* (301), gewichtig wird das Stichwort von v. 200 und 212 am Ende wieder aufgenommen. Sie sitzt unter lauter Toten (im Gegensatz zu 165, wo sie von einer Menschenmenge umdrängt ist, und zu 178–183, wo sie voller Stolz von ihrem Mann und ihrer Kinderschar spricht). Niobe erstarrt angesichts des Unglücks (*deriguitque malis,* 303). Darin liegt eine Steigerung gegenüber 288: *illa malo est audax.* Rückblickend erkennt man, dass die an jener Stelle zunächst etwas abundant wirkende Pointe schon der Vorbereitung der Verwandlung dient. Die Unbeweglichkeit wird spezifiziert (303–305), wobei ein Gegenbild zu Niobes erstem Auftreten entsteht: *nullos movet aura capillos* (303, im Gegensatz zu *movensque capillos,* 167f.); *lumina maestis stant immota genis* (304f., im Gegensatz zu *oculos circumtulit alta superbos,* 169). Die jetzt blutlose Gesichtsfarbe (304) kontrastiert mit der Schönheit der zornigen Niobe des Anfangs (167f.), man denkt an den bleich gewordenen Narcissus (3,491). Niobe verliert auch die Sprache (306f.) und überhaupt jede Bewegungsmöglichkeit. Es bleibt nur die Fähigkeit des Weinens (310). Vom Winde wird die Versteinerte in ihre Heimat zurückgetragen (311).

Niobes Verwandlung bildet in vielen Einzelheiten ein Gegenstück zu ihrem ersten Auftreten. An die Stelle lebendiger Bewegtheit ist die Starre getreten, an die Stelle übersteigerten Stolzes namenlose Trauer, an die Stelle kühner Reden ewiges Schweigen. Man kann also nicht behaupten, dass die Verwandlung in dem vorliegenden Falle Niobes Wesen (etwa ihren Stolz oder ihren Egoismus) ausdrücke. Ovid betont jedenfalls nicht diesen Aspekt, sondern den der Trauer.

William Logan (s. Literaturverzeichnis) versetzt die Handlung nach Berkshire, USA. Niobe, die Frau eines reichen Bankers aus New York, hat dort eine Sommerresidenz, eine Farm. Sie trägt alle Markenwaren, fährt BMW, hat verschiedene Schönheitsoperationen hinter sich, sieben Söhne, sieben Töchter und wundert sich, dass die einfachen, verschuldeten, ihre Hypothek abzahlenden Bauern der Gegend über eine unsichtbar bleibende Frau namens L. respektvoll sprechen. Einmal verliert sie die Geduld und preist sich selbst. Ihre despektierlichen Worte über die beiden Kinder der Frau L. bewegen diese, alle Kinder Niobes zu töten. Keiner greift ein oder zeigt sie an. »It was a justice understood up there / Some might have called it fate. It wasn't fate. / It wasn't more than what was right. And paid is paid. / Even her enemies had to pity her. / The wall Street banker? Well, he cut his throat. / Folks thought the better of him after that. / The widow L. send down a rhubarb pie.« Aufgabe 8 zu T 7 ist davon angeregt.

Text 8: Daedalus, Icarus und Perdix (8,183–259)

Übersicht

A. 152–168 Daedalus erbaut das Labyrinth.
169–182 Theseus tötet den Minotaurus und verlässt Ariadne, deren Krone von Bacchus in ein Sternbild verwandelt wird.
B. 183–235 Haupterzählung:
183–202 Herstellung der Flügel
203–209 Flugunterricht
210–235 Flug und Absturz des Icarus
C. 236–259 Daedalus erregt die Schadenfreude des Rebhuhns, in das sein früherer Schüler Perdix verwandelt worden war. Ihn hatte Daedalus aus Künstlerneid vom Felsen herabgestürzt, Minerva hatte ihn dann in ein Rebhuhn verwandelt.

Das achte Buch begann mit der Erzählung von Scylla, die aus Liebe zu Minos ihre Vaterstadt verrät und, während sie sein Schiff verfolgt, in einen Wasservogel verwandelt wird. Die Gestalt des Minos, der bereits im vorigen Buch als Feind Athens eine Rolle gespielt hatte (456f.), bildet die Überleitung zur Daedalus-Geschichte.
Am Anfang der Erzählung beweist Minos durch eine Hekatombe (ein Opfer von hundert Stieren) seine Jupiter-Frömmigkeit (der er sein Amt als Totenrichter verdanken wird). Er weist die Liebe der feindlichen Königstochter Scylla zurück. Seine eigene Gattin hat so viel Treue kaum verdient, da sie inzwischen von einem Stier den Minotaurus empfangen hat. Um diese Familienschande zu verbergen, beauftragt Minos den größten Künstler seiner Zeit, Daedalus, das Labyrinth zu bauen, und raubt Daedalus anschließend die Freiheit. Die täuschende Wirkung des Labyrinths ist so vollkommen, dass der Meister selbst kaum den Rückweg zum Eingang findet. Der von Daedalus selbst geschaffene *error* täuscht den Meister. Das ist zunächst nur eine geistreiche Kennzeichnung des Labyrinths, aber im Hinblick auf die Icarus-Handlung ein Hinweis auf den Irrtum des Daedalus und auf die Gefährlichkeit der Kunst für den Künstler selbst! Und noch mehr: Das Labyrinth ist mit Trug erfüllt (*fallacia*, 168). Daedalus wird (im dritten Teil) im wirklichen Leben als Lügner entlarvt werden (*mentitus*, 251).
Der folgende Abschnitt schildert Theseus als Sieger über den Minotaurus und als ungetreuen Liebhaber Ariadnes (169–176). Der Zusammenhang dieser Episode mit dem weiteren Kontext innerhalb der *Metamorphosen* wird durch die Patrony-

mika unterstrichen: Theseus erscheint als Sohn des Aegeus (*Aegides,* 174, ebenso 405 und 560) und Ariadne wird als Tochter des Minos eingeführt (*Minois,* 174). Ariadne, von Theseus verlassen, wird von Dionysos in ein Sternbild verwandelt, die Edelsteine ihrer Krone werden zu feurigen Sternen. Diese Verwandlung bestätigt das ovidische Prinzip, Gleiches in Gleiches übergehen zu lassen. Ariadnes Krone hat den Weg zum Himmel gefunden, aber nur durch das verwandelnde Eingreifen eines wahren Gottes. Die Themen »Himmel« und »göttergleicher Rang des Menschen« werden in der Daedalus-Geschichte in ganz anderer Bedeutung wieder erscheinen.

Ab v. 183 wird uns Daedalus zunächst in seiner inneren, dann in seiner äußeren Situation vorgestellt. Die Disproportion zwischen der ausführlichen Darstellung seines Hasses auf Kreta, seiner Sehnsucht nach der Heimat einerseits und der kurzen Kennzeichnung seiner Gefangenschaft *(clausus erat pelago)* andererseits bringt stilistisch die Polarität zum Ausdruck, die das Geschehen in Gang setzen wird. Die kurze Rede des Daedalus greift mit dem Stichwort *caelum* ein Motiv der unmittelbar vorhergehenden Ariadne-Geschichte wieder auf. Daedalus wählt den Luftweg, der dem Einfluss des sonst so allmächtigen Minos entzogen ist. Trotz ihrer Kürze verwendet die Rede rhetorische Mittel: die Steigerung *terras, undas, caelum*[39] und den Gegensatz *omnia possideat, non possidet aera,* dessen Wirkung durch chiastische Stellung verstärkt wird. Auch die Kürze der Sätze (186: *ibimus illac)* spiegelt die Kühnheit des Denkers, der sich dem Repräsentanten der Macht geistig überlegen fühlt.

Die sich anschließenden Verse 188f., die Joyce zum Motto seines Buches *A Portrait of the Artist as a Young Man* (1916)[40] machte, sind eine exemplarische Formel für die Kreativität des schaffenden Menschen; *ignotas* bezeichnet etwas noch nie Dagewesenes[41]. Der Satz *naturamque novat* (189) ist von Voß treffend übersetzt worden: »und schafft neue Natur«[42]. Was damit gemeint ist, verdeutlicht ein Paralleltext von Ovid aus der Liebeskunst: *sunt mihi naturae iura novanda meae* (*ars* 2,42), »ich muss die Rechte meiner Natur neu gestalten«. Daedalus greift über die dem Menschen von der Natur gesetzten Grenzen hinaus. Wir werden zu prüfen haben, ob ihm dies in vollem Maße gelingt. Die technische Lösung scheint bald gefunden zu sein. Die Herstellung der Flügel wird uns anschaulich im historischen Präsens vor Augen gestellt. Das Bild der Rohrflöte verdeutlicht die (wie wir sagen würden) »orgelpfeifenartige« Anordnung der Federn, und für die Krümmung nennt Ovid als Vorbild die *verae aves.* Dieser Ausdruck impliziert bereits, dass Daedalus nicht zum wirklichen Vogel werden kann. Die Wahl des Verbums *(imitari)* zeigt, dass es sich nur um Nachahmung handelt. Daedalus kann offenbar seine Natur doch nicht umschaffen, sondern ist darauf angewiesen, ein Nach-

---

39 Dieselbe Dreiheit war uns in der Schöpfungsgeschichte begegnet (1,5).

40 Eine weitere Bezugnahme auf die *Metamorphosen* ebd. unter der Überschrift ›Five‹, Penguin Books, Harmondsworth 1981, 179.

41 Das Adjektiv *ignotus* wird in Vers 209 wiederkehren. Zum Schöpfertum des Künstlers, insbesondere des Dichters, vgl. Lieberg, G.: Poeta creator, Studien zu einer Figur der antiken Dichtung, Amsterdam 1982, der jedoch diese Stelle nicht berücksichtigt.

42 Ovid, Verwandlungen, von J. H. Voß, Leipzig o. J.

ahmer zu bleiben. Das Thema »Nachahmung der Vögel« wird sich im nächsten Gleichnis (213f.) fortsetzen.
Die Situation und die Handlungen des Daedalus werden klar strukturiert dargestellt: Zustand *perosus – clausus erat* im resultativen Plusquamperfekt. Gespräch mit sich selbst im szenischen Präsens oder im narrativen Perfekt *(inquit).* Wiederholung *dixit,* dann Darstellung der Aktionen im szenischen Präsens: *novat – ponit* – (mit Vergleich ebenfalls im Präsens *surgit) – adligat – flectit.* Die Verhaltensweise des Sohnes wird im durativen oder iterativen Imperfekt als Begleiterscheinung beschrieben, der mit seiner Technik beschäftigte Vater nimmt sie nicht oder kaum wahr: *stabat – captabat – mollibat – impediebat.* Der Sohn stört (*impediebat opus,* 200), aber es wird keine Reaktion des Vaters genannt. Im Vordergrund stehen tragische Ironie und Andeutung des nahenden Unheils. Ovid sagt es direkt: *ignarus sua se tractare pericla,* 196, mit dem hart aufeinander prallenden *sua se.* Und in einer atemberaubenden Vorwegnahme lässt Icarus das Wachs spielerisch schmelzen (*mollibat,* 199), genau so, wie es die Sonne später tun wird (*mollit,* 226). Ein Kind spielt mit einer Bombe.
Der Vater hat sein technisches Meisterwerk vollendet, seine Aktionen werden im narrativen Perfekt erzählt; das Erste, was er tut, ist, sich die Flügel anzulegen und in der Luft zu schweben. Das wunderbare, neue Ereignis wird im Perfekt geschildert (*pependit,* 202). Ovid fasst die Vollendung des Werks (200f.), das Anlegen der Flügel (201), das Bewegen der Luft (*mota aura,* 202) und das Schweben in der Luft (*pependit,* 202) in einem Satz zusammen und zeigt damit die Schnelligkeit, die Pausenlosigkeit und die überraschende Änderung der Situation. Das Bewegen der Luft durch das Schlagen der Flügel ist Voraussetzung und Begleitung des Schwebens in der Luft, was Ovid durch die Verteilung der Wörter deutlich macht: *motaque – pependit in aura.* Der Ausdruck »er hing« ist absichtlich naiv, da wir den Flug des Vaters aus der Sicht des staunenden Kindes erleben sollen.
Nun erst kommt die Unterweisung des Sohnes, der eben noch spielte, was mit tragischem foreshadowing geschildert wurde. Die Unterweisung steht im szenischen Präsens: *instruit – ait – tradit – accomodat.* Der Vater scheint sich nicht einmal die Flügel wieder abgelegt zu haben. Auf die Schwere der Aufgabe bereitet der Vater den Sohn nur unvollkommen vor, denn er macht alles auf einmal*: pariter praecepta volandi tradit et ignotas umeris accomodat alas;* er gibt Verhaltensanweisungen (203–208), während der Sohn im gleichen Augenblick (*pariter,* 208) die schweren und unbekannten Fluggeräte an den Leib gebunden bekommt, was zunächst kein angenehmes Gefühl sein kann und die Aufmerksamkeit erschwert. Und alles ist noch von eigenem Weinen und Zittern begleitet, nicht so planvoll, wie man erwartete (210f.): *Inter opus monitusque genae maduere seniles, / et patriae tremuere manus.* Bei den tränenfeuchten Wangen wird das Alter des Daedalus (*seniles,* 210), bei den zitternden Händen die Vaterschaft des Daedalus betont (*patriae,* 211). Umgekehrt wäre es normal: Der Vater weint, der Greis zittert. Ein Hinweis darauf, dass Daedalus noch viel zu sehr mit sich selbst beschäftigt ist, obwohl er an den Sohn denkt.
Daedalus ermahnt den Sohn, sich auf einer mittleren Bahn zu halten, um den Gefahren der Sonnenglut und des Wassers zu entgehen. Beim Flug soll sich Icarus

nicht nach Sternbildern, sondern nach seinem Vater richten (203–208). Beide Ratschläge wird der Junge nicht befolgen (vgl. 225: *altius egit iter,* und 224: *deseruitque ducem).* Die vergleichbare Warnrede Sols an Phaëthon (z. B. 2,137: *medio tutissimus ibis)* ist erheblich länger. Sol rät seinem Sohn ja von der Fahrt ab und wird ihn nicht begleiten. Daedalus hingegen erkennt zwar die Gefahren, aber in seiner Verblendung verkennt er die Tatsache, dass Icarus zu jung ist, um sie zu meistern. Ja, er nimmt sich nicht einmal richtig Zeit für die Belehrung und prüft nicht, ob sie verstanden wurde. Dies ist ein tragischer Irrtum, Fahrlässigkeit, die an Schuld genzt. Wieder, wie bei Perdix, gewinnt der technische Stolz die Oberhand über verantwortliches Handeln. Dadurch, dass Daedalus seinen Sohn zum Flug veranlasst, liegt in der Erwähnung der beiden entscheidenden Fehlerquellen in seiner Mahnrede ein Element tragischer Ironie.

Daedalus gibt dem Sohn Küsse (211f.), die der »allwissende Autor« sofort kommentiert: *Dedit oscula nato, / non iterum repetenda suo.* Der Hinweis auf die Zukunft wird syntaktisch mithilfe der *-nd-*Form in die Erzählung einbezogen, sodass ein Bruch vermieden wird. Unmittelbar schließt sich mit *-que* die Darstellung des Flugs an; sie wechselt mitten im Satz wieder ins szenische Präsens (213–216). Der Vater schwingt sich rasch in die Luft, der Abflug des Sohnes wird nicht eigentlich geschildert. Der Vater fliegt voran. Sofort tritt seine Sorge in den Vordergrund, er fürchtet um den Sohn; statt vorher alle Sicherheitsmaßnahmen zu treffen, lehrt er ihn beim Fliegen *(hortatur, erudit),* ist überlastet *(movet ipse – nati respicit alas).* Die Furcht hat er mit dem Vogel gemeinsam, der seine Brut zum ersten Flug aus dem Nest führt; aber der Vogel lehrt keine verderblichen Künste und die Jungen müssen nicht ermahnt und unterrichtet werden. Der Vergleich steht nach *ante volat comitique timet,* nicht später. Die Vergleichspartikel *velut* deutet (wie in v. 195 das Verb *imitari)* den Abstand an, der die beiden Fliegenden von wirklichen Vögeln trennt.

In der Meinung irdischer Zuschauer (der Veränderung der Perspektive entspricht der Tempuswechsel vom Präsens zum Perfekt) werden Daedalus und Icarus zu Göttern. Das Verb *credidit* (220) unterstreicht freilich das Subjektive dieser Ansicht. Dass Daedalus und Icarus keine Götter sind, wird der Fortgang des Geschehens zeigen. Die scheinbare Annäherung an die Himmlischen kommt nicht zufällig zur Sprache, bevor Icarus übermütig wird und die Selbstkontrolle verliert. Dieses wichtige Geschehen, vorbereitet durch einen Rückblick auf die bereits durchmessene Strecke, wird im Perfekt berichtet (223–225). Die Funktionsvertauschung von Haupt- und Gliedsatz *(cum inversivum)* unterstreicht die Wende. Icarus bekommt Freude am Fliegen, verlässt seinen Führer und schlägt eine höhere Bahn ein; er macht also die beiden Fehler, vor denen ihn sein Vater gewarnt hat, wobei gegenüber der Warnrede die Reihenfolge vertauscht ist. Die Folgen seines Handelns erscheinen im Präsens (225f.): Durch die Nähe der Sonne wird das Wachs weich. Das Schmelzen des Wachses wird erst wahrgenommen, als es schon zu spät ist – dies der Sinn des Plusquamperfekts in v. 227, das den Hintergrund für die neue Situation darlegt. Im Unterschied zur Parallelfassung in der *Ars amatoria* (2,89–92) und ganz besonders zur Phaëthon-Erzählung (*met.* 2,178–181) verweilt Ovid an unserer Stelle verhältnismäßig wenig bei den Emp-

findungen des herabstürzenden Knaben. Ovid schildert hier nur den äußeren Vorgang, das vergebliche Rudern mit den bloßen Armen. Der Ruf nach dem Vater und der Sturz ins Wasser, in der *Ars amatoria* getrennt dargestellt (2,91f.), werden in den *Metamorphosen* partizipial ineinander geschoben: *oraque caerulea patrium clamantia nomen / excipiuntur aqua* (229f.). Auch die Aitiologie wird eng an das Vorhergehende angeschlossen: *quae nomen traxit ab illo* (230).
Hierauf wendet sich Ovid dem unglücklichen Vater zu, der kein Vater mehr ist. Diese *correctio* (vgl. B 1 zu T 8) unterstreicht die Tragik des Geschehens. Die vv. 231–233 stimmen fast wörtlich mit der Fassung in der *Liebeskunst* 2,93–95 überein. Allerdings ist das ausdrucksstarke Verb *clamare* (*a.a.* 2,93) ersetzt durch *dicere,* das dem objektiveren Ton der epischen Gattung vielleicht mehr entspricht. Im Übrigen stehen am Ende die Empfindungen des Vaters stärker im Vordergrund: Er verflucht seine Künste (234). Diese Aussage knüpft an *damnosas artes* (215) an, wo aber die negative Bewertung nicht der Perspektive des Daedalus, sondern derjenigen des Erzählers entsprang. Der Kontrast zum anfänglichen Stolz des Daedalus (185–187) und zur bewundernden Darstellung seiner genialen Erfindung (188–202) ist unüberhörbar. Das Thema Kunst war aber noch früher, bei der allerersten Einführung des Daedalus, angeklungen: Daedalus *ingenio fabrae celeberrimus artis* (159). In v. 201 war Daedalus mit dem Titel *opifex* (Werkmeister, Schöpfer) ausgezeichnet worden. Die Verfluchung der Künste kontrastiert aber auch mit einem Fall frevelhafter Durchsetzung des eigenen Künstlertums, der das Thema des dritten Teils der Erzählung bildet.
Der Schlussabschnitt (231–235) des zweiten Teils steht im historischen Perfekt; nur an einer Stelle durchbricht ein Imperfekt die Reihe; es bildet den Übergang zwischen den Rufen des Vaters und dem Anblick der Federn im Wasser, einer erschreckenden Wahrnehmung, bei der es dem Vater gewissermaßen die Rede verschlägt: *»Icare" dixit ... »Icare« dixit ... »Icare« dicebat: pennas adspexit in undis* (*dicebat:* »wollte er eben noch einmal sagen«). Dieses Imperfekt bereitet (ähnlich wie das Plusquamperfekt, 227) den Hintergrund für ein neues Ereignis vor.
Den Übergang zwischen dem zweiten und dem dritten Hauptteil der Erzählung bildet das Motiv »Bestattung«. Am Ende des zweiten Hauptteils wird damit ein weiteres Namensaition verknüpft (nach dem dort Begrabenen heißt die Insel Icaria). Am Anfang des dritten Teils (236–259) wird die neue Perspektive durch den Wechsel des Subjekts deutlich: Von vornherein steht Perdix, die Hauptgestalt dieses Teils, im Mittelpunkt des Interesses, während die bisherige Hauptgestalt zum Akkusativobjekt wird *(hunc).* Die Tätigkeit des Daedalus am Ende des zweiten Teils wird partizipial noch einmal in Erinnerung gerufen *(ponentem).* Die Freude des Rebhuhns kontrastiert schneidend mit der Trauer des Daedalus. Dieser Gegensatz zerstört die Stimmung des Schlusses. Der Fortgang zeigt, dass Ovid Daedalus, der am Tod seines Sohnes fahrlässig schuldig geworden war, trotz des Verlustes, der ihm als tragische Figur Mitleid sichert, weiter infrage stellen möchte. Die Tatsache, dass er Icarus zu Schweres zumutete, war kein Frevel, sondern ein Fehler (griechisch: *hamártema).* Damit erfüllte Daedalus eine der Voraussetzungen für eine tragische Gestalt. Aber jetzt ist von einem *crimen* des Daedalus die Rede (240). Dies bedeutet einen weit schwereren Vorwurf: Der griechische Be-

griff für ein schuldhaftes Vergehen ist *adíkema,* »eine ungerechte Tat«. In dieser Sicht erscheint der Verlust des Sohnes als Strafe für den Mord an Perdix, dem Sohn seiner Schwester. Dem Wechsel der Perspektive entsprechen die verschiedenen Bezeichnungen für Daedalus im Laufe der Erzählung.[43] Jetzt wird er zum ersten Mal angeredet (*Daedale,* 240); es geht um die Selbsterkenntnis, um das Erkennen der eigenen Schuld. Und es wird offenbar, dass er auch bei dem Flugversuch mit Icarus immer noch seinem alten Charakterfehler der Überbetonung seiner technischen Intelligenz verhaftet war.

Perdix hatte schon frühzeitig ungewöhnliche Begabung erkennen lassen. Zweimal wird dem Knaben der Ehrentitel *ingenium* (252 und 254) zuerkannt, den Daedalus nur ganz am Anfang (159) erhielt. Die anschauliche Schilderung der Erfindung der Säge (nach dem Vorbild der Fischgräten) und des Zirkels konkurriert mit der Beschreibung der Fertigung des Flugapparats und des Labyrinths durch Daedalus und kontrastiert Perdix durch seine Frühreife mit dem noch ganz kindlichen Icarus. Hier hat Daedalus das Wesen des Knaben weit klarer durchschaut als im Falle des Icarus, aber ebenfalls einen falschen Entschluss gefasst, der im persönlichen Interesse des Künstlers lag und zum Tode des Knaben führte. Aus Künstlerneid hat Daedalus vorsätzlich gemordet und einen Unfall vorgetäuscht. Müssen wir also Daedalus die Tragik absprechen, so bleibt zu fragen, wie es in dieser Beziehung um Icarus bestellt ist. Er leidet unschuldig; seine Fehler werden durch seine Jugend entschuldigt und die Strafe für sie steht in keinem Verhältnis zu seinem jugendlichen Leichtsinn. So wäre sein Untergang eher »grässlich« als tragisch zu nennen. Wahrscheinlich hat Ovid aus diesem Grunde in der *Metamorphosen*-Erzählung, besonders gegen Ende, weniger die Empfindungen des Sohnes als die des Vaters geschildert, an dessen Charakterbild und Schicksal ihm mehr gelegen war.

Die Erklärung der Verwandlung fügt dem uns bisher aus anderen *Metamorphosen* Bekannten einen neuen Zug hinzu: Geistige Eigenschaften können sich in körperliche umwandeln: *vigor ingenii ... in alas inque pedes abiit* (254f.). Mehr im Sinne der sonstigen Verwandlungsdarstellungen ist der aitiologische Hinweis auf die Konstanz des Namens (vgl. auch oben 230 und 235) und die Erklärung besonderer Verhaltensweisen des Vogels aus den Erfahrungen, die er als Mensch gesammelt hat (256–259). Der zuletzt erwähnte Zug erinnert an Cygnus (*met.* 2,377–380).

Der dritte Teil der Erzählung bringt wichtige Themen zum Abschluss, so das Verhältnis zwischen Mensch und Vogel sowie die Beziehung zwischen Mensch und Gott. Ovid hatte betont, dass Daedalus Vögel »nachahmte« (195) bzw. sich »wie« ein Vogel verhielt (213); Perdix aber wurde »tatsächlich« in einen Vogel verwandelt. Die Metamorphose wurde, ähnlich wie die Sternverwandlung von

43 *ingenio celeberrimus artis ...* (159); Rückwirkung der täuschenden Kunst auf den Künstler (166); *opifex* (im Augenblick der Vollendung des Werkes: 208); Greis und Vater (210f.); scheinbar ein Gott, Höhepunkt: 220; 224: *dux* (in dem Augenblick, wo er verlassen ist: Ironie); 231: *pater infelix* (in dem Augenblick, wo er nicht mehr Vater ist!: *nec iam pater)*; 240: *Daedale:* Anrede (Selbsterkenntnis!); 241: *huic:* fast abwertend; 250: Daedalus ist neidisch; 251: er lügt; 260: er ist müde (vgl. 210f.).

Ariadnes Krone, von einer wirklichen Gottheit vollzogen, während Daedalus und Icarus nur von unwissenden Bauern und Anglern für Götter gehalten wurden, aber letztlich ihre Menschennatur nicht verändern konnten.

Zu den Abbildungen 4 und 5 (Textausgabe, S. 57 und 108f.)

Zur Abb. 5 finden sich einige Ausführungen in der Textausgabe. Sie enthalten die weiterführende Deutung von Wyss (s. Literaturangaben). Eine genaue Darstellung des Abgebildeten sollte der Lektüre dieser Deutung vorangehen. Zu diesem im Musée des Beaux Arts in Brüssel befindliche Bild hat Wyston H. Auden (1907–1973) ein Gedicht geschrieben, das besonders hervorhebt, dass Menschen Unglücksereignisse nicht zur Kenntnis nehmen.

Abb. 4: Sturz des Icarus, Wandmalerei aus Pompeji (Beschreibung in der Textausgabe, S. 109). Natürlich kann man in dieser Abbildung zunächst den Wunsch reicher Bürger sehen, sich mit Zeugnissen und Beweisen literarischer Kultur zu umgeben.[44] Aber die antike Darstellung ist in vielem ein gutes Gegengewicht zu Bruegels Bild. Man sieht den zerschmetterten Körper des Icarus unten am Boden. Obwohl man ihn als das Zentrum ansehen könnte, ist er eigentlich am Rand abgebildet. Er wird zu einem Zentrum, weil eine trauernde Frau rechts im Bild zu ihm hinunterschaut und weil Daedalus machtvoll über dem Ganzen seine Flügel ausbreitet. Wer die trauernde Frau ist – von zwei weiteren finden sich Spuren im zerstörten Teil des Bildes –, weiß man nicht. Aber auf jeden Fall wird der Tod des Icarus zur Kenntnis genommen und betrauert. Icarus liegt zwischen zwei Felsen, ist also schon an Land gebracht, nicht mehr im Meer. Er ist aber auch noch nicht begraben. Daedalus bildet einen weiteren Mittelpunkt mit seinen weiten Schwingen. Landet er oder fliegt er schon wieder ab? Der tote Icarus hat mit dem ermordeten Perdix gemeinsam, dass er aus der Höhe abgestürzt zu sein scheint. Daedalus ist immer noch stolz auf seine Flügel. Die Szene lässt sich nicht genau auf einen Punkt der Erzählung beziehen. Die Inschrift nennt Daedalus, nicht Icarus. Das Bild zeigt, wofür der Vater bekannt ist: seine Technik und seinen Verlust. Es bezieht beides aufeinander, die Trauer um den Verlust und den erhebenden Anblick menschlichen Erfindungsgeistes. Die aus der Zeit Ovids stammende Malerei zeigt dieselbe Ambivalenz wie Ovids Darstellung.

Zur literarischen Rezeption

In der Rezeption wird Ikarus in den Vordergrund gestellt. Sein Sturz wird als der Misserfolg technischen Wollens gedeutet (obwohl er gar nicht fliegen wollte, sondern Daedalus ihn dazu veranlasste). Sein Sturz wird als Strafe für Ungehorsam oder Unaufmerksamkeit bei den väterlichen Weisungen gedeutet (Sebastian Brants Vergleich – Textausgabe B 2 zu T 8 – mit Phaëthon ist insofern unzuläs-

44 Vgl. etwa Zanker, P.: Pompeji. Stadtbild und Wohngeschmack, Mainz 1995, zu Tafel 10.1.2 mit den Abbildungen von »Narziss« (siehe Textausgabe S. 36, Abb. 2) und »Pyramus und Thisbe« (s. Textausgabe S. 47, Abb. 3).

sig), obwohl es der Vater ist, der alles auf einmal tut und sich keine Zeit für eine gründliche Unterweisung und eine Sicherung des Verständnisses nimmt. Sein Flug wird als Hybris gedeutet, obwohl er anfänglich eher ein Vergnügen ist und der Vater wissen musste, was er tat, Ikarus also eher ein Opfer als ein Täter ist. Sein Flug wird als Symbol oder Allegorie der Beschränktheit des Menschen gedeutet, obwohl es nicht die technische Beschränkung, sondern die seelische Beschränktheit des Vaters ist, die den Unfall verursacht. All die Vergleiche des Ikarus mit dem Scheitern moderner technischer Projekte, etwa der Raumfähre Challenger, hinken; sie vergleichen nur die Abstürze und lassen dahinter ein raunenendes, mythisierendes Warnen hören; die Lobpreiser technischer Leistungen (»Über den Wolken muss die Freiheit grenzenlos sein«) blenden das Ende des Ikarus aus und vergleichen nur den Aufschwung zum Himmel, müssten eigentlich Daedalus preisen.
Matthias Weglage (s. Literaturangaben) bringt reiches Material für die moderne Icarus-Rezeption in der Lyrik und bespricht dabei verschiedene Formen der Mythosrezeption: Allegorisierung (Suche nach Freiheit des Künstlers, Suche nach politischer Freiheit); Neuerschließung des Geheimnisvollen im Mythos; Mythos als Kontrastwirklichkeit; Mythisierung des Kampfes um politische wie physische Freiheit, der Flucht und der Unbeirrbarkeit des Freiheitsstrebens; Symbol menschlicher Erkenntnisfähigkeit und philosophisch-religiösen Freiheitsdranges; Deutung des gegenwärtigen Menschen. Er bespricht die folgenden Gedichte:
Ernst Jandl: Icarus (Ernst Jandl: Andere Augen, Neuwied 1954); Rose Ausländer: Icarus (Rose Ausländer: Ich höre das Herz des Oleanders. Gedichte 1977–1979, Frankfurt am Main 1984); Peter Rühmkorf: Anti-Icarus (Peter Rühmkorf: Irdisches Vergnügen. Gedichte, Hamburg 1959); Peter Paul Zahl: ratschlag während des sturzes (Peter Paul Zahl: Schutzimpfung. Gedichte, Berlin 1975; Zahl war seit 1972 politischer Häftling in der DDR); Günter Kunert: Über dem Atlantik (Günter Kunert: Verlangen nach Bomarzo, Leipzig 1978); Günter Kunert: Icarus 64 (Günter Kunert: Verkündigung des Wetters. Gedichte, München 1966); Wolf Biermann: Ballade vom preußischen Icarus (Wolf Biermann: Preußischer Icarus. Lieder, Balladen, Gedichte, Prosa; zuerst Köln 1978, jetzt München 1981, S. 104f.).

Text 9: Philemon und Baucis (8,616–724)

Übersicht

A. 626–636 Exposition: An vielen Türen abgewiesen, finden Jupiter und Merkur schließlich Aufnahme bei Philemon und Baucis.
B. 637–678 Bewirtung der Gäste
C. 679–719 Offenbarung der Götter durch das Weinwunder. Versenkung der Hütten der Frevler, Verwandlung der Hütte der beiden Alten in einen Tempel, Metamorphose von Philemon und Baucis

Die Erzählungen des achten Buches stehen u. a. im Zusammenhang mit Theseus, so bereits die Geschichte von Daedalus, dem Erbauer des Labyrinths, in dem Theseus den Minotaurus tötet (vgl. 155–182). Durch diese Heldentat berühmt geworden, wird Theseus nach Calydon zur Eberjagd gerufen (260–272). Auf dem Rückweg wird er mit anderen Helden von dem Flussgott Achelous zur Rast eingeladen. Dort erzählt man sich Verwandlungsgeschichten: Nachdem Achelous von der Metamorphose der Echinadeninseln berichtet hat (573–610), leugnet der Sohn des Ixion, Pirithous, die Fähigkeit der Götter, Verwandlungen zu vollziehen (611–615). Zur Bestätigung des Gegenteils erzählt der alte Lelex die Geschichte von Philemon und Baucis.

616–625
Wie ein Motto leitet seine unmittelbare Entgegnung die Erzählung ein: Die Macht des Himmels ist unermesslich und was die Götter wollen, das ist schon geschehen (618f.). Auf diese These folgt der Hinweis auf Eiche und Linde, die als Zeugen einer alten Geschichte in Phrygien stehen. Die Technik ist dieselbe wie im Bericht von den lykischen Bauern: Als Einführung dient die Schilderung eines Ortes, an den sich die Ursprungssage (das Aition) heftet. Wie in der Geschichte von den lykischen Bauern beruft sich der Erzähler auf eigenen Augenschein (*vidi*, 622; vgl. 6,320). Daran schließt sich (wie dort) die Rahmenerzählung mit einem erläuternden *nam* (622; vgl. 6,321). Ovid ergänzt das Bild durch die Schilderung eines stehenden Gewässers (624f.), das einst bewohnt gewesen sein soll. Im Folgenden werden zuerst die Gottlosen im Sumpf untergehen, dann die geretteten Frommen in Eiche und Linde verwandelt. So bereitet die Einleitung die beiden Verwandlungen in umgekehrter Reihenfolge vor und es entsteht eine Ringform.

626–636
Mit *huc* geht die Ortsschilderung in die Haupterzählung über: Jupiter und Merkur klopfen vergeblich an tausend Türen. Nur die bescheidene Hütte des alten Ehepaares Philemon und Baucis nimmt sie auf. Eine Anapher unterstreicht den Kontrast: *mille domos adiere ... mille domos clausere,* 628f. Ähnliche Stilfiguren versinnbildlichen das gemeinsame Schicksal von Philemon und Baucis: *Baucis ... Philemon,* 631; *illa ... illa,* 632; *iuvenalibus ... consenuere,* 632f.; *fatendo ... ferendo, consenuere ... effecere,* 633f.; *dominos ... famulosne,* 635; *parentque ... iubentque,* 636. Die besondere stilistische Anmut hat Aussagekraft. Sie gipfelt in einer geistvollen Paradoxie, die die Lösung aller sozialen Probleme durch die Liebe andeutet.

637–678
Damit ist die Exposition abgeschlossen. Mit *ergo ubi* (637) führt der Dichter mitten in die Handlung. Dass die Götter eingetreten sind, setzt der temporale Gliedsatz bereits voraus (637f.); das Hauptaugenmerk gilt der Freundlichkeit der Gastgeber, die fast ganz in Hauptsätzen geschildert wird (639–659). Der Kontrast zwischen der Majestät der Götter und dem mehr als bescheidenen Häuschen kommt in der Tatsache zum Ausdruck, dass die Wörter *caelicolae* und *parvos*

(637) unmittelbar nebeneinander stehen. Dasselbe macht eine Gebärde sinnfällig: Um eintreten zu können, müssen die Götter den Kopf einziehen (638).
Die beiden Gastgeber wirken bei der Bewirtung der Götter zusammen, die Einzelheiten sind in der Textausgabe in einem Referat geschildert. Ab v. 662 werden die Gegenstände zum Subjekt; darauf nimmt das Referat in der Textausgabe Rücksicht. All die einfachen Dinge und natürlichen Nahrungsmittel erscheinen auch sprachlich in unmittelbarer Frische; die Personifikationen tauchen die Erzählung in eine märchenhafte Atmosphäre; Verben, die Aktivität oder zeitliches Nacheinander hervorheben (*misere,* 671; *dantque locum,* 673), Zeitadverbien (*posthaec,* 668, vgl. *parva mora est,* 671, *rursus,* 672) und eine Temporalkonjunktion (*postquam,* 662) lassen ein bewegtes Bild entstehen; ein kontinuierlicher Vorgang rollt ab, den der Leser mit den staunenden Augen der Gäste sieht; für Baucis ist dieses Gastmahl ja kein Wunder, sondern eine komplizierte technische Aufgabe. Die Bezeichnungen von Früchten und Landprodukten wirken konkret und anschaulich, sie vermitteln eine idyllische Stimmung, die zugleich an vergilische Eklogen[45] und an Ovids Schilderung des Goldenen Zeitalters gemahnt. Diese Atmosphäre konkretisiert sich am Ende der Schilderung physiognomisch in den freundlichen Gesichtern der beiden Alten (675f.).

679–694

Nach Verlauf einer unbestimmten Zeit *(interea)* beginnt ein neuer Teil der Handlung. Auf die Darstellung der Gastgeber folgt nun die der Götter. Sie offenbaren sich durch ein Wunder: Der Mischkrug wird nicht leer, er füllt sich immer wieder von selbst mit Wein (*sponte sua,* etwa: »ohne menschliches Zutun«,680). In diesem Abschnitt ist die Perspektive umgekehrt wie im vorhergehenden. Sahen wir eben noch den Tisch sich decken (und zwar aus der Sicht der beglückten Gäste, nicht etwa der viel beschäftigten Gastgeber), so schauen wir jetzt das göttliche Wunder der Vermehrung des Weines mit den Augen der staunenden Sterblichen. Der Kratér füllt sich, der Wein »wächst nach« (*succrescere,* 680). Die die Personifikation streifende Aktivierung der Objekte, ihre Verwandlung in Subjekte, kehrt wieder und erhebt sich aus dem Bereich der Metapher in den einer wunderbaren Realität (*vident,* 680). Das historische Präsens, das eine maximale Nähe zum Objekt herstellt, setzt sich fort. Es vergegenwärtigt den heiligen Schrecken, der die beiden Alten ergreift (*attoniti novitate pavent,* 681), ihr Gebet (*preces ... concipiunt,* 681f.) und ihre Entschuldigung für die Bescheidenheit des Gebotenen (683). In diesem Zusammenhang ist das Wort *novitas* besonders auffällig. Beide Gastgeber sind schon alt (auch an ihrem Hausrat hat Ovid das Alter hervorgehoben: 658, vgl. 649 – sinnigerweise mit Ausnahme des Weins, der ganz neu, also billig ist). Ein solches Wunder muss durch seine Neuheit die beiden Alten völlig aus der Bahn werfen (die tüchtige Baucis scheint sich allerdings etwas schneller gefasst zu haben als der eingeschüchterte Philemon, 682).
Sie beschließen, ihren einzigen Besitz, eine Gans, den Göttern zu opfern. Das Tier flüchtet vor der Alten, die ihm nicht schnell genug nachkommt, schließlich

45 Vgl. z. B. die Einladung *ecl.* 1,80f.

zu den Göttern selbst, die die Tötung verbieten. Der Abschnitt ist erzähltechnisch sorgfältig aufgebaut: Imperfekt: Einführung der Gans und der Absicht ihrer Besitzer, sie zu schlachten, 684f.; historisches Präsens: vergebliche Verfolgungsjagd, 686f.; historisches Perfekt: Ende der Flucht bei den Göttern und Machtwort der Götter, 687–690. Das Perfekt ist hier als Steigerungsmittel auf den gewichtigen Schluss hin aufgespart. Die gehorsame Reaktion der Alten steht als Folge wiederum im historischen Präsens (693f.).

Die Rede der Götter (689–692) ist knapp: »Wir sind Götter. Die gottlose Nachbarschaft wird die verdiente Strafe erleiden; ihr bleibt davon ausgenommen; verlasst euer Haus und begleitet uns auf die Höhe des Berges!« Das Stichwort *novitas* bleibt für das Folgende bestimmend. Philemon und Baucis beweisen durch Gehorsam ihre *pietas.* Es ist für zwei alte Menschen kein leichter Entschluss, ihr Haus zu verlassen. Die Mühe des Anstiegs kommt in v. 694 in Spondeen zum Ausdruck.

Mit Vers 695 erfolgt ein Neueinsatz (exponierendes Imperfekt): Angabe des Punktes, den die Wanderer erreicht haben; das Hauptgeschehen folgt darauf im historischen Perfekt: *flexere oculos* (696), der erschütternde Anblick des Ergebnisses dann im historischen Präsens: *mersa palude / cetera prospiciunt* (696f.). Nur das Häuschen der beiden Alten ist stehen geblieben. Das Strafgericht hat sich also hinter ihrem Rücken vollzogen, sie konnten den Vorgang nicht beobachten. Während sie noch staunen und um das Schicksal ihrer Nächsten trauern (698, verwandelt sich ihre Hütte in einen Tempel. An die Stelle der Gabelhölzer treten Säulen, das Strohdach wird zu Gold, der Boden bedeckt sich mit Marmor, die Türen mit getriebenem Metall. Man kann sagen, dass durch die Verwandlung das Haus, das schon vorher ein Sitz der *pietas* war, nun auch äußerlich dazu wird.

Jupiter redet die beiden als *iusti* an (604) und stellt ihnen einen Wunsch frei. Philemon berät sich mit Baucis und eröffnet dann den Göttern den gemeinsamen Wunsch, ihnen als Priester zu dienen und auch im Tode vereint zu bleiben. Der Wunsch wird erfüllt. Die Erzählung springt nach einem kurzen Zwischensatz zur letzten Stunde der beiden, zu ihrer Verwandlung in zwei Bäume, die dicht nebeneinander stehen. Zum dritten Mal in der Erzählung schauen sie ein Wunder (*conspexit,* 715). Jeder sieht den anderen seine Gestalt verändern und sie rufen sich gleichzeitig ein Lebewohl zu.

Zum Schluss greift der Erzähler Lelex auf die Ausgangssituation zurück: Er ist selbst Augenzeuge (*vidi,* 722; vgl. 622). Dieser Rahmen fügt noch ein Element hinzu: die Apotheose. Lelex schmückt die altehrwürdigen Bäume mit einer frischen Girlande und spricht: *cura deum di sint, et, qui coluere, colantur* (724).

Diese Geschichte ist mit weit mehr Behagen als Pathos erzählt. Immer wieder schimmert leichte Ironie des Autors durch, so, wenn er zuerst von den tönernen Trinkgefäßen und dann von dem Krater »aus dem gleichen Silber« spricht oder wenn Philemon von dem sorgsam gehüteten Rauchfleisch für die Gäste ein Stück abschneidet – aber nur ein kleines (*exiguam* auffällig nach der Versfuge) – oder wenn sie schließlich an ihren Stöcken folgsam bergan keuchen (693f.).Die Erzählung bekommt besondere Frische durch die Schilderung des ländlichen Mahles, das die Alte ihren himmlischen Gästen vorsetzt. Die Erwähnung der unverfälschten Nahrungsmittel in Verbindung mit herzlicher Gastfreundschaft und Frömmigkeit erinnert an Vergils erste Ekloge, besonders an den Schluss; aber Ovid malt kein Stimmungsbild, dazu ist seine Feder zu spitz und sein Blick zu nüchtern. Noch ausschließlicher als Vergil geht es ihm um den Menschen in der Welt; seine Sehweise ist weniger theozentrisch als diejenige Vergils in der ersten Ekloge – und dies selbst in einer der frömmsten Legenden, die Ovid geschrieben hat.

Zur Struktur der Erzählung: Als Rahmenstücke entsprechen einander die Dialogsituationen 611–618 und 725–729 sowie (als zweiter Rahmen) die Hinweise des Lelex auf die Bedeutung der Erzählung und auf seine Autopsie (618–625 bzw. 721–724). Durch die Erwähnung der Bäume am Anfang und am Ende ist eine Ringform geschaffen. Sie wird dadurch noch unterstrichen, dass in der Einleitung auf die zwei wichtigsten Verwandlungen der Erzählung in umgekehrter Reihenfolge hingewiesen wird (Baumverwandlung und Sumpf).

Ein Motiv, das Rahmen und Einlage zusammenhält, ist das des Sehens. Im Stil religiöser Texte stellt sich der Erzähler als Augenzeuge dar (622; 722; vgl. dazu *Joh.* 1,29–34, bes. 34: »Das habe ich gesehen und ich bezeuge ...«; *Joh.* 1,14; *Act.* 4,20; *Joh.* 20,25; *Apc.* 22,8; *Matth.* 13,17; *Luc.* 24,39). In der Erzählung selbst sehen Philemon und Baucis dreimal ein Wunder und ziehen jedesmal daraus die richtige Konsequenz: aus dem Anblick der Weinvermehrung die der Anbetung und des Opfers, aus dem Anblick des allgemeinen Strafgerichts und der Bewahrung ihrer Hütte die des Staunens, der Trauer und der Bereitschaft zum Priestertum, aus dem Anblick des Partners, der in einen Baum verwandelt wird, die des Abschiednehmens.

Die Metamorphose des Hauses in einen Tempel bringt dessen Wesen als Sitz der *pietas* zum Ausdruck und verewigt zugleich die Tatsache, dass diese Hütte von Göttern besucht wurde. Die zweite Verwandlung ist ebenfalls die Perpetuierung einer *héxis,* nämlich der Verbundenheit von Philemon und Baucis. Die Geschichte zeigt somit das Leben der beiden Alten in verschiedenen Stadien. Das erste: Sie sind zwei gewöhnliche alte Menschen, die freilich im Unterschied zu ihren Nachbarn bereit sind Fremde aufzunehmen. Wie schwer die abweisende Haltung der anderen wiegt, wird erst klar, wenn man sich die hohe Bedeutung der Gastfreundschaft in Gesellschaften vor Augen führt, die eine Kommerzialisierung des Reiseverkehrs noch kaum kennen. Die ungastlichen Landsleute, die im Hintergrund unserer Erzählung bleiben und gegen Ende buchstäblich in der Versenkung verschwinden, haben sich durch ihr inhumanes Verhalten (ähnlich wie die lykischen Bauern) selbst aus dem Kreise der Menschen ausgeschlossen. Immerhin wagen es die beiden Alten, den Opfern dieses kollektiven Strafgerichts eine Träne nachzuweinen. Man darf sich Philemon und Baucis nicht kontaktarm vorstellen, da Ovid gerade die Aufgeschlossenheit zu dem Merkmal macht, das sie von den anderen vorteilhaft unterscheidet. Diese waren zu sehr mit ihren eigenen Problemen beschäftigt und hatten daher für den Besuch der Götter keine Zeit und keine Kraft übrig. Aufgeschlossenheit bewährt sich auch in der erstaunlichen Bereitschaft, sofort das vertraute Heim zu verlassen und den Berg zu ersteigen. Alter ist hier einmal nicht als Erstarrung im Althergebrachten verstanden, sondern als Chance zu Freiheit und Neubeginn. Es muss sich um ungewöhnliche alte Menschen handeln, die ohne Zögern alles Vertraute hinter sich lassen und den Befehl der Götter ausführen. Doch nur äußerlich geht es um Befehl und Gehorsam. In Wahrheit ist es ein Schritt zur inneren Befreiung und zur Gewinnung einer höheren Warte. Tatkraft und Frische zeichnen Philemon und Baucis von Anfang an aus; noch bei der letzten Metamorphose drängt sich geradezu der Eindruck einer biologischen Verjüngung auf: *frondere Philemona Baucis, / Baucida conspexit senior frondere Philemon* (714f.). Auf die zweite Daseinsstufe als Priester folgt eine dritte, die nur noch angedeutet ist: diejenige als Gott. Es ist gewiss kein Zufall, dass Ovid besonders den künftigen Halbgott Theseus von dieser Erzählung beeindruckt sein lässt (726). Soziologisch kommt es für Ovid in dieser Geschichte nicht so sehr darauf an, Fromme und Gottlose zu unterscheiden und hermetisch voneinander zu trennen, wichtiger ist die Tatsache, dass Aufgeschlossenheit für andere und Entwicklungsfähigkeit der eigenen Persönlichkeit eng miteinander zusammenhängen. Ovid zeigt nicht nur die grenzenlose Macht der Götter (wie es die berühmte Einleitung beteuert: v. 618), sondern auch und besonders die emanzipatorischen Chancen des Greisenalters und die Entfaltungsmöglichkeiten des Menschen, der sich nicht in sich selbst verschließt.

Die vielerlei literarischen Rezeptionen (Textausgabe B 1 zu T 9) geben einen Einblick in die Wirkungsgeschichte dieser Metamorphose. Person und Motive der Besucher wie der Gastgeber wechseln und machen die Umstände mal kompliziert, mal führen sie zu Erheiterung oder zu Ernüchterung. Schülerinnen und Schüler sind durchaus für die Motive der Götter wie insbesondere der alten Personen zu interessieren. Sie versuchen Ältere zu verstehen. Sie arbeiten daher auch gern Neufassungen aus, z. B. durch Einfügung eigener Texte, etwa im Dialekt, in den Ovid-Comic von Martin Frei[46]. In diesem Rahmen stehen die Aufgaben ÜA 10–18 mit B 1 zu T 9 und A 10 zu T 9.

Text 10: Orpheus und Eurydike (10,1–77)

Übersicht

A. 1–10 Hochzeit und Tod Eurydikes

B. 11–39 Abstieg des Orpheus in die Unterwelt. Sein Gesang. Lied des Orpheus:
17–18 Allocutio (Anrede)
19–26 Narratio: Ursachen von Orpheus' Kommen
26–37 Argumentatio: Macht der Liebe, auch über Pluto und Proserpina; Bitte, Eurydikes Schicksal rückgängig zu machen; Macht

46 P. Ovidius Naso. Metamorphosen. Von Rubricastellanus (Karl-Heinz Graf von Rotenburg). Zeichnungen von Martin Frei, Stuttgart 1996. Kritische Beurteilung, insbesondere der Zeichnungen, bei Wiljes, C.: Ovids Metamorphosen als Comic, in: Mitteilungen des Deutschen Altphilologen-Verbandes. Landesverband Niedersachsen, 47,1, 1997, S. 3f

des Todes; Menschenrecht auf voll ausgereiftes Leben; Bitte um Nießbrauch
38–39 Peroratio

C. 40–52 Wirkung des Gesanges. Eurydike wird gerufen.
D. 53–63 Aufstieg aus der Unterwelt und zweiter Verlust Eurydikes
E. 64–85 Orpheus' Entsetzen, Trauer und Resignation

Das letzte Buch der zweiten Pentade der *Metamorphosen* eröffnet der Orpheus-Mythos, eine Künstlersage wie die Erzählungen von Arachne (die die zweite Pentade einleitet), von Daedalus und Pygmalion, die sich sämtlich ebenfalls in der mittleren Büchergruppe finden. Den Rest des zehnten Buches füllt der Gesang des Orpheus, sodass der Bericht von seinem Tode (11,1–66) an den Anfang des elften Buches, also der letzten Pentade, zu stehen kommt.

1–10

1 *Inde per inmensum croceo velatus amictu* 2 *aethera digreditur Ciconumque Hymenaeus ad oras* 3 *tendit et*	*Orphea nequiquam voce vocatur.*	Vergebliche Anrufung
4 *Adfuit ille quidem,*	*sed* • *nec sollemnia verba* • 5 *nec laetos vultus* • *nec felix attulit omen*	keine feierlichen Worte keine fröhlichen Gesichter kein glückliches Vorzeichen
6 *Fax quoque, quam tenuit,*	• *lacrimoso stridula fumo* 7 *usque fuit* • *nullosque invenit motibus ignes*	beißender Rauch einer nicht richtig brennenden Fackel
	8 *Exitus auspicio gravior.*	
9 *dum nova naiadum turba comitata vagatur,*	• *Nam nupta per herbas* ... 10 *occidit in talum serpentis dente recepto.*	Tod

Die Perspektive der Erzählung von Orpheus und Eurydike ist durch das unmittelbar Vorhergehende bestimmt: Der Hochzeitsgott Hymenaeus kommt von der glücklichen Eheschließung zwischen Iphis und Ianthe zur Vermählungsfeier des Orpheus. Die Heirat zwischen Iphis und Ianthe war durch göttliches Eingreifen ermöglicht worden. Im Gegensatz dazu scheint die Liebe des Orpheus von vornherein unter einem Unstern zu stehen: Schon v. 3 drückt dies in paradoxer Form aus: Der Hochzeitsgott wird von der Stimme des Orpheus vergeblich gerufen. Als

Thema klingt hier bereits das Problem der Macht und Ohnmacht des Gesanges an, das auch im Mittelpunkt der Unterweltsszene stehen und im Schlussteil wiederkehren wird (11; 18f.; 39f.). Im Grunde genommen ist es nicht einmal Orpheus, der eingeführt wird, sondern seine Stimme. Die Person des Orpheus selbst bleibt ganz im Hintergrund und unscharf, bis eben auf die berühmte Stimme. Die folgenden Verse häufen böse Vorzeichen (4–7), die sich alsbald bewahrheiten. Die jungverheiratete Eurydike stirbt an einem Schlangenbiss (7–10). Der Tod wird wie ein klinisches Gutachten formuliert: Sie fällt hin, im Knöchel wurde der Zahn einer Schlange aufgenommen, also ihr Gift (10). Der Gegensatz zur unmittelbar davor stehenden eher idyllischen Beschreibung, wie Eurydike von Najaden begleitet umherspaziert (8f.), wird dadurch umso größer. Hart und nüchtern konfrontiert uns Ovid mit den Tatsachen. Von gefühlvoller Anteilnahme findet sich bis jetzt keine Spur.

11–39

Die Überleitung vom Tod Eurydikes, die noch gar nicht beim Namen genannt, sondern nur funktionell als *nova nupta* beschrieben wurde, zum Abstieg in die Unterwelt erfolgt in äußerst kühler Weise. Erst wird das Weinen des Orpheus beschrieben. Orpheus heißt jetzt *Rhodopeius vates,* wird also mit seiner Herkunft und mit seiner Funktion oder mit seinem Selbstverständnis bezeichnet. Im Seher wirkt eigentlich ein Gott, der Dichter und Sänger ist vom Gott erfüllt durch Enthusiasmus. Er bezeichnet sich als Seher, weil er das besondere Verhältnis zum Gotte hat und weil er Wahres oder Richtiges ausspricht. Hier bezeichnet Ovid Orpheus als *vates,* es bleibt abzuwarten, ob Orpheus dieser Rolle entspricht. Das Attribut *Rhodopeius* lässt nicht gerade das Beste ahnen. Die Rhodopen sind noch heute ein raues Gebirge. »Grenzland waren die Rhodopen immer schon. Die Antike nannte sie Thrakien und betrachtete das Gebirge als einen bestenfalls halbzivilisierten Landstrich, in dem sich Griechisches und Barbarisches mischte.«[47]

Überraschend ist schon der Gegensatz *vates – deflevit.* Es wird zwar gesagt, wen Orpheus beklagt, jedoch auch dies äußerst nüchtern mit dem Relativpronomen im relativischen Anschluss *quam,* kein Name, kein inniges Wort. Auch zu wem er klagt, erfahren wir nicht, sondern nur dass er es *ad superas auras* tut, so als hätte er gar kein gezieltes Gegenüber, sondern nur die Lüfte an der Oberwelt, er singt hinaus ohne Zielpublikum. Irgendwann scheint ihm dies auszureichen, Ovid sagt, er hat sie genügend beweint *(satis),* so als handelte es sich um eine Pflichtübung oder um ein quantitatives Bewerten seiner Klage.

Überraschend ist dann auch, dass seinem Abstieg in die Unterwelt eine Erklärung über sein damit verbundenes Ziel vorangestellt wird. Die Voranstellung ist normal, Absichtssätze stehen vorn im Satzgefüge, weil die Absicht der Ausführung

47 Adam, K.: Der Kommandeur geht ein paar Schritte mit. Grenzgänge auf dem Balkan: Zu Fuß unterwegs in den Rhodopen, in: Frankfurter Allgemeine Zeitung v. 12.12. 1998, S. R 7.

vorangeht. Aber worin die Absicht liegt, ist überraschend: *ne non temptaret et umbras,* er will auch die Schatten nicht unversucht lassen. Sein Motiv scheint also Ehrgeiz zu sein, Ehrgeiz, gegen den Tod anzukämpfen und eine Änderung des Schicksals zu erreichen. Dies ist als Frevel, Hybris, *superbia* bekannt. Schüler fragen auch, wie überhaupt ein Eindringen über den Styx in die Unterwelt möglich war. Man wird es nicht erklären können außer mit Motiven ehrenwerter oder niederträchtiger Art. Orpheus wird im Mittelalter als Gegenbild zu Herkules angesehen. Herkules steigt aus Pflichtbewusstsein in die Unterwelt, um Ungeheuer zu beseitigen oder unrechtmäßig Festgehaltene an die Oberwelt zu bekommen. Orpheus aber steigt in die Unterwelt, um seiner erotischen Lust zum Durchbruch zu verhelfen, also aus unmoralischen Gründen. Coluccio Salutati (1331–1406, vgl. B 6c zu T 10) unterscheidet daher in seinem Werk *Die Arbeiten des Herkules (De laboribus Herculis)* einen »tugendvollen Abstieg« in die Unterwelt *(virtuosus inferorum descensus)* und einen lasterhaften Abstieg *(descensus vitiosus).* Andere, die in die Unterwelt hinabgestiegen sind, nehmen Rücksprache mit ihrem Vater, so Aeneas in Vergils *Aeneis,* wobei er aber vorher durch die Pforten des Traumes geht, sein Gang in die Unterwelt also in ein undeutliches Licht gerückt wird; oder sie nehmen Rücksprache mit der Vergangenheit wie Odysseus in Homers *Odyssee.* Ovid sagt, Orpheus habe sich zu dem Risiko eines Hinabsteigens in die Unterwelt entschlossen, *ausus est. Audere* meint Rücksichtslosigkeit gegenüber sich selbst und gegenüber anderen, also sowohl Risikofreude und rückhaltlosen Einsatz als auch Zudringlichkeit und Verwegenheit.

Sein Einstieg in die Unterwelt wird genau beschrieben, er erfolgt an der Taenarischen Pforte. Diese ist in Lakonien, Orpheus hat also schon einen weiten Teil Griechenlands durchwandert, offenbar klagend und alle Welt in Kenntnis von seiner Trauer, aber auch von seiner Kunst setzend. Mit dem Wechsel vom Wort *Rhodopeius* zu *Taenara* wird neben der Länge des zurückgelegten Weges auch die Länge der verstrichenen Zeit dargestellt, die bereits mit *satis deflevit* ausgedrückt worden ist.

Es wird kein Orakel, keine Sibylle, kein Priester, kein Gott, keine Eingebung, kein Traum genannt, der ihn zu seinem Vorhaben bewegt, er hat keinen Begleiter. Auf der Stele, Abb. 6 (Textausgabe, S. 67), in der Oper *Orpheus* von Georg Philipp Telemann (vgl. B 8b zu T 10), im Holzschnitt von Gerhard Marcks (Abb. 7, Textausgabe, S. 67) und im Film von Marcel Camus (*Orfeu Negro,* B 9c zu T 10) hat er wenigstens Hermes, den Seelenbegleiter, oder einen Freund an seiner Seite. Sein Weg ist rücksichtslos und direkt. Er geht durch die Schatten hindurch und verweilt nicht bei ihnen: *per ... adiit.* Er sucht nicht etwa nach Eurydike oder lässt sich von irgendjemandem auf seinem Weg rühren, sondern bahnt sich zielbewusst seinen Weg zu den Herrschern der Unterwelt. Die Personen auf dem Weg und am Ziel werden in bezeichnender Weise geschildert: Die Personen auf dem Weg: *perque leves populos simulacraque functa sepulcro* (14). Es werden zwei Personengruppen geschildert, sie sind durch *-que* miteinander verbunden, sind also nicht identisch (was mit *atque* bezeichnet würde), sondern werden addiert: Erst geht er durch Völker, die leicht sind; hier werden die Menge und die frühere Irdischkeit als Staatsvolk im Nomen, die jetzige Schattenhaftigkeit im Attribut

leves betont. Dann geht er durch Schattenbilder hindurch, die ein offizielles Begräbnis hinter sich gebracht haben; hier ist das Ende des früheren irdischen Lebens in dem Attribut *sepulcro functa,* der erreichte unterirdische Zustand im Nomen *simulacra* geschildert. Wäre er langsamer und bewusster durch diese Schatten hindurchgegangen, dann wären ihm die Gleichförmigkeit *(populos),* die Überführung in einen anderen Zustand *(leves, simulacra),* die Endgültigkeit *(sepulcro functa)* aufgefallen und hätten ihn warnen können.
Die Personen am Ziel (15f.): Orpheus strebt, ohne die Personen auf dem Weg zu beachten, direkt zum Herrscherpaar. Von diesem wird zuerst Proserpina genannt; sie wird durch kein weiteres Attribut beschrieben, bleibt insofern gesichtslos. Von Hades oder Pluto wird zunächst mit dem Wort *inamoena* ein erster unerfreulicher Eindruck geliefert. Dann erfährt man von der Dauer seiner Herrschaft, *regna* steht im Plural, und jetzt weiß man, dass mit *inamoena* seine Herrschaft gemeint ist. Niemand mag sie, denn sie ist die über ein Schattenreich und sie ist endgültig und ewig. Dann folgen noch zwei durch Homoioteleuton gewichtig klingende Wörter am Schluss des Satzes und am Anfang einer neuen Verszeile: **umb**rar**um** domin**um**: Er geht zum Herrn über Schatten, die also seine Sklaven sind. Danach folgt eine Pause (Penthemimeres). Dann wird geschildert, wie er beginnt zu spielen (16b) und zu singen oder zu sprechen (17).
Die einzelnen Teile der Rede des Orpheus (siehe die Gliederung) gehen sehr organisch ohne Absatz ineinander über. Ihre Länge nimmt von Teil zu Teil ab, sodass die Kürze des Schlusses besonders eindringlich wirkt.

Allocutio (17–18): Orpheus beginnt mit der Anrede *O positi sub terra numina mundi.* Die Eröffnung mit *o* hat besonders feierlichen Charakter. Das Unterweltsreich heißt Welt, die unter der Erde liegt, ihre Götter heißen *numina.* Orpheus spricht den Herrscher der Unterwelt und seine Frau an (Plural *numina).* In einer Prädikation im Relativstil erkennt Orpheus die Sterblichkeit aller Schöpfung und damit den absoluten Herrschaftsanspruch der Unterweltsherrscher an (*in quem reccidimus, quicquid mortale creamur,* 18).
Narratio (19–24): Nach dieser Captatio benevolentiae kommt er auf sich selbst zu sprechen: Er wolle nur die Wahrheit sagen (19f.). Es gehört zur Technik der antiken Redekunst, den Eindruck von Lauterkeit und aufrichtiger Gesinnung zu machen und so sein gutes Wesen, sein Ethos, zu zeigen und gewinnend zu wirken. Aber Orpheus drückt diesen Gedanken derart verdreht aus, dass eine Beleidigung der Unterweltsherrscher daraus wird: Orpheus tut so, als müssten die Unterweltsherrscher wahre Rede erst erlauben (*si licet et ... sinitis,* 19), er will ohne Umschweife und Wahres reden *falsi positis ambagibus oris / vera loqui* (19f.) – als ob anderes vor Göttern erlaubt wäre.
Unauffällig geht Orpheus vom Exordium zur Narratio über, aber in dieser Narratio redet er dann doch mit Umschweifen, indem er erst einmal zwei Finalgründe für sein Kommen rhetorisch und antithetisch ausschließt: Unterweltstourismus, Heldentaten. Er komme weder aus Neugier (*ut opaca viderem / Tartara,* 20f.) noch um Heldentaten zu vollbringen (21f.). Sein Motiv ist also nach seiner Behauptung nicht persönliche Eitelkeit. Auch dieser Punkt dient dazu, Orpheus

seinen Zuhörern sympathisch zu machen. Er spielt sogar auf Herkules an, der in die Unterwelt gegangen ist, um den Höllenhund Cerberus zu Eurystheus zu bringen (vgl. Coluccio Salutatis Differenzierung von *virtuosus inferorum descensus* und *descensus vitiosus).* Aber wieder wird aus dieser Selbstempfehlung eine Herabwürdigung eines anderen, hier des Herkules.

Dann schildert er die tatsächliche Ursache seines Kommens: *Causa viae est coniunx* (23), er komme um seiner Frau willen. Er schildert den Biss der Schlange aktivisch, aber als Reaktion der Schlange darauf, dass auf sie getreten wurde; er sagt nicht ausdrücklich, wer auf sie getreten hat, aber es wird durch *in quam*, das vor *calcata* steht, angedeutet. Orpheus schildert die Reaktion der Schlange ähnlich medizinisch wie vorher Ovid in eigenem Namen (10): *venenum / vipera diffudit* (23f.). Das Ergebnis wird nicht mit *atque* gleichgeordnet und gleichgestellt, sondern mit *-que* angereiht: *crescentesque abstulit annos.* Der Ausdruck *crescentes annos* weist auf die Frühzeitigkeit des Todes Eurydikes hin; er unterstellt, dass sie ihr Leben noch nicht zu Ende gelebt und als zur Unzeit Verstorbene *(âhoros)* einen Anspruch auf Rückkehr habe. Anders als in der Darstellung Ovids im eigenen Namen (8–10) wird also eine Schlange für den Tod verantwortlich gemacht und mit dem Hinweis auf den frühen Tod Mitleid und Rührung angestrebt.

Argumentatio (25–37): Ebenso organisch wie der Übergang vom Exordium zur Narratio ist der Übergang von der Narratio zur Argumentatio. Orpheus beginnt mit der Darstellung seiner Reaktion auf den Verlust Eurydikes. Allerdings drückt er in v. 25 den Versuch eines Hinnehmens überraschend aus: Erstens mit drei Verbformen hintereinander (wie das bayerische »wollen hat er schon dürfen, aber dürfen hat er nicht gekonnt«): Orpheus wollte – fähig sein zum Hinnehmen! (*posse pati volui,* 825); zweitens mit der doppelten Verneinung *nec negabo,* was ein starkes »Ich bekenne« ausdrückt. Wieder seine Behauptung, das Hinnehmen müsse bekannt werden – was völliger Unsinn ist, denn das Hinnehmen ist das, was von ihm verlangt wird. Orpheus ist recht stolz und verdreht die Verhältnisse bzw. verkennt die Bedingungen der Unterwelt und des menschlichen Lebens.

Er bekennt sich stolz zum Gott Amor, der an der Oberwelt herrscht; die zweimalige Stellung von *Amor* am Satzschluss in v. 26 und v. 28 betont dies. Sein Verweis auf die eventuelle Herrschaft Amors auch in der Unterwelt stellt einen Gott gegen einen anderen und ist respektlos. In Hugo von Hofmannsthals *Salome* sagt Salome: »Aber das Geheimnis der Liebe ist größer als das Geheimnis des Todes.« Orpheus verkennt, dass man es auch umgekehrt sehen könnte: Selbst über Amor siegt der Tod, siegen die Herrscher der Unterwelt; der Tod regiert überall (das berühmte *et in Arcadia ego* Sannazaros). Orpheus scheint diesen Kampf zwischen Liebe und Tod austragen zu wollen und versucht doch nur sein Künstlertum zu behaupten.

Fast beleidigend sind sein Zweifel, ob Amor auch in der Unterwelt herrscht (*an sit et hic, dubito,* 27), und dann seine vorsichtige Aussage zur Macht Amors über das Herrscherpaar der Unterwelt (*Sed et hic tamen auguror esse, / famaque si veteris non est mentita rapinae, / vos quoque iunxit Amor,* 27–29). Die Anspielung auf die Entführung Proserpinas durch Pluto ist ebenfalls nicht nur positiv zu sehen, sondern könnte auch als ein Affront aufgefasst werden, freilich als ein ungewollter.

Denn Proserpinas Entführung brachte ihr und ihrer Mutter Demeter Leiden und veränderte die Welt, weil Proserpina einen Teil des Jahres in der Unterwelt verbringen muss und während dieser Zeit die irdische Vegetation anhält. *Vicit Amor* ist insofern fast eine Beschönigung der Entführung Proserpinas durch den Unterweltsherrscher. Orpheus kann sich aber keineswegs auf eine Parallele der Paare Orpheus–Eurydike und Pluto–Proserpina berufen. Orpheus ist kein Gott und kein Herrscher, Eurydike ist nicht Tochter einer Göttin und kann keine Ausnahmeregelung beanspruchen. Selbst Proserpina darf nur zeitweise an der Oberwelt sein. Die Berufung auf das Verhältnis von Pluto und Proserpina ist also gefährlich selbst dann, wenn eine Parallele gezogen werden dürfte: Eine Rückkehr aus der Unterwelt an die Oberwelt ist zeitlich begrenzt. Und der Raubzug eines Gottes (*rapinae,* 28) kann nicht von einem Menschen nachgeahmt werden.

In v. 29f. betont dann Orpheus doch, wie viel Stärke und Heldentum er aufwenden musste, um zu den Herrschern der Unterwelt zu kommen, auch wenn er die scheußliche Umwelt eigentlich nur als Zeugen benennt. Aber was sind das für Zeugen oder warum bittet Orpheus gerade bei ihnen? Sie sind den Unterweltsherrschern unterworfen, nicht umgekehrt der Unterweltsherrscher dem Ort und dem Chaos und dem Schweigen verpflichtet. Man müsste gerade bei dem Gegenteil ums Leben bitten, die hier genannten Zeugen sind eher solche für die Bitte um den Tod.

Auch seine Bitte um Eurydikes Leben ist vermessen. Er sagt: *Eurydices ... properata retexite fata* (v. 31). In *properata* steckt ein Vorwurf, als wüsste es Orpheus besser als das Schicksal.

In beeindruckender Formulierung fügt er ein Bekenntnis zur Verfallenheit an die Unterwelt und zur Sterblichkeit der Menschen an: *Omnia debemur vobis, paulumque morati / serius aut citius sedem properamus ad unam* (32f.). Er formuliert aber nicht generell, sagt nicht *sedem properamus ad unam,* sondern macht zwei bezeichnende Zusätze: *paulum morati* zeigt, wie kurz das Leben der Menschen ist; *serius aut citius* lässt zunächst eine Alternative offen, ob man innerhalb dieses kurzen Lebens schneller oder langsamer sein Leben verliert; das sieht wie eine Ergebenheitsadresse aus, weil es beides den angeredeten Herrschern zu überlassen scheint. Aber *aut* zeigt, dass Orpheus von zwei einander ausschließenden Alternativen spricht, und wenig später will er dann genau die zweite Alternative *citius,* die Eurydike getroffen hat, ausschließen, sie soll für sie und damit auch für ihn nicht gelten. Das ist ein rhetorischer Trick. Wie ernst kann das gemeint sein, wenn er aus dem *serius aut citius* (v. 33) eine Zurücknahme des *citius* machen will? Orpheus ist ein Rhetor, der Glaubwürdigkeitsprobleme bereitet. In v. 36 maßt er schließlich sich selbst die Entscheidung an, wann Eurydike die Oberwelt verlassen wird. Auch dies beginnt wieder mit dem Zugeständnis, dass auch Eurydike der Sterblichkeit unterworfen ist: *haec quoque;* aber dann schränkt er ein: *cum iustos matura peregerit annos;* mit dem Wort *iustos* beginnt er zu rechten, es meint erst nur »angemessen«, aber es wird zu einem Vorwurf der Unangemessenheit und Unrechtlichkeit. Durch das Wort *matura* kommt wie in v. 24 durch *crescentes* eine biologische Vorstellung ins Spiel. Orpheus versucht hier, ein Menschenrecht mit Argumenten aus der Natur zu begründen. Die Allmacht des Todes finde ihre

Grenze im Naturrecht des Menschen auf ein Leben, das voll ausgereift ist. Aber jeder weiß: Der Tod hält sich nicht an ein solches Recht. Orpheus macht damit dem Tod seine Macht streitig, will sie regulieren.

Die Argumentatio endet mit seinem Antrag: *Pro munere poscimus usum.* Orpheus setzt seine rechtliche Argumentation fort. Er bleibt im Rahmen des positiven Rechts; er erkennt an, dass Eurydike Eigentum der Unterweltsgötter ist, und verlangt im Sinne des römischen Rechtes für sich nur den *usus fructus.* Aber das ist dennoch völlig unangemessen: Er stellt Forderungen und zwar im Pluralis maiestatis. Er wünscht Nießbrauch eines Menschen! Das ist insofern juristisch verfehlt, weil Nießbrauch sich auf Eigentumsverhältnisse an Sachen bezieht. Damit ist seine Forderung auch eine Beleidigung für Eurydike.

Peroratio (38–39): Auf die juristische Argumentation folgt als Peroratio die Ankündigung notfalls in der Unterwelt zu bleiben. Auch sie ist zweideutig und zweischneidig. Man kann sie als verzweifelte Provokation ansehen, die zum Widerspruch herausfordern soll. Aber er meint doch, drohen zu können: Bekommt er nicht seinen Willen, dann bleibt er einfach in der Unterwelt – auch wenn es deren Herrscher vielleicht gar nicht wollen. Er meint, über seinen Aufenthaltsort und damit über seinen Tod entscheiden zu können. Er beansprucht für sich dasselbe Wahlrecht wie für Eurydike. Das ist erneut eine völlige Verkennung der menschlichen Existenzbedingungen. Sein Pathos (vgl. B 4 zu T 10) steigert sich bis zu dem aggressiven Schlusssatz: *leto gaudete duorum* (39). Er unterstellt den Unterweltsherrschern innere Freude am Tod der Menschen.

40–52

Wie reagieren die Unterweltsherrscher auf diese vermessene Rede? Ovid schildert zunächst die Reaktion der Unterwelt insgesamt. Diese bekommt in dieser Reaktion menschliche Züge und Konturen. Vorher hieß sie ja in Ovids Schilderung *leves populos simulacraque functa sepulcro* (14), in Orpheus' Äußerungen sogar *loca plena timoris* (29) und *Chaos hoc ingens vastique silentia regni* (30). Ovid beginnt mit dem denkbar größten Gegensatz: *exsangues flebant animae* (42). Durch das Hyperbaton stehen *exsangues* und *flebant* zusammen, eigentlich schließt sich beides aus. Die Reaktion setzt bereits ein, während Orpheus redet und seine Leier spielt (*dicentem, moventem,* 41: Partizipien der Gleichzeitigkeit). Und die Reaktion hält an (Imperfekt *flebant).* Die Partizipien der Gleichzeitigkeit vermeiden die Darstellung eines direkt kausalen Zusammenhangs, der vorzeitig wäre (der Grund liegt früher als die Folge vor). Vielmehr weinen die Seelen über Orpheus, als er die von Ovid vorher dargestellten Worte sagt und dazu spielt. Sie haben möglicherweise ihre eigenen Gedanken dazu.

Dann werden einzelne Büßer in ihrer Reaktion dargestellt, jetzt im historischen Perfekt: Tantalus 41, das Rad Ixions 42, die Geier an der Leber des Tityos, die Beliden 43, Sisyphus 44, die Eumeniden 45f. Orpheus hat das normale Geschehen in der Unterwelt zum Stillstand gebracht oder unangenehme Tiere (Geier), Sachen (Rad), Geister (Eumeniden) zur zeitweiligen Funktionslosigkeit oder Funktionsänderung gebracht. Es steht nicht da, dass die Unterweltsbüßer und die Geier vor Rührung ihre Tätigkeit einstellen. Vielmehr schildert Ovid nur, dass sie ihre Tätigkeit unterbrechen oder beenden. Und nur durch dieses anreihende *nec – -que – nec – -que – -que* in den vv. 41–44 werden die im Perfekt geschilderten Vorgänge überhaupt mit dem im Imperfekt geschilderten Vorgang des v. 40f. verbunden. Sie reagieren also wie alle *animae* auf Orpheus, und zwar auf seine gezielte Rede *(talia dicentem)* und auf seine Musik *(nervosque ad verba moventem).*

Ovid gestaltet zudem die Schilderung der Unterbrechung der einzelnen Bußvorgänge mit großer Differenzierung. Nachdem von den Seelen gesagt ist, dass sie Orpheus beweinten, und dies in den Zusammenhang mit *dicentem* und *moventem* gebracht worden ist, werden die Unterweltsbüßer mit Aktionen genannt, die andere Objekte haben als Orpheus oder gar keines benötigen, ihre Tätigkeiten sind nicht aktiv, sondern ein Einhalten mit anderer Tätigkeit, diese werden als Objekte genannt.

Erst bei den Eumeniden wird wieder deutlich gesagt, dass die Wirkung des Liedes die Ursache ihrer Verhaltensänderung ist: *lacrimis victarum carmine ... Eumenidum genas* (45f.). Bezeichnend, dass ihre Wangen formales Subjekt im A.c.i. sind und Ovid distanziert mit *tunc primum* und *fama est* berichtet. Erst bei den Eumeniden ist auch wieder wie bei den blutleeren Seelen von Tränen die Rede (*flebant,* 41 – *lacrimis ... maduisse,* 45f.). Ist das Mitleid oder ist es Kunstgenuss? Man kann es nicht trennen, aber man muss sehen, dass es nicht das Leid Eurydikes ist, sondern das Leid des Orpheus, auf das die *animae,* die Eumeniden und die Büßer reagieren und dies auch nur, weil Orpheus sein Leid für sie wirkungsvoll vorträgt. Es ist ein Mitleiden, eine *sympatheia,* denn sie alle sind im Leid erfahren. Im Einzelnen: Bei Tantalus (41) hört man zuerst den Namen und dann, dass er mit dem Schnappen nach dem Wasser aufhört (*refugam* wirkungsvoll durch Hyperbaton von *undam* getrennt). Bei Ixion sieht man zuerst das Staunen (*stupuit,* 42) und es ist das Rad, das staunt; die Enallage zeigt, dass mehr als Bewegung von Personen gemeint ist, es geht um den Stillstand des Unterweltalltags. Bei den Geiern steht das Beenden des Fressens an der Leber voran (43), bei den Beliden das Aufhören des Wasserschöpfens (43). Bei Sisyphus verwendet Ovid eine Apostrophe, er redet ihn direkt an; und er stellt fast ein Paradoxon dar: Jeder weiß, dass Sisyphus ewig seinen Felsen (Ovid sagt eigens *tuo saxo)* bergauf rollen muss, also hinter dem Felsbrocken steht, jetzt heißt es: *inque tuo sedisti, Sisyphe, saxo:* der Stein *(tuo – saxo)* ist auf allen Seiten um Sisyphus herum (abbildende Wortstellung). Das Weinen der Eumeniden wird distanziert als kaum glaublich erzählt (*fama est; primum,* Subjekt sind die Wangen, nicht die Eumeniden). Weinen steht am Anfang (40f.) und am Ende der Schilderung (45f.), aber wie gesagt keines der Rührung, sondern eher eines der Trauer über das Menschenleben an sich und die Aussichtslosigkeit des Tuns des Orpheus.

Die Reaktion der Unterweltsherrscher wird mit zwei weiteren *nec* angeschlossen, setzt somit die Reihe der davor geschilderten Reaktionen konsequent fort. Ovid nennt erst Proserpina und bescheibt sie als Frau des Unterweltsherrschers: *regia coniunx* (46); dann erst nennt er die Spitze der Hierarchie, Pluto: *qui regit ima* (47). Ihre Reaktion ist aber offenbar gleichzeitig, wofür nicht nur das gleichordnende *nec – nec* spricht, sondern die Verteilung der Aussagen zur Reaktion: *sustinet* steht nach *regia coniunx,* das Objekt zu *sustinet* aber erst nach *qui regit ima: negare.* Beide halten es nicht aus oder nehmen es nicht auf sich, Orpheus bei seiner Rede oder Bitte (beides meint *oranti)* Nein zu sagen.[48] Scheint also die Macht der Liebe doch größer als die des Todes? Oder war es die Macht der Rede und des Gesangs? Deutlich sagt Ovid es nicht. Die Unterweltsherrscher lassen sich trotz der Kühnheit oder gar Vermessenheit der Rede des Orpheus von seinem Einsatz ebenso bewegen, wie sie sich von Herkules bewegen ließen.

Die Vorbereitungen, seine Bitte zu erfüllen, werden kurz geschildert. Sie rufen Eurydike, was mit einfachem *-que* angeschlossen wird. Eurydike wird kurz in ihrem derzeitigen Zustand geschildert: Sie lebt unter den Schatten, aber ist noch von der Todesursache geprägt, ihr Fuß lahmt (48f.; v. 49 zeigt dies auch metrisch: Eurydike fällt im Gleichschritt der Schatten durch ihren langsamen oder hinkenden Gang auf).

Orpheus erhält sie mit dem Gebot, sich nicht nach ihr umzudrehen, bevor er die Oberwelt erreicht; oder die Geschenke würden ungültig (50–52). Ovid betont die Gleichzeitigkeit oder Kopplung von Rückgabe Eurydikes und Gebot: *hanc simul et legem* (52). Das Gebot ist ein gültiges Gesetz (*legem,* 52). Orpheus wird nicht als Sänger bezeichnet, sondern als *Rhodopeius heros* (52). Die Umschreibung verweigert ihm die Bezeichnung Sänger oder gar *vates,* die er in vv. 11f. bekommen hatte *(Rhodopeius ... vates).* Man weiß nicht, ob die Bezeichnung rückwirkend oder vorausschauend gesagt ist. Hat Orpheus Heldentum gezeigt, indem er in die Unterwelt ging und gegen den frühen Tod Eurydikes protestierte oder wird sein Heldentum nun erst richtig gefordert? Die frühere Bezeichnung *Rhodopeius vates* hatte sich in der Unterwelt nur in der Weise erfüllt, dass er als Sänger, und zwar in relativ wilder Form, auftrat. Warum wird Orpheus Held sein müssen? Das Gesetz ist fast nicht zu erfüllen. Es fordert, von menschlichen Regungen abzusehen, sich nicht nach Eurydike umzudrehen, die ja gerade als von der Schlangenwunde noch behindert geschildert worden ist. Die Strafe wird in einer knappen indirekten Rede geschildert, die an *a*-Lauten reich ist und klagend wirkt: *aut inrita dona futura.*

53–63

Bei der Schilderung des Aufstiegs häufen sich Adjektive, die Dunkelheit, Schwierigkeit und düstere Stimmung charakterisieren. Jetzt entspricht die Umgebung wieder dem, was Orpheus selbst in seiner Rede düster geschildert hatte (29f.). Es ist eine sinnenfeindliche Umgebung, das Sehen ist schwierig. Vor allem aber ist

48 *Sustinere* mit Infinitivergänzung meint nicht wie *sustinere* + Akk. + Partizip: »nicht ertragen, dass jemand etwas tut«, sondern ist zurückhaltender. Die Unterweltsherrscher wollen einfach nicht Nein sagen; ob das an der Rede des Orpheus liegt, wird wegen des Dativs *oranti* nicht deutlich, der ja Prädikativum zu einem zu ergänzenden *Orpheo* ist, das von *negare* und nicht von *sustinet* abhängt; *oranti* ist zudem gleichzeitig. Vgl. zu *sustinere* + Inf. Kühner, R./Stegmann, C.: Ausführliche Grammatik der lateinischen Sprache, II. Teil: Satzlehre, 1. Band, 4. Aufl. Darmstadt 1962, S. 675 (§ 124, Anm. 1c).

die Gegend jetzt wieder lautlos. Nur durch Orpheus war ja Sprache und Gesang in die Unterwelt gekommen. Selbst bei den Reaktionen der Unterwelt (41–47) fand sich kein einziger Ausdruck des Redens oder Hörens bis auf das *vocant* der Herrscher (48). Ihr Gebot wurde in indirekter Rede wiedergegeben (51f.). Jetzt beim Aufstieg ist wieder alles lautlos. Der Weg ist unheimlich und unterweltsartig (53f.). Lautlosigkeit ist nicht menschlich. Orpheus fürchtet, Eurydike zu verlieren, ist voller Verlangen, sie zu sehen (56), und dreht sich nach ihr um (*flexit amans oculos,* 57). Er folgt Verhaltensweisen lebender Menschen. Liebe bewegt ihn, das Gebot zu übertreten und damit erneut gegen Gesetze der Unterwelt zu verstoßen, jetzt aber wirkt die Liebe real als Affekt und schädlich, in seiner Rede war sie mehr als rhetorisches Mittel der Affekterregung eingesetzt.

Hier, im entscheidenden Augenblick, wird Ovid wieder geradezu lakonisch: *flexit amans oculos: et protinus illa relapsa est* (57). Die folgenden zwei Verse sprechen nicht, wie man manchmal angenommen hat, von Orpheus, sondern von Eurydike, von der auch vorher und nachher die Rede ist. Nur zu Eurydike passt auch der Wunsch »sich festhalten zu lassen« *(prendi).* Vielleicht ist damit ausgedrückt, dass auch Orpheus die Hände ausstreckt, im Zentrum der Darstellung stehen aber Eurydike und ihr Todeskampf: *bracchiaque intendens prendique et prendere certans,* 58. Ovid erlebt das Geschehen nach dem Wendepunkt aus der Sicht Eurydikes. Die Koppelung *prendique et prendere* zeigt noch einmal das Streben der beiden zueinander. Aber dann erfolgt die endgültige Trennung. Was an die Oberwelt gehört, muss an die Oberwelt. Was in die Unterwelt gehört, muss in die Unterwelt: *nil nisi cedentes infelix arripit auras* (59). Aber sie beklagt sich doch nicht über ihren Mann. In Parenthese verweist Ovid noch einmal auf die Liebe als entscheidendes Motiv: *quid enim nisi se quereretur amatam?* (61). Eurydike stirbt endgültig: *Supremumque »vale!« ... dixit revolutaque rursus eodem est* (62). Wieder erlischt aller Klang und die Szene wird geräuschlos: Orpheus kann sie kaum hören (*quod iam vix auribus ille / acciperet,* 62f.).

64–85

Erst jetzt kehrt der Dichter zum Seelenzustand des Orpheus zurück. Hier steigert er das Pathos (wie auch bei Eurydike), indem er Orpheus schweigen lässt. Nur ein Gleichnis (64–67) kann ausdrücken, wie dem Sänger zumute ist: Vom doppelten Tod seiner Gattin ist Orpheus so betroffen wie ein Mann, der angstvoll die drei Hälse des Höllenhundes erblickte und vor Schrecken zu Stein wurde. Wie zuversichtlich hatte Orpheus in seiner Rede gesagt, er sei nicht gekommen, um den Höllenhund zu sehen! Das Gleichnis entlarvt diese Zuversicht rückblickend als tragische Ironie. Ovid fügt zur Erläuterung noch zwei weitere, wenig bekannte Gestalten an, deren Schicksal auf eine gemeinsame Versteinerung hinausläuft (68–71). Die Gelehrsamkeit bringt eine gewisse Abkühlung, die aber zu der vom Dichter gewünschten Distanzierung beiträgt – und damit den Leser zum Nachdenken anregt. Eine Figur des Mythos wird mit anderen Figuren des Mythos verglichen, so werden eine Allgemeinheit des Schicksals des Orpheus und eine Gemeinsamkeit des Lebens aller Menschen deutlich.

Da es sich um die Versteinerung eines Menschenpaares handelt, ist hier unter dem Eispanzer der Mythologie die ergreifende Tatsache angedeutet, dass Orpheus Eurydikes Tod innerlich miterlebt und sein eigenes (langsames) Sterben beginnt. Der Schluss seines Gesanges (39f.), trotzig und provozierend gemeint, wird wahr.

Später findet Orpheus wieder bittende Worte und versucht erneut in die Unterwelt einzudringen. Aber eine Wiederholung des unerlaubten Grenzübertritts wird ihm verwehrt (72f.). Orpheus, obwohl selbst seines Lebensinhalts beraubt, hat immer noch nicht voll gelernt, den Tod zu akzeptieren. Sieben Tage fastet er am Ufer des Totenflusses und kehrt schließlich in sein thrakisches Heimatgebirge zurück. Sein Verhältnis zu den Herrschern der Unterwelt ist schlechter geworden. In seinem Lied vv. 17–39 hatte er noch einige lobende Worte zu finden gesucht (29; 36f.). Jetzt beklagt er nur noch die Grausamkeit der Unterweltsherrscher (*esse deos Erebi crudeles,* 76). Darin liegt ein gewaltiger Unterschied zu Eurydike, die sich (v. 61) nicht über ihren Mann beklagte, also auch nicht über sein Fehlverhalten, dass er sich umdrehte und gegen das Gesetz der Unterweltsherrscher verstieß. Sie wusste, dass Orpheus menschlich gehandelt hat und aus Liebe. Sie akzeptierte aber auch, dass ihr Tod endgültig ist, klagte nicht, dass er zu früh erfolgt sei, akzeptierte das Handeln der Unterweltsherrscher und erkannte ihre absolute Macht an. Für Orpheus hingegen wird das Gebiet, in das er sich zurückzieht und das seine Heimat ist, Ausdruck seines unruhigen und hin und her gepeitschten Seelenzustands: *in altam / se recipit Rhodopen pulsumque aquilonibus Haemum* (76f.), ein frühes Zeugnis für die Landschaft als Spiegel der Seele.

Nach drei Jahren ohne Frauenliebe (Ovid lässt offen, ob wegen der schlechten Erfahrung oder aus Treue, 80f.) hat der Spröde sich viele Feindinnen gemacht. Er lehrt die Thraker die Knabenliebe (83–85), die auch in den anschließenden Gesängen des Orpheus eine Rolle spielen wird. Der Verzicht auf Frauenliebe (der auch in der Vorgeschichte der Pygmalion-Erzählung wiederkehrt) wird zur Ursache von Orpheus' Tod werden, von dem der Anfang des elften Buches handelt.

Rezeption des Orpheus-Mythos und ihre Berücksichtigung im Unterricht

Der Orpheus-Mythos hat so viele Bearbeitungen vor und nach Ovid erfahren, dass diese nur in einer kleiner Auswahl im Unterricht bearbeitet werden können. Die Abbildungen in der Textausgabe genießen dabei ebenso Vorrang wie die musikalischen und filmischen Bearbeitungen, die ja immerhin den Musiker und Künstler Orpheus hervortreten lassen.

Projekte

Ein Orpheus-Projekt stellt Ute Schmidt-Berger: Metamorphosen des Orpheus, in: Der Altsprachliche Unterricht 38/4+5, 1995, S. 128–162 vor: ORPHEUS in Text und Bild von der Antike bis zur Moderne. Ein fächerübergreifendes Unterrichtsprojekt der Kollegstufe (Musik – antike und deutsche Literatur – Bildende Kunst). Die Darstellung in diesem Lehrerkommentar verdankt viele Anregungen Dagmar Vorkoeper und ihren Klassen an der Schillerschule Bochum (vgl. auch ÜA 19, S. 73 der Textausgabe).

Bildende Kunst

Wegen der Zweischneidigkeit der Haltung des Orpheus bei Ovid erscheint es nicht sinnvoll, den Einstieg in die gesamte Lektüre mit dem Relief (Abb. 6, S. 67) zu unternehmen (so Schmidt-Berger). Das könnte eine Festlegung auf die Macht des Gesangs oder eine ähnliche Thematik bewirken und von der uneinsichtigen Haltung des Orpheus ablenken. Dagegen kann natürlich die Darstellung Ovids mit der auf dem Relief verglichen werden und dieses wiederum mit dem Holzschnitt von Marcks (Abb. 7, S. 67). Egon Römisch formuliert als Ergebnis eines Vergleichs von Ovids Text und dem Relief: »Auf dem Relief also ist es nicht ein Griff ins Leere, sondern die wechselseitigen Berührungen sind Zeichen der Verbindung [Orpheus und Eurydike] oder der Zugehörigigkeit bzw. des Verfallenseins [Eurydike und Merkur]. Der Vergleich mit dem Relief kann demnach einen Beitrag zum Verständnis des Ovidtextes leisten: Erst wenn man Relief und Text nebeneinander sieht, spürt man die ›menschliche‹ Wärme des einen, die distanzierte Kälte des anderen. Nach dem Entgleiten der Eurydike fällt der Hades in seine eigene ›unmenschliche‹ Welt zurück. Die Funktion des Seelengeleiters Merkur nimmt dem Geschehen seine Härte, indem die Kommunikation die Vereinzelung aufhebt.«[49] Der Holzschnitt von Gerhard Marcks übernimmt zwar die Figur des Hermes aus dem Relief, scheint aber auch die Kühle Ovids zu akzeptieren (Beschreibung in der Textausgabe, S. 109f.).[50]

Andere literarische Deutungen des Orpheus-Mythos

a) Vergil

Der Vergleich mit Vergils Orpheus-Darstellung (A 10 zu T 10) wird bei einer Lektüre in der Mittelstufe wegfallen, in der Oberstufe könnte er vorgenommen werden. Bei Vergil erscheint Orpheus in einer Erzählung des Proteus, der den Zorn des Orpheus für den Tod von Bienen verantwortlich macht und dann die ganze Geschichte des Orpheus erzählt (*Georgica* 4,454–527). Es ist umstritten, wie organisch die Orpheus-Erzählung in den Zusammenhang der *Georgica* eingefügt ist.

Bei Vergil staunen die Unterweltsbewohner in der Tat über den Gesang des Orpheus und lassen sich von ihm bewegen (vgl. besonders *Georgica* 4,469–471). Das Verbot, sich nach Eurydike umzudrehen, wird erst erwähnt, als Orpheus es übertritt (492f.), es wird als bekannt vorausgesetzt. Für Vergil sind hier neben der Macht des Gesangs die Vergeblichkeit der Mühe des Orpheus und die Härte des

49 Römisch, Metamorphosen (s. Literaturverzeichnis), 64.

50 Ausführliche Übersichten und Darstellungen der Bildtradition zu Orpheus und Eurydike finden sich bei Reinhardt, U.: »Orpheus und Eurydike« – Bilder zum Text, in: Der Altsprachliche Unterricht 40/3, 1997, 80–96 und Reinhardt, U.: Ovids Metamorphosen in der modernen Kunst, s. Literaturverzeichnis. Weitergehende Deutungen versucht Wöhrmann, J.: Ein für alle Male ists Orpheus, wenn es singt. Eine mythisch-mythologische Gestalt in Text und Bild, in: Der Altsprachliche Unterricht 40/3, 1997, 21–35; er möchte aus vielerlei Fassungen des Mythos dem Schüler ein Sinnbild vermitteln, das ihn im Leben begleitet, und bezieht dazu auch moderne Plastiken ein.

Unterweltsherrschers wichtig (492f.). Vergil lässt Eurydike lange klagen (494–498). Sie hat ebenso wenig wie Orpheus Einsicht, während sie bei Ovid den Gegensatz zu Orpheus bildet und ihr Schicksal akzeptiert. Schließlich wirkt Orpheus auch nach Eurydikes Tod lange durch die Macht seines Gesangs (4,509f., 515f.) und selbst sein abgetrennter Kopf ruft nach Eurydike (523–526), während in Ovids Darstellung »die Leier irgendetwas zum Weinen klagt, die Zunge etwas zum Weinen flüstert, blutleer, und die Ufer (etwas) zum Weinen antworten« (11,52f.), also nicht pathetisch um Eurydike trauern. Ovid hat gerade in diesen Versen wie in einigen anderen deutliche Anspielungen auf Vergil – und setzt sich ebenso deutlich von ihm ab. Dabei geht es nicht nur darum, Vergils Darstellung weniger erhaben zu machen (so manche Interpreten[51]), vielmehr gewinnt bei Ovid das Schicksal des Orpheus gerade wegen seiner Verweigerung, die Bedingungen des menschlichen Lebens zu akzeptieren, Nähe und Größe zugleich.[52]

b) im Mittelalter

Dass die Motive des Orpheus für seinen Gang in die Unterwelt nicht nur positiv gesehen werden können, sondern auch eine recht lustbetonte oder egoistische Seite haben, ist im Mittelalter durchaus gesehen worden. Vgl. dazu B 6c-d zu T 10. Vgl. Heitmann, K.: Orpheus im Mittelalter, Archiv für Kulturgeschichte 45, 1963, S. 253–294; ders.: Typen der Deformierung antiker Mythen im Mittelalter. Am Beispiel der Orpheussage, in: Romanistisches Jahrbuch 14, 1963, S. 45–77. Ferner: Wlosok, Antonie: Allzu weltliche Lebenskunst. Orpheus als negatives Beispiel bei Christine de Pizan, in: Alföldy, Géza/Hölscher, Tonio/Kettemann, Rudolf/ Petersmann, Hubert (Hg.): Römische Lebenskunst. Interdisziplinäres Kolloquium zum 85. Geburtstag von Viktor Pöschl, Heidelberg 2.-4. Februar 1995, Heidelberg 1995, S. 155–168.

c) Rainer Maria Rilke

Zum Vergleich mit Rainer Maria Rilkes Gedicht *Orpheus Eurydike Herme:* vgl. Römisch, Egon (s. Literaturverzeichnis), S. 66–70.

d) Weiteres: vgl. in der Textausgabe B 7 zu T 10.

Der Orpheus-Mythos in Oper und komischer Oper

Die Opern von Monteverdi, Telemann, Gluck und Offenbach sind in der Textausgabe (B 8 zu T 10) ausführlich beschrieben. Um den Stoff nicht überborden zu lassen, ist dort die ebenso bedeutende Oper von Joseph Haydn (1732–1809) nicht berücksichtigt: *L'anima del filosofo ossia Orfeo ed Euridice,* Libretto: Carlo Francesco Badini. CD: Cecilia Bartoli (Euridice), Uwe Heilmann (Orfeo), Genio (Cecilia Bartoli). The Academy of Ancient Music Orchestra and Chorus on au-

51 Segal 1972 und 1989, Römisch 1976, Hill 1992, Döpp 1992, s. Literaturverzeichnis.

52 Albrecht, M. von, Das Buch der Verwandlungen (s. Literaturverzeichnis), 108 vergleicht sogar das Schicksal des Orpheus mit dem Ovids, wie er es in seinem Epilog andeutet.

thentic instruments, Dir.: Christopher Hogwood. L'Oiseau-Lyre 452 668–2 (so auf der Rückseite des Begleitbuchs). 452 669–2 71.54 und 452 670–2 52.32 (so im Verzeichnis der einzelnen Nummern S. 6 und 8).

Warum dreht sich Orpheus um? Begründungen in Literatur und Oper

Die Begründung dafür, warum sich Orpheus umdreht, ist eine Art Kernpunkt geworden beim Vergleich verschiedener Orpheusbarbeitungen (vgl. Textausgabe B 6e zu T 10). Vergil, *Georgica* 4,488: *subita dementia*; Ovid, *Metamorphosen* 10,57: *amans*; Ps.-Vergil, *Culex: oscula cara petens rupisti iussa deorum. Dignus amor venia, veniam si Tartara nossent;* Seneca, *Hercules furens* 588f.: *odit verus amor nec patitur moras: munus dum properat cernere, perdidit;* Seneca, *Hercules Oetaeus* 1085–1089: *sed dum respicit immemor nec credens sibi redditam Orpheus Eurydicen sequi, cantus praemia perdidit: quae nata est, iterum perit.*
In den in der Textausgabe oder in diesem Kommentar dargestellten Opern: *Monteverdi/Striggio:* »Doch während ich singe, ich Armer, wer versichert mir, dass sie mir folgt? Wer hält mir die geliebten Augen verborgen? Vielleicht der Neid der Götter des Avernus – damit mein Glück nicht voll wird – verbietet mir, euch anzusehen, holde, fröhliche Lichter, die ihr durch einen Blick beseligen könnt. – Was fürchtest du, mein Herz? Was Pluto verbietet, gebietet Amor. Einem mächtigeren Gott, dem Menschen und Götter folgen, muss ich wohl gehorchen.«
Telemann: Orpheus und Eurydike steigen hinauf. Eurydike hat Orpheus ihrer Liebe versichert. *Orpheus:* »Gleichwohl hält noch der Kummer an, den mein Gemüt empfindet, solang' ich dich nicht sehen kann.«
Gluck/Calzabigi: Eurydice macht Orpheus Vorwürfe wegen seiner Gleichgültigkeit ihr gegenüber. Bevor sie dies erdulden müsse, wolle sie lieber tot sein. Orpheus gibt ihr keine Erklärungen für sein Verhalten. Sie zeigt ihm ihre Verzweiflung. Da beginnt er sich umzudrehen – und sofort sinkt sie zu Boden.

Rezeption im Film

Von den filmischen Rezeptionen (vgl. B 9 zu T 10) eignet sich für die Schule, insbesondere bei Lektüre in einer 10. Klasse, am besten der Film *Orfeu negro.* Einige Probleme des Orpheus-Mythos sind in diesem Film umgangen oder transponiert.
Wie in Ovids Erzählung ist Orpheus als Erstes ein Sänger. Das rhodopeische Ungestüm des Orpheus gegenüber den Göttern der Unterwelt wird im Film zum Ungestüm gegenüber Frauen. Eurydike schätzt die Musik des Orpheus und mit ihrem endgültigen Tod verschwindet auch Orpheus, seine Musik wirkt in dem Jungen weiter, der sich am Ende als neuen Orpheus bezeichnet. Bei Ovid verstärkt der Tod und dann der endgültige Tod Eurydikes die musikalische Berufung oder Manie des Orpheus, erst in der Unterwelt, wo er Chaos hervorruft, dann an der Oberwelt, wo er die Frauen gegen sich aufbringt.
Eurydikes Hinabsinken ist im Film zum gemeinsamen Fall von dem Felsen geworden, das Sich-Umdrehen zu einem Rückwärtstreten zum Abhang. Bei Camus

lebt Eurydice, sie flieht vor dem Tod, bei Ovid stirbt Eurydike am Beginn der Darstellung, Orpheus flieht vor dem Tod.

Was Ovids Orpheus nach dem Verlust Eurydikes gegenüber anderen Frauen empfindet oder wie sie auf ihn wirken, das wird bei Camus ein Anlass zu Ovids Tod. Rhodope ist Brasilien geworden.

Hermes kommt bei Ovid überhaupt nicht vor. Im Relief von Neapel (Abb. 6, S. 67) und in dem Holzschnitt von Marcks (Abb. 7, S. 67) hat er eine vermittelnde Funktion; in Glucks Oper übernimmt Amor diese Rolle, in Haydns Oper der Genius. Ovids Orpheus ist auf sich gestellt, seine einzige Begleitung oder seine einzige Helferin ist die Musik und das ist auch Rhetorik. Selbst sie versagt am Ende gegenüber den Gesetzen der Unterwelt und das ist gegenüber dem Gesetz, unter dem die Menschen leben: Endlichkeit und Notwendigkeit zu sterben. In *Orfeu Negro* sind Orpheus und Eurydike in das Leben und in die Feste anderer Menschen integriert, obwohl sie nicht immer ganz hineinpassen. Bei Ovid sind sie im Hauptgeschehen isoliert.

Text 11: Epilog (Schlusswort, 15,871–879)

Ovid beendet die *Metamorphosen* mit der Darstellung seiner eigenen Unsterblichkeit. Sie und nicht die Apotheose Caesars (15,745–850) und der Wunsch, die Götter mögen sich noch Zeit mit der Apotheose des Augustus lassen (15,861–170), steht am Ende des Werks. Als Caesars größte Leistung, die zur Apotheose geführt habe, hebt Ovid hervor, dass er »Vater dieser Nachkommenschaft« ist (750: *sua progenies,* 751: *pater exstitit huius).* Er stellt die Apotheose als einen notwendigen Beschluss der Götter hin: Nur wenn Caesar ein Gott ist, kann Augustus von einem Gott abstammen (*ne foret hic igitur mortali semine cretus, ille deus faciendus erat,* 760f.). Man weiß, dass Augustus ein Adoptivsohn Caesars ist, und so wird diese Konstruktion brüchig. Die Darstellung der Apotheose Caesars geht mitten im Vers in die Darstellung des Augustus über (850): Kaum Stern geworden, gesteht Caesar, dass die Taten des Sohnes größer als seine sind, und freut sich, von ihm besiegt zu werden (*stella micat – natique videns benefacta fatetur/ esse suis maiora et vinci gaudet ab illo,* 850–851). An Augustus hebt Ovid hervor, dass er verbietet, dass seine Taten über die seines Vaters gestellt werden (852), dass aber die Rede der Menschen frei ist und sich nicht Befehlen unterwirft (*libera fama tamen nullisque obnoxia iussis,* 853). Ein zweifelhaftes Lob, denn hier wird die *libera fama* zwar für die Ausbreitung des Ruhms des Augustus verantwortlich gemacht, aber der Gegensatz von Verbot und freier Rede steht auch über dem Schicksal Ovids. Entsprechend zweischneidig könnte man sogar den Wunsch auffassen, die Götter mögen sich noch Zeit mit der Apotheose des Augustus lassen.

An seinem eigenen Werk *Metamorphosen* aber hebt Ovid hervor, weder Jupiters Zorn noch Feuer noch Schwert noch die gefräßige Zeit könnten es zerstören (15,871–872). Dann prophezeit er seine eigene Unsterblichkeit. Er greift damit

auf die Rühmung zurück die Horaz seinem Odenwerk (*carm.* 3,30) und sich selbst gegeben hat (B 1 zu T 11).
Es gibt wörtliche Übereinstimmungen: *exegi, quod,* Reihe negierter Vorstellungen, *edax, pars mei, qua, populi,* (*populorum,* in etwas anderem Zusammenhang). Manche Begriffe werden leicht variiert: *opus (monumentum). Poterit (possit), abolere (diruere), vetustas (annorum series et fuga temporum), cum volet ... aevi (non omnis moriar). Parte ... ferar (multaque pars mei vitabit Libitinam), nomenque erit indelebile nostrum (usque ego postera crescam laude recens). Quaque patet ... populi (dum Capitolium ... pontifex); legar (dicar).* Das Adjektiv *edax* wird zu *vetustas* gezogen.
Aber Ovid lässt Entscheidendes gegenüber Horaz aus: *Aere perennius; regalique situ pyramidum altius; imber; aquilo impotens; innumerabilis; multa; Libitina; crescam; Capitolium, virgo, pontifex; Aufidus, Daunus, agrestes populi* (die engere Heimat des Dichters); die technische Leistung des Dichters; die Aufforderung an Melpomene, den Dichter zu bekränzen.
Dafür fügt er das Folgende hinzu: *Iamque; Iovis ira; ignis, ferrum* (stärkere Zerstörungsmächte). Er lässt den Zeitpunkt seines Todes bewusst offen: *cum ... volet.* Er hebt den Gegensatz zwischen Leib und *pars melior* ausdrücklich hervor; er behauptet, dass der Tod nur über den Leib Macht hat, rechnet also mit der Unsterblichkeit der Seele. Der Ausdruck *pars melior* ist schärfer gefasst als *pars multa* bei Horaz (nicht quantitativer, sondern qualitativer Unterschied). Er schildert den Aufstieg des unsterblichen Teils der Person zu den Sternen. Somit verankert Ovid den Gedanken der Unsterblichkeit des Dichters in der Ideenwelt der *Metamorphosen* als logische Konsequenz aus den erzählten Verwandlungen. Es gibt für den Menschen, wie ihn Ovid zeigt, Möglichkeiten des Abstiegs zu niedrigeren Daseinsformen, aber auch des Aufstiegs zu höheren.
Ovid denkt hier offensichtlich an eine Unsterblichkeit in doppelter Gestalt: einmal als unsterbliche Seele, die zu den Sternen aufsteigt, zum anderen, ganz irdisch, als rezeptionsgeschichtliches Phänomen *(legar, fama).* Der Gedanke eines Fortlebens in zweifacher Form findet sich auch schon bei Horaz – allerdings nicht in Ode 3,30, sondern im Schlussgedicht des zweiten Buches (2,20). Die platonisierende Einbeziehung der unsterblichen Seele ist für Horaz problematisch; bei Ovid ist sie unausweichlich.
Der Metamorphosenepilog dürfte nach dem Verbannungsurteil verfasst worden sein: Die Anspielungen auf Jupiters Zorn lassen den Dichter in einer ähnlichen Opposition zu dem Machthaber erscheinen wie etwa Arachne zu Minerva (auch bei der Actaeon-Geschichte hat man an eine Abfassung nach dem Verbannungsurteil gedacht[53]). Als Paralleltexte bieten sich zahlreiche Gedichte aus den *Tristien* an; außer auf die Autobiographie (*trist.* 4,10) sei besonders auf *trist.* 3,7 hingewiesen[54]. Ovid beruft sich auf ein weltweites Leserpublikum, sogar gegen »Jupi-

53 Vgl. Pohlenz, M.: Die Abfassungszeit von Ovids Metamorphosen, in: Hermes 48, 1913, S. 11f. (zur Kontroverse hierüber s. Bömer, F., Metamorphosenkommentar, Heidelberg 1969, zu *met.* 3,142).

54 von Albrecht, M.: Ovid *(trist.* 3,7): An eine junge Dichterin, in: Römische Poesie, Heidelberg 1976, S. 219–230.

ters Zorn«; Horaz dagegen weiß sich im Einklang mit der Zentralgewalt und gründet seine Unsterblichkeit auf den Fortbestand der römischen Staatsreligion (3,30). Der Unterschied hängt einmal damit zusammen, dass Ovid mit einer größeren Zahl von Lesern rechnen kann (er ist schon zu Lebzeiten der meistgelesene lateinische Autor), zum anderen mit dem verschiedenen Verlauf ihrer Lebenskurven: Horaz erlebt in jungen Jahren eine Katastrophe, die sein ganzes Leben verändert, Ovid erst im reiferen Alter. So kann sich Horaz eine neue geistige Existenz aufbauen, die einigermaßen im Einklang mit seiner politischen Umwelt steht, während Ovid völlig aus der Bahn geworfen wird und bis an sein Lebensende in einer extremen Randposition ausharren muss. In einer solchen Lage ist die Identifikation mit dem Staatskult nicht mehr tragfähig genug; der Rückgriff auf metaphysische (Unsterblichkeit der Seele) und literatursoziologische Argumente (Leserpublikum) ist beinahe unausweichlich.

Der Vergleich mit Horazens Oden 2,20 und 3,30 wird eher nur nur in Leistungskursen erfolgen können. Bei einer Metamorphosenlektüre in der 10. Jahrgangsstufe könnte der Epilog übersetzt oder referiert und mit den Apotheosen Caesars und des Augustus verglichen werden. Dass Ovid nicht unrecht hatte, kann dann die Lektüre von B 3 zu T 11 (»Flaschenpost aus der Antike«) zeigen. Dieser Begleittext ist zwar auch voraussetzungsreich. Aber durch die Lektüre einiger Metamorphosen (meistens *Pyramus und Thisbe, Narcissus, Daedalus und Icarus, Orpheus,* bisweilen *Phaëthon* und *Niobe)* und durch die Berücksichtigung der Rezeption in Gemälden, anderen literarischen Werken, Musik und Film wird der Begleittext nachvollziehbar. Dann kann auch der Horaztext (B 1 zu T 11) auf Deutsch gelesen und mit Ovids Text verglichen werden. Darauf kann sowohl die Einordnung in die *Metamorphosen* als auch der Vergleich mit B 3 zu T 11 erfolgen und die politische Dimension der *Metamorphosen* erkannt werden: Neben die Fortdauer des Herrschers Augustus und seiner politischen Leistung tritt gleichberechtigt die Fortdauer des Dichters Ovid, neben den Anspruch, den Gipfel einer historischen Entwicklung darzustellen, tritt die Prophezeiung, dass sich die Menschheit immer fortentwickelt, nicht immer nur im Sinne eines positiven Fortschritts (vgl. T 3), dass aber die geistige Leistung überdauert (wie es auch B 2 zu T 11 darstellt). Im Rückgriff auf das Proömium und im Rückblick auf die erfolgte Interpretationsarbeit wird schließlich deutlich, dass Ovid tatsächlich ein dauerndes Werk geschaffen und das konstante Wirken seelischer Kräfte im Menschen und in der Geschichte der Menschheit gezeigt hat. Im Proömium wurden die Götter als wirkende Kräfte angerufen, im Epilog ist Ovid selbst ein wirkender Gott.

Literaturhinweise

Text

P. Ovidii Nasonis Metamorphoses, ed. W. S. Anderson, Leipzig ([1]1977) [2]1982, [6]1993.

Kommentare

P. Ovidius Naso: Metamorphosen, hg. und erkl. von M. Haupt und O. Korn, unveränderte Neuausgabe der Auflage von R. Ehwald, korrig. u. bibliograph. erg. von M. von Albrecht, Zürich/Dublin 1966 (Bd. 1: Buch I–VII, 10. Aufl.; Bd. *2:* Buch VIII–XV, 5. Aufl.).

P. Ovidius Naso, Metamorphosen. Kommentar von F. Bömer, Buch I–XV, 7 Bde., Heidelberg 1969–1986.

Übersetzungen

Ovid: Metamorphosen, übers. von R. Suchier, München 1959.

P. Ovidius Naso: Metamorphosen. Epos in 15 Büchern, hg. u. übers. von H. Breitenbach, Zürich/Stuttgart [2]1964.

Ovid: Metamorphosen. In deutsche Prosa übertragen von M. von Albrecht, München 1981.

Ovid: Metamorphosen. Mit den Radierungen von Pablo Picasso (Aus dem Lateinischen nach der Übersetzung von Reinhart Suchier. Nachwort und Anmerkungen von E. G. Schmidt), Wiesbaden o. J. (1986).

Ovid: Metamorphosen. Das Buch der Mythen und Verwandlungen. Nach der ersten deutschen Prosaübersetzung durch August von Rode neu übers. und hg. von G. Fink, Zürich/München 1989.

Publius Ovidius Naso: Metamorphosen. In der Übertragung von Johann Heinrich Voß. Mit den Radierungen von Pablo Picasso und einem Nachwort von Bernhard Kytzler, Frankfurt a.M. 1990 (insel Taschenbuch 1237).

P. Ovidius Naso: Metamorphosen. Lateinisch-deutsche Übersetzung von M. von Albrecht, Stuttgart 1994 (Universalbibliothek Nr. 1360).

P. Ovidius Naso: Metamorphosen. In deutsche Hexameter übertragen und mit dem Text hg. von E. Rösch, München 1977, hg. von N. Holzberg, München 1996.

Bibliographie

Schmitzer, U.: Ovid, Hildesheim 2001 (S. 91–140 zu den *Metamorphosen).*

Schmitzer, U.: Neue Forschungen zu Ovid, in: Gymnasium 109, 2002, S. 143–166 (allgemein 143f., zu den *Met.* 151–162 mit Einführung in die Diskussion um den Metamorphosenbegriff und die Bedeutung der Bucheinteilung).

Website: Kirke: Ovid im www – die Homepage. Darin u. a. Gesamtbibliographien.

Zu den Metamorphosen insgesamt oder zu mehreren Metamorphosen

Albrecht, M. von: Das Buch der Verwandlungen. Ovid-Interpretationen, Düsseldorf 2000 (mit 15 Abbildungen zu den *Metamorphosen*).

Albrecht, M. von: Mythos und römische Realität in Ovids *Metamorphosen,* in: Aufstieg und Niedergang der römischen Welt 2,31,4, Berlin/New York 1981, S. 2328–2342.
Albrecht, M. von: Ovid. Eine Einführung. Stuttgart 2002.
Bretzigheimer, G.: Jupiter Tonans in Ovids *Metamorphosen,* in: Gymnasium 100, 1993, S. 19–74.
Buchheit, V.: Mythos und Geschichte in Ovids *Metamorphosen* I, in: Hermes 94, 1966, S. 80–108.
Clade, R.: Menschlicher Wille und göttliche Ordnung. Eine Lektüreeinheit aus Ovids *Metamorphosen,* in: Der Altsprachliche Unterricht 22,3, 1979, S. 39–56.
Crabbe, A.: Structure and Content in Ovid's *Metamorphoses,* in: Aufstieg und Niedergang der römischen Welt II 31.4, 1981, S. 2274–2327.
Döpp, S.: Werke Ovids. Eine Einführung, München 1992 (dtv wissenschaft 4587).
Dörrie, H.: Wandlung und Dauer. Ovids *Metamorphosen* und Poseidonios' Lehre von der Substanz, in: Der Altsprachliche Unterricht 4/2, 1959, S. 95–116.
Eller, K. H.: Ovid und der Mythos von der Verwandlung. Zum mythologischen und poetischen Verständnis des Metamorphosen-Gedichts, Frankfurt a. M. 1982 (Schule und Forschung).
Feeney, D. C.: The Gods in Epic. Poets and Critics of the Classical Tradition, Oxford 1991.
Fränkel, H.: Ovid. A Poet between Two Worlds, Berkeley/Los Angeles 1945 (dt. Übers.: Ovid. Ein Dichter zwischen zwei Welten, Darmstadt 1970).
Giebel, M.: Ovid mit Selbstzeugnissen und Bilddokumenten dargestellt, reinbek 1991 (rowohlt monographie 1080).
Graf, F.: Die Götter, die Menschen und der Erzähler. Zum Göttermythos in Ovids Metamorphosen, in: U. Picone/B. Zimmermann (Hg.): Ovidius redivivus. Von Ovid zu Dante, Stuttgart 1994, S. 22–42.
Holzberg, N.: Nachwort zur Übersetzung von Rösch (s. o.), München 1996, S. 742–763.
Holzberg, N.: Ovid. Dichter und Werk, München 1997.
Knox, P. E.: Ovid's *Metamorphoses* and the Tradition of Augustan Poetry, Cambridge 1986.
Latacz, J.: Ovids *Metamorphosen* als Spiel mit der Tradition, in: Würzburger Jahrbücher für die Altertumswissenschaft 5, 1979, S. 133–155 und in: J. J. Latacz: Kleine Schriften zur Literatur der Griechen und Römer, Stuttgart/Leipzig 1994, S. 569–602.
Little, D. A.: The Non-Augustanism of Ovid's *Metamorphoses,* in: Mnemosyne 25, 1972, S. 389–401.
Ludwig, W.: Struktur und Einheit der *Metamorphosen* Ovids, Berlin 1965.
Mack, S.: Ovid, New Haven/London 1988.
Neschke, A.: Erzählte und erlebte Götter. Zum Funktionswandel des griechischen Mythos in Ovids *Metamorphosen,* in: R. Faber/R. Schlesier (Hg.): Die Restauration der Götter. Antike Religion und Neo-Paganismus, Würzburg 1986, S. 133–152.
Otis, B.: Ovid as an epic poet, Cambridge 1966, ^{2}1971.
Pridik, K.-H.: P. Ovidius Naso: Metamorphosen. Lehrerheft, Stuttgart 1981.
Rieger, E.: Ovids Metamorphosen als Schwerpunkt der Dichterlektüre in der Mittelstufe/ Sekundarstufe I, in: J. F. Brandhofer/E. Rieger/M. Firnkes: Lateinische Dichterlektüre I, Bamberg 1982 (Auxilia 4), S. S. 54–79.
Rieks, R.: Zum Aufbau von Ovids *Metamorphosen,* in: Würzburger Jahrbücher für die Altertumswissenschaft 6b, 1980, S. 85–103.
Römisch, E.: ›Metamorphosen‹ Ovids im Unterricht. Mit einem Beitrag von H. Meusel zur Wortschatzarbeit bei der Ovidlektüre, Heidelberg 1976.
Schmidt, E. A.: Ovids poetische Menschenwelt. Die Metamorphosen als Metapher und Symphonie, Sitzungsberichte der Heidelberger Akademie der Wissenschaften, Philosophisch-historische Klasse 1991, 2, Heidelberg 1991.

Schmitzer, U.: Zeitgeschichte in Ovids Metamorphosen. Mythologische Dichtung unter politischem Anspruch, Stuttgart 1990 (Beiträge zur Altertumskunde 4).
Schmitzer, U.: Ovid, Hildesheim 2001 (Studienbücher Antike Bd. 79).
Schubert, W. (Hg.): Ovid. Werk und Wirkung. Festgabe für M. von Albrecht zum 65. Geburtstag, 2 Bde., Frankfurt a. M. 1998 (Studien zur klassischen Philologie Bd. 100).
Spahlinger, L.: *Ars latet arte sua.* Die Poetologie der Metamorphosen Ovids, Stuttgart 1996.
Spann, R. (Hg.): Schülerzeichnungen zu Ovids Metamorphosen, Herrsching 1990.
Wilkinson, L. P.: Ovid Recalled, Cambridge 1955.

Zu 1,1–4 (Text 1)

Albrecht, M. von: Zum Metamorphosenprooem Ovids, in: Rheinisches Museum 104, 1961, S. 269–278.
Mensching, E.: Carmen perpetuum novum? in: Mnemosyne s. 4, 22, 1969, S. 165–169.
ferner: Clade, S. 39–56; Knox (1986); Latacz (1979, 1994).

Zu 1,5–88 (Text 2)

Baltes, M.: Die Weltentstehung des platonischen Timaios nach den antiken Interpreten, 2 Bde., Leiden 1976 und 1979.
Betten, A. M.: Naturbilder in Ovids *Metamorphosen,* Diss. Erlangen-Nürnberg 1968 (bes. S. 8–19).
Cambeis, H.: Weltentstehungslehren – Ein Vergleich der Einleitungspassage von Ovids *Metamorphosen* (1,1–88) und des Beginns der Vulgata (*Genesis* 1,1–2,3), in: Impulse 8, 1992, S. 8–84.
Dörrie, H.: Wandlung und Dauer. Ovids *Metamorphosen* und Poseidonios' Lehre von der Substanz, in: Der Altsprachliche Unterricht 4/2, 1959, S. 95–116.
Lämmli, F.: Vom Chaos zum Kosmos, Basel 1962.
Maurach, G.: Ovids Kosmogonie: Quellenbenutzung und Traditionsstiftung, in: Gymnasium 86, 1979, S.131–148 (mit weiteren Literaturhinweisen S. 131, Anm. 1).
Munding, H.: Versuch eines Brückenschlags von Ovid zum Fach Chemie in Klasse 9. Ein Erfahrungsbericht (*Met.* I 1–86), in: H. Munding: Antike Texte – aktuelle Probleme. Existentieller Transfer im altsprachlichen Unterricht, Bamberg 1985 (Auxilia 12), S. 106–113.
Schwabl, H.: Weltschöpfung, in: RE, Suppl. 9, 1962, Sp. 1433–1582.
Spoerri, W.: Späthellenistische Berichte über Welt, Kultur und Götter, Basel 1959 (Schweizerische Beiträge zur Altertumswissenschaft H. 9), bes. S. 34–45 und 91–97.
Wheeler, S. M.: Imago Mundi: Another View of the Creation in Ovid's Metamorphoses, in: American Journal of Philology 116, 1995, S. 95–121.
ferner: Knox (1986).

Zu 1,89–150 (Text 3)

Gatz, B.: Weltalter, goldene Zeit und sinnverwandte Vorstellungen, Hildesheim 1967 (Spudasmata 16).
Lahmer, K.: Hesiod, Ovid und moderne Friedenstheorien. Ein Beitrag zur Friedenserziehung, in: Ianus 10, 1989, S. 16–19.
Schwabl, H.: Weltalter, in: RE. Neue Bearb., Suppl. 15, 1978, Sp. 783–850, bes. 801–807.
Töchterle, K.: Ovids »Weltalter«. Eine textlinguistische Interpretation, in: Der Altspachliche Unterricht 28/1, 1985, S. 4–15.

Zu 1,747–2,400 (Text 4)

Brown, R.: The Palace of the Sun in Ovid's *Metamorphoses,* in: Ph. Hardie/M. Whitby (Hg.): Homo Viator. Classical essays for J. Bramble, Bristol 1987, S. 211–220.

Dietz, G.: Phaethon (Met. I 747–II 400), in: G. Dietz/K. Hilbert: Phaëthon und Narziss bei Ovid, Heidelberg 1970, S. 5–46.
Lausberg, M.: Ἀρχέτυπον τῆς ἰδίας ποιήσεως. Zur Bildbeschreibung bei Ovid, in: Boreas 5, 1982, S. 112–123.
Maxwell, G.: Phaeton and the Chariot of the Sun. Fragments of an Investigative Documentary, in: M. Hofmann/J. Lasdun (Hg.): After Ovid. New Metamorphoses, London 1994, S. 65–78.
Wise, V. M.: Flight Myths in Ovid's *Metamorphoses*: an Interpretation of *Phaëthon* and *Daedalus*, in: Ramus 6, 1977, S. 44–59.
ferner: Bretzigheimer, S. 37–46 und 72–74; Döpp 1992, S. 142–154.

Zu 3,339–510 (Text 5)

Biedermann, R.: Narziss und Echo – *novitas furoris?*, in: Anregung 33, 1987, S. 368–373.
Cancik, H.: Spiegel der Erkenntnis (Zu Ovid, *met.* 3,339–510), in: Der Altsprachliche Unterricht 10/1, 1967, S. 42–53.
Dörrie, H.: Echo und Narcissus, in: Der Altsprachliche Unterricht 10/1, 1967, S. 54–75.
Hilbert, K.: Der gespaltene Narziss, in: G. Dietz/K. Hilbert: Phaethon und Narziss bei Ovid, Heidelberg 1970, S. 47–80.
Nelson, M.: Narcissus: Myth and Magic, in: Classical Journal 95, 1999–2000, S. 363–389.
Renger, A.-B. (Hg.): Mythos Narciss. Texte von Ovid bis Jacques Lacan, Leipzig 1999 (Reclam-Bibliothek Band 1661).
Ruppert-Tribian, H.: Narcissus und Echo, Passau 1989 (Übersetzung von M. von Albrecht aus der Goldmann-Ausgabe München 1981 mit Bildern und Collagen von H. R.-T.).
Schickel, J.: Narziss. Zu Versen von Ovid, in: Antaios 3, 1962, S. 486–496 (jetzt in: Ders.: Spiegelbilder. Sappho, Ovid; Wittgenstein, Canetti; Marx, Piranesi. Interpretationen, Stuttgart 1975).
Zanker, P.: *Iste ego sum.* Der naive und der bewusste Narziss, in: Bonner Jahrbücher 166, 1966, S. 152–170.
ferner: Fränkel, H., S. 82–85; Knox 1986, S. 19–23.

Zu 4,55–166 (Text 6)

Bate, J.: Shakespeare and Ovid, Oxford 1993, bes. S. 130–138.
Bätschmann, O.: Nicolas Poussin, Landschaft mit Pyramus und Thisbe. Das Liebesunglück und die Grenzen der Malerei, Frankfurt a. M. (Fischer Taschenbuch Verlag) 1987.
Erren, M.: Die Metamorphose des Maulbeerbaums. Ein Mimus bei Ovid, in: Der Altsprachliche Unterricht 22/4, 1979, S. 87–91.
Frenzel, E.: Stoffe der Weltliteratur. Ein Lexikon dichtungsgeschichtlicher Längsschnitte, Stuttgart 1962, S. 531–533.
Fricek, A.: Gedanken zu Ovids Pyramus und Thisbe. Eine gegenwartsbezogene Interpretation, in: Anregung 30, 1984, S. 245–251.
Holzberg, N.: Ovids ›Babyloniaka‹ (*Met.* 4,55–166), in: Wiener Studien 101, 1988, S. 265–277.
Lachawitz, G.: Ovids Pyramus und Thisbe – eine aus lernzielorientierten Fragen entwickelte Interpretation, in: Der Altsprachliche Unterricht 25/4, 1982, S. 82–88.
Newlands, C. E.: The Simile of the Fractured Pipe in Ovid's Metamorphoses 4, in: Ramus 15, 1986, S. 143–153.
Offermann, H.: Kunst der Verwandlung. Ein Versuch zu Ovids Met. IV 55ff., in: Festschrift F. Egermann, hg. von W. Suerbaum/F. Maier unter Mitarbeit von G. Thome, München 1985, S. 119–132.
Oßberger, J.: Pyramus und Thisbe. Ein Bühnenstück nach Ovid, in: Der Altsprachliche Unterricht 26/4, 1983, S. 58–61.

Rieger, E.: *Sed vetuere patres.* Nachdenkliches zu Ovids »Pyramus und Thisbe« (*Met.* IV 55–166), in: F. Maier/W. Suerbaum (Hg.): Et scholae et vitae. Humanistische Beiträge zur Aktualität der Antike für Karl Bayer zu seinem 65. Geburtstag, München 1985, S. 57f.

Schmitt-von Mühlenfels, F.: Pyramus und Thisbe. Rezeptionstypen eines ovidischen Stoffes in Literatur, Kunst und Musik, Heidelberg 1972 (Studien zum Fortwirken der Antike, hg. von W. Marg/H. Rüdiger, Bd. 6).

Schmitzer, U.: Meeresstille und Wasserrohrbruch. Über Herkunft, Funktion und Nachwirkung der Gleichnisse in Ovids Erzählung von Pyramus und Thisbe (*met.* 4,55–166), in: Gymnasium 99, 1992, S. 519–545.

ferner: Clade, S. 39–56; Römisch, Metamorphosen, S. 178–188.

Zu 6,146–315 (Text 7)

Klien, E.: Ton-Diareihe zu Ovids *Niobe*, in: Didactica Classica Gandensia 15–16, 1975–1976, S. 259–260.

Logan, W.: Niobe, in: M. Hofmann/J. Lasdun (Hg.): After Ovid. New Metamorphoses, London 1994, S. 147–150.

Naumann, H.: Ovid und die Rhetorik, in: Der Altsprachliche Unterricht 11/4, 1968, S. 69–86, bes. S. 79f.

Rieger, E.: Der Mensch im Spannungsfeld zwischen eigenem Wollen und gottgerechtem Sollen, II Ein Unterrichtsprojekt zu Ovid: Niobe – Mensch und Schicksal, in: Anregung 26, 1980, S. 294–306.

Voit, L.: Die Niobe des Ovid, in: Gymnasium 64, 1957, S. 135–149.

ferner: Clade, S. 39–56; Römisch, Metamorphosen, S. 21–45; Schmitzer, Zeitgeschichte, S. 244–249.

Zu 8,183–259 (Text 8)

Albrecht, M. von: Römische Poesie, Heidelberg 1977, S. 67–79 (Vergleich mit der Parallelfassung in der *Liebeskunst*).

Arendt, Erich: Ode IV (E. Arendt: Flug-Oden, Leipzig/Wiesbaden 1959).

Greiner, B.: Der Icarus-Mythos in Literatur und Bildender Kunst, in: Michigan Germanic Studies VIII, 1/2, 1985, S. 85–94.

Bayer, D.: Wieland und Daedalus, in: Die alten Sprachen im Unterricht (DaSiU) 30/1, 1983, S.14–25.

Hebel, B.: *Vidit et obstipuit.* Ein Interpretationsversuch zu Daedalus und Ikarus in Text und Bild (Ovid – P. Bruegel d. Ä. und ein pompeianisches Wandgemälde – W. H. Auden und A. Rodin), in: Der Altsprachliche Unterricht 15/1, 1972, S. 87–110.

Hebert, B.: Ovid und die bildende Kunst: Vorschläge zum Ikaros-Thema, in: Ianus 12, 1991, S. 19–23.

Karsunke, Yaak: Icarus oder: die dialektik des aufstiegs (Y. Karsunke: auf die gefahr hin, Berlin 1982).

Lermen, B.: Über der ganzen Szenerie fliegt Icarus. Das Icarus-Motiv in ausgewählten Gedichten von Autoren aus der DDR, in: Deutsche Lyrik nach 1945, hg. von D. Breuer, Frankfurt a. M. 1988, S. 284ff.

Maier, F.: Europa. Ikarus. Orpheus. Abendländische Symbolfiguren in Ovids Metamorphosen. Fächerverbindende Projekte. Lehrerkommentar, Bamberg 1998, S. 34–63.

Maier, F.: Ikarus – ein Symbol für Träume des Menschen. Anstöße zu rezeptionsgeschichtlichen Exkursen, in: F. Maier: Lateinunterricht zwischen Tradition und Fortschritt Bd. 3, Bamberg 1985, S. 194–216.

Petersen, O./ Weiss, H.: Ovids Einsatz mythologischer Stoffe. Ein Vergleich ausgewählter Mythen in »Metamorphosen« und »Ars amatoria«, in: Der Altsprachliche Unterricht 28/1, 1985, S. 42–51.

Sonderegger, E.: Die Flügel des Daedalus (zu Ovid), in: Gymnasium 93, 1986, S. 520–532.
Weglage, M.: Bilder vom Sturz. Der Ikarus-Mythos in der zeitgenössischen Lyrik, in: Der Altsprachliche Unterricht 37/2, 1994, S. 50–67.
Wise, V. M.: Flight Myths in Ovid's *Metamorphoses*: an Interpretation of *Phaëthon* and *Daedalus*, in: Ramus 6, 1977, S. 44–59.
Wyss, B.: Pieter Bruegel – Landschaft mit Ikarussturz. Ein Vexierbild des humanistischen Pessimismus, Frankfurt a. M. 1990.

Zu 8,616–724 (Text 9)

Malten, L.: Motivgeschichtliche Untersuchungen zur Sagenforschung, 1: Philemon und Baucis, in: Hermes 74, 1939, S. 176–206.
Beller, M.: Philemon und Baucis in der europäischen Literatur. Stoffgeschichte und Analyse, Heidelberg 1967 (Studien zum Fortwirken der Antike Bd. 3).
Demandt, B.: Philemon und Baucis. Schauspiel in 5 Akten nach Ovid, *Metamorphosen* VIII 611–724, in: Latein und Griechisch in Berlin 34, 1990, S. 60–71.
Hohnen, P.: »Philemon und Baucis«. Zur Methodik der Metamorphosen-Lektüre, in: Der Altsprachliche Unterricht 28/1, 1985, S. 16–26.
Jünger, E.: Zahlen und Götter. Philemon und Baucis. Zwei Essays, Stuttgart 1974, S. 111–151 (»Der Tod in der mythischen und in der technischen Welt«).
Niemann, K.-H.: Philemon und Baukis. Die Rezeption eines ovidischen Themas in einem Hörspiel von Leopold Ahlsen, in: Anregung 30, 1984, S. 314–321.
Schönberger, O.: Ovid, Philemon und Baucis (Metamorphosen VIII 612–726), in: O. Schönberger: Von Catull bis zu den Carmina Burana, Bamberg 1987 (Auxilia 15), S. 53–76.
Vögler, G.: Der Begriff der »Metamorphose« bei Ovid. Am Beispiel der Erzählung von den »Lykischen Bauern« und von »Philemon und Baucis«, in: Der Altsprachliche Unterricht 18/1, 1975, S. 19–36.
ferner: Clade, S. 39–56.

Zu 10,1–77 (Text 10)

Albrecht, M. von: Metamorphose in Raum und Zeit. Vergleichende Untersuchungen zu Ovid und Rodin, in: M. von Albrecht: Rom: Spiegel Europas. Das Fortwirken antiker Texte und Themen in Europa, 2. erw. Aufl., Tübingen 1998, S. 517–568.
Buck, A.: Der Orpheus-Mythos in der italienischen Renaissance, Krefeld 1961 (Schriften und Vorträge des Petrarca-Instituts Köln XV).
Döring, J.: Ovids Orpheus, Basel/Frankfurt a. M. 1996 (nexus 35).
Fricek, A.: Vergilische Themen bei Ovid, in: Die alten Sprachen im Unterricht (DaSiU) 35/1, 1988, S. 28–35.
Fricek, A.: Welche Erkenntnisse kann der Schüler aus Ovids Metamorphose »Orpheus und Eurydike« für sein künftiges Leben gewinnen?, in: Mitteilungsblatt des Deutschen Altphilologenverbandes 30/3, 1987, S. 86–88.
Friedmann, J. B.: Orpheus in the Middle Ages, Cambridge 1970.
Gugel, H.: Orpheus' Gang in die Unterwelt in den *Metamorphosen* Ovids (*met.* 10,1–71), in: Živa Ancika 22, 1972, S. 39–59.
Leach, E. W.: Ekphrasis and the Theme of Artistic Failure in Ovid's *Metamorphoses*, in: Ramus 3, 1974, S.102–142.
Maier, F.: Europa. Ikarus. Orpheus. Abendländische Symbolfiguren in Ovids Metamorphosen. Fächerverbindende Projekte. Lehrerkommentar, Bamberg 1998, S. 64–84.
Maier, F.: Orpheus und Eurydike – ein »unüberwindlicher« Mythos. Eine Unterrichtseinheit in der Ovid-Lektüre, in: F. Maier: Lateinunterricht zwischen Tradition und Fortschritt Bd. 3, Bamberg 1985, S. 132–165.

Naumann, H.: Ovid und die Rhetorik, in: Der Altsprachliche Unterricht 11/4, 1968, S. 69–86, bes. S. 82–85.
Neumeister, Ch.: Orpheus und Eurydike. Eine Vergil-Parodie Ovids (Ov. *Met.* X 1–XI 66 und Verg. *Georg.* IV 457–527), in: Würzburger Jahrbücher für die Altertumswissenschaft 12, 1986, S. 169–181.
Norden, Ed.: Orpheus und Eurydike, Sitz.-Ber. d. Preuss. Akad. Wiss. Phil.-Hist. Kl., 1934, S. 656–662 = Kleine Schriften, hg. von B. Kytzler, Berlin 1966, S. 503–509.
Reinhardt, U.: »Orpheus und Eurydike« – Bilder zum Text, in: Der Altsprachliche Unterricht 40/3, 1997, S. 80–96.
Schmidt-Berger, U.: Metamorphosen des Orpheus, in: Der Altsprachliche Unterricht 38/4+5, 1995, S. 128–162.
Schondorff, J. (Hg.): Orpheus und Eurydike – Poliziano, Calderon, Gluck, Offenbach, Kokoschka, Cocteau, Anouilh, München/Wien 1963.
Touchette, L.-A.: A New Interpretation of the Orpheus-Relief, in: Acta Antiqua 1990, S. 77–90.
Tschiedel, H. J.: Orpheus und Eurydice. Ein Beitrag zum Thema: Rilke und die Antike, in: Antike und Abendland 19, 1973, S. 61–82.
Wimmersorf, H.: Einige Betrachtungen zu Orpheus und Eurydike in antiker und moderner Dichtung, in: Gymnasium 64, 1957, S. 340–346.
Wöhrmann, J.: Ein für alle Male ists Orpheus, wenn es singt. Eine mythisch-mythologische Gestalt in Text und Bild, in: Der Altsprachliche Unterricht 40/3, 1997, S. 21–35.
Ziegler, K.: Orpheus, in: Pauly-Wissowas Realencyclopädie der classischen Altertumswissenschaft, XVIII 1, 1939, Sp. 1200–1318.
ferner: Römisch, S. 45–70.

Zu 15,871–879 (Text 11)

Curran, L. C.: Transformation and Anti-Augustanism in Ovid's *Metamorphoses,* in: Arethusa 5, 1972, S. 71–91, bes. S. 84–86 und 89–90.
Davis, G.: The Problem of Closure in a Carmen Perpetuum. Aspects of Thematic Recapitulation in Ovid Met. 15, in: Grazer Beiträge 9, S. 123–132.
Moulton, C.: Ovid as anti-Augustan: *met.* 15,843–879, in: Classical World 67, 1973/1974, S. 4–7.
Oppermann, H.: Horaz im Unterricht, in: Der Altsprachliche Unterricht 1/5, 1953, S. 66–90. (Vergleich Horaz, *carm.* 3,30 mit Ovid, *met.* 15,871ff.).
Petersmann, M.: Die Apotheosen in den *Metamorphosen* Ovids, Diss. Graz 1976 (mit Vergleich von Proömium und Epilog).
Segal, Ch.: Myth and Philosophy in the Metamorphoses: Ovid's Augustanism and the Augustan Conclusion of Book XV, in: American Journal of Philology 90, 1969, S. 257–292.
Wieser, H.: Eine Flaschenpost aus der Antike. SPIEGEL-Autor Harald Wieser über den Dichter Ovid – und Christoph Ransmayrs Roman *Die Letzte Welt,* in: DER SPIEGEL v. 12.9.1988, S. 226–237.
ferner: Dörrie, S. 95–116; Schmitzer, Zeitgeschichte, S. 296–297.

Zum Nachleben

a) allgemein (soweit nicht zu den einzelnen Metamorphosen vermerkt)

Anderson, W. S.: Ovid, New York/London 1995 (The Classical Heritage 1).
Kugler, H.: P. Ovidius Naso, in: K. Ruh (Hg.): Die deutsche Literatur des Mittelalters. Verfasserlexikon Bd. 7, Berlin/New York 1987.
Moog-Grünewald, M.: Metamorphosen der *Metamorphosen.* Rezeptionsarten der ovidischen

Verwandlungsgeschichten in Italien und Frankkreich im XVI. und XVII. Jahrhundert, Heidelberg 1979.
Picone, M./Zimmermann, B. (Hg.): Ovidius redivivus. Von Ovid zu Dante, Stuttgart 1994.
Stroh, W.: Ovid im Urteil der Nachwelt. Eine Testimoniensammlung, Darmstadt 1969.
Walter, H./Horn, H.-J. (Hg.): Die Rezeption der *Metamorphosen* des Ovid in der Neuzeit: Der antike Mythos in Text und Bild. Internationales Symposion der Werner Reimers-Stiftung Bad Homburg v. d. H. (22.–25. April 1991), Berlin 1995 (Ikonographische Repertorien zur Rezeption des antiken Mythos in Europa. Beiheft 1).

b) Christoph Ransmayr

Albrecht, M. von: Ransmayrs Roman »Die letzte Welt«, in: M. von Albrecht: Rom: Spiegel Europas, 2. erw. Aufl. Tübingen 1998, S. 696–721.
Epple, Th.: Christoph Ransmayr, Die letzte Welt. Interpretation, München 1992 (Oldenbourg Interpretationen Bd. 59).
Fuhrmann, M.: Mythos und Herrschaft in Ch. Wolfs »Kassandra« und Ch. Ransmayrs »Die letzte Welt«, in: Der Altsprachliche Unterricht 37/2, 1994, S. 11–24.
Gellhaus, A.: Das allmähliche Verblassen der Schrift. Zur Prosa von Peter Handke und Christoph Ransmayr, in: Poetica 22, 1990, S. 106–142.
Harzer, F.: Erzählte Verwandlung. Eine Poetik epischer Metamorphosen (Ovid – Kafka – Ransmayr), Tübingen 2000 (Studien zur deutschen Literatur 157).
Kiesel, H./Wöhrle, G. (Hg.): »Keinem bleibt seine Gestalt«. Ovids *Metamorphosen* und Christoph Ransmayrs *Letzte Welt.* Essays zu einem interdisziplinären Kolloquium, Bamberg 1990 (Fußnoten zur neueren deutschen Literatur, Heft 20).
Töchterle, K.: Ovid und Ransmayr. Ein Vergleich, in: Latein-Forum 14, 1991, S. 36–45 (gekürzt als: Gegen das Große und Ganze, für das Kleine und Viele, in: Pannonia 18/5, 1990–91, S. 12f.).
Töchterle, K.: Spiel und Ernst, Ernst und Spiel. Ovid und »Die letzte Welt« von Christoph Ransmayr, in: Antike und Abendland 38, 1992, S. 95–106.
Tost, O.: Ransmayr, Christoph, Die letzte Welt »Unter anderem ein Ovid-Roman«, in: Latein-Forum 6, 1988, S. 15–32.
Vollstedt, B.: Ovids *Metamorphoses, Tristia* und *Epistulae ex Ponto* in Christoph Ransmayrs Roman *Die letzte Welt,* Paderborn/München/Wien/Zürich (Schöningh) 1998.
Wieser, H.: Eine Flaschenpost aus der Antike. SPIEGEL-Autor Harald Wieser über den Dichter Ovid – und Christoph Ransmayrs Roman »Die Letzte Welt«, in: Der Spiegel v. 12.9.1988, S. 226–237.

c) in der Bildenden Kunst (zusätzlich zu a)

Albrecht, M. von: Metamorphose in Raum und Zeit. Vergleichende Untersuchungen zu Ovid und Rodin, in: M. von Albrecht: Rom: Spiegel Europas. Das Fortwirken antiker Texte und Themen in Europa, 2. erw. Aufl., Tübingen 1998, S. 517–568.
Granobs, R./Otto, S. u. a.: Antiker Mythos in Text und Bild. Von Äneas bis Vertumnus. Antikenrezeption auf Werken der Gemäldegalerie Berlin. Eine Materialsammlung für Schüler und Lehrer, Berlin (Staatl. Museen zu Berlin, Besucher-Dienste), Berlin 2001.
Reinhardt, U.: Ovids Metamorphosen in der modernen Kunst. Eine visuelle Ergänzung für die Schullektüre, Bamberg 2002 (Auxilia 48).
Website: Kirke: Ovid im www – die Homepage. Darin u. a. die folgenden Abschnitte: Buchmalerei, Illustrationen; Kunst, allgemein; einzelne Künstler; Museen.